高职信息服务校企合作教材

管理信息系统实践教程

主编 陈 平 杨 波 王利钢
编者 虞红奇 郑钥宁 申戌联

东南大学出版社
SOUTHEAST UNIVERSITY PRESS
·南京·

内 容 提 要

本教材是根据江苏金蝶软件有限公司和用友软件股份有限公司南京分公司的用人思路以及必须要掌握的相关技能而进行编写的。全书针对企业所提供的各类信息系统的操作、维护、销售、客服、实施等岗位，分别介绍了管理信息系统的基础知识、信息资源管理、信息系统应用体验、信息系统技术、企业资源计划、电子商务系统、物流管理信息系统、数据采集系统、信息系统规划及信息系统实施等内容，并且在主要章节的理论学习之后，安排了课后案例讨论，这样可以深化对本章知识的理解，同时也能启发读者思考，提高读者解决信息化问题的能力。通过理论和实战训练相结合，不仅可以让学生掌握信息化和管理方面的相关知识，同时通过今目标办公系统、金蝶固定资产管理系统和供应链系统的操作，可以提高读者的实际操作能力，也巩固了前面理论知识的学习。

本书适用于信息系统应用的读者，也适用于高职高专院校信息管理和经济管理类的教学。在教学应用中，本书能为学生从多个方面提供完整而系统的信息系统方面的知识，对其将来的工作、生活及自我提高打下良好的基础。

图书在版编目(CIP)数据

管理信息系统实践教程/陈平，杨波，王利钢主编. —南京：东南大学出版社，2015.1

高职信息服务校企合作教材

ISBN 978-7-5641-5471-4

Ⅰ.①管… Ⅱ.①陈… ②杨… ③王… Ⅲ.①管理信息系统—高等职业教育—教材 Ⅳ.①C931.6

中国版本图书馆CIP数据核字(2015)第006060号

管理信息系统实践教程

主　　编	陈　平　杨　波　王利钢	**责任编辑**	陈　跃
电　　话	(025)83795627/83362442(传真)	**电子邮箱**	chenyue58@sohu.com
出版发行	东南大学出版社	**出 版 人**	江建中
地　　址	南京市四牌楼2号	**邮　　编**	210096
销售电话	(025)83794121/83795801		
网　　址	http://www.seupress.com	**电子邮箱**	press@seupress.com
经　　销	全国各地新华书店	**印　　刷**	南京南海彩色印刷有限公司
开　　本	787mm×1092mm　1/16	**印　　张**	15
字　　数	384千字		
版 印 次	2015年1月第1版　　2015年1月第1次印刷		
书　　号	ISBN 978-7-5641-5471-4		
定　　价	38.00元		

*本社图书若有印装质量问题，请直接与营销部联系。电话：025-83791830

前　言

《管理信息系统》是高职高专院校信息管理类和经济管理类的重要核心课程和岗位能力课程。随着信息技术的发展，目前中小企业对信息化人才需求急剧增加，而现代的信息化人才不仅要懂技术，而且要懂管理。所以，编者从管理类专业的角度编写了《管理信息系统实践教程》这本教材。

编者编写本书的主要目的是为了满足当前高职高专教学改革要求，对传统的教材加以整合，并针对企业所提供的信息系统维护、信息系统销售、信息系统客服以及信息系统实施等岗位，与江苏金蝶软件有限公司和用友软件股份有限公司南京分公司合作编写了这本校企合作教材。

本教材是根据江苏金蝶软件有限公司和用友软件股份有限公司南京分公司的用人思路以及必须要掌握的相关技能而进行编写的。教材的主要章节是按理论学习和课后的案例讨论来深化对本章知识的理解，已达到启发读者思考，提高读者解决信息化问题的能力。

理论和实战训练相结合，不仅可以让学生掌握信息化和管理方面的相关知识，同时通过今目标办公系统、金蝶固定资产管理系统和供应链系统的操作，可以提高读者的实际操作能力，也巩固了前面理论知识的学习。

本教材最后一章提供了企业的真实案例，读者可以全面了解企业信息系统实施的整个过程，以及在实施过程中需要掌握哪些技能知识，从而更有针对性地学习。

本教材适用于信息系统应用的读者，也适用于高职高专院校信息管理和经济管理类的教学。在教学应用中，本教材能为学生从多个方面提供完整而系统的信息系统方面的知识，对其将来的工作、生活及自我提高打下良好的基础。

本书由陈平、杨波、王利钢主编，在编写过程中得到了南京信息职业技术学院信息服务学院的大力支持，在此表示衷心的感谢。感谢江苏金蝶软件有限公司的工程师申戌联、郑钥宁和用友软件股份有限公司南京分公司的高级工程师虞红奇等企业员工给本教材的编写提供了大量的企业案例和信息化软件操作素材。同时，南京信息职业技术学院的赵颖、葛福江、魏瑾、夏月平、戴飞、蔡爱丽、郁云和张文雯老师也参与了本书的编写，感谢他们所做出的艰苦努力。东南大学出版社对本书的出版发行给予了极大的帮助，是他们的辛勤工作才使本教材与读者见面，借此机会表示由衷的感谢。

由于编者水平有限，疏漏之处在所难免，恳请读者批评指正。

编者

2015. 1

目　　录

第1章

管理信息系统概述

本章学习目标

1. 了解管理信息系统的概念及其发展历程；
2. 了解管理信息系统在企业中的作用以及重要性；
3. 理解管理信息系统的组成结构。

理论指导

1.1 管理信息系统的基本概念

1.1.1 管理信息系统的定义

20 世纪，随着全球经济的蓬勃发展，众多经济学家纷纷提出了新的管理理论。20 世纪 50 年代，西蒙提出管理依赖于信息和决策的思想。同时期的维纳发表了控制论，他认为管理是一个过程。1958 年，盖尔写到："管理将以较低的成本得到及时准确的信息，做到较好的控制。"这个时期，计算机开始应用于会计工作，出现数据处理一词。

1970 年，Walter T. Kennevan 给刚刚出现的管理信息系统一词下了一个定义："以口头或书面的形式，在合适的时间向经理、职员以及外界人员提供过去的、现在的、预测未来的有关企业内部及其环境的信息，以帮助他们进行决策。"在这个定义里强调了用信息支持决策，但并没有强调应用模型，没有提到计算机的应用。

1985 年，管理信息系统的创始人，明尼苏达大学的管理学教授 Gordon B. Davis 给了管理信息系统一个较完整的定义，即"管理信息系统是一个利用计算机软硬件资源，手工作业，分析、计划、控制和决策模型以及数据库人机系统。它能提供信息支持企业或组织的运行管理和决策功能。"这个定义全面地说明了管理信息系统的目标、功能和组成，而且反映了管理信息系统在当时达到的水平。

20 世纪 80 年代，《中国企业管理百科全书》定义："管理信息系统是一个由人、计算机等组成的能进行信息的收集、传递、存储、加工、维护和使用的系统。它能实测企业的各种运行情况；利用过去的数据预测未来；从企业的全局出发辅助企业进行决策；利用信息控制企业行为；帮助企业实现其规划目标。”

20 世纪 90 年代，随着各种 EC、ERP、CRM 等现代信息系统的出现，Laudon 定义：“信息系统在技术上，可定义为是互联部件的一个集合，它收集、处理、存储和分发信息以支持组织的决策和控制”，“从管理的观点看，信息系统是一个基于信息技术的、针对环境给予的挑战的组织和管理的解答”。

综上所述，我们根据对发达国家信息化经验总结和我国信息化的发展，并综合其他定义，最终提出如下管理信息系统定义：“管理信息系统是一个由信息、信息技术和人等要素组成的、能进行信息的收集、传递、存储、加工、维护和使用的人机系统。它以信息技术与现代管理理论和方法的融合为手段，通过对组织内外信息资源的深入开发和利用，改善组织管理和业务过程，实现组织创新等途径，来达到提升组织生存和竞争能力，实现组织战略目标的最终目的”。

1.1.2 管理信息系统模型

管理信息系统的总体概念模型如图 1.1 所示。

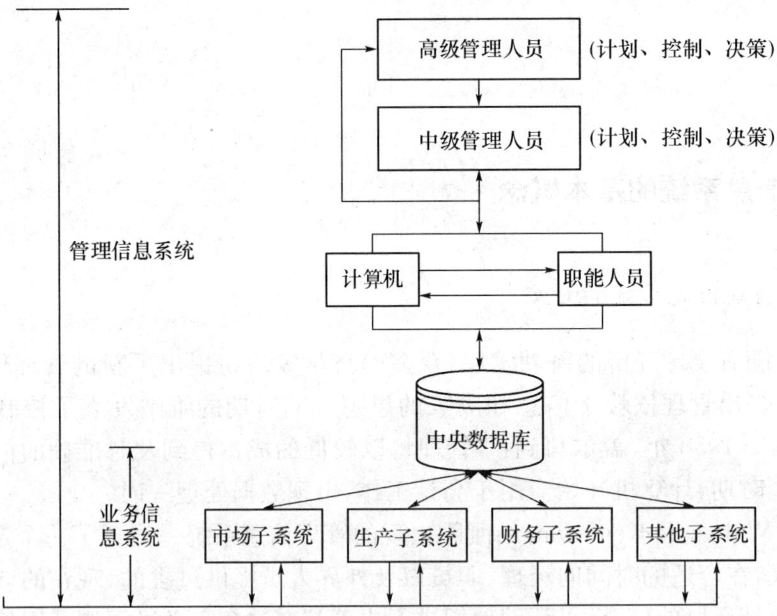

图 1.1 信息系统的概念模型

由图 1.1 可以归纳出管理信息系统具有以下几个基本特征：

(1) 管理信息系统是融合人的现代思维与管理能力和计算机强大的处理、存储能力为一体的协调、高效的人机系统。人和机是管理信息系统的两大要素。人包括高层决策人员、中层职能人员和基层的操作人员；机是指计算机系统和通信系统设备的集合。只有人和机组成配合默契的整体才能发挥管理信息系统最大的效能。

(2) 管理信息系统是一体化的集成系统。管理信息系统的处理对象是企业生产经营活动的全过程，如生产、销售、财务、采购等，同时通过反馈给各级管理者提供有用信息。运用管理信息系统进行信息管理只有从整体出发，保证数据在各个职能部门的共享性、兼容性和一致性并减少数据的冗余度，才能使信息成为企业的资源。

(3) 管理信息系统运用了数据库技术。数据库管理系统具有数据组织、数据处理、数据存储与传输等完善的功能。通过集中统一规划的中央数据库的运用，使得系统中的数据实现一致性和共享性。这是管理信息系统成熟的重要标志。

(4) 管理信息系统运用了数学模型分析数据，辅助决策。例如决策支持系统、专家系统、MRP 系统、电子商务系统等都能够运用模型库的数学模型直接向管理者提供决策的信息。这是管理信息系统发展的高级阶段，也是管理信息系统发展的未来趋势。

1.2 管理信息系统的组成结构

下面主要介绍信息系统的各种结构，以此进一步认识什么是管理信息系统。

1.2.1 管理信息系统的概念结构

管理信息系统的概念结构主要由以下几个要素组成：

(1) 信息源/信息：信息源是信息的产生或发源地，它可以是组织内部和外部的相关单位、个人或设备等。系统从信息源采集的是数据，经过 IT 设备及系统的处理，向用户输出对管理决策有用的信息，并且这些数据信息可以长期保存在信息系统的存储设备中，便于随时访问使用。

(2) 人：信息用户和信息专家。

用户：信息系统的使用者，主要是组织内各层次各部门的管理人员。

信息专家：信息专家主要包括组织信息部门的信息主管(Chief Information Officer，CIO)、系统分析与设计人员、程序员、数据库管理员、操作员、系统软硬件维护人员等。他们主要负责对信息系统的规划、设计与实现，以及对信息系统运行的维护和管理。

(3) IT 技术与设备：主要分为硬件和软件两大部分。其中硬件主要包括输入设备、输出设备、存储设备、CPU、网络通信设备等；软件主要包括应用软件和系统软件两大类。

(4) 管理规章及相关文档资料：上述要素在组成管理信息系统时，还需要遵循一定的规则和方法，才能达到预期的目标。包括规章、合约、标准、制度等文件，如系统规划署、系统开发合同、系统分析与设计说明书、系统操作使用说明书、系统运行与维护的管理规章和制度等。

管理信息系统的概念结构如图 1.2 所示。

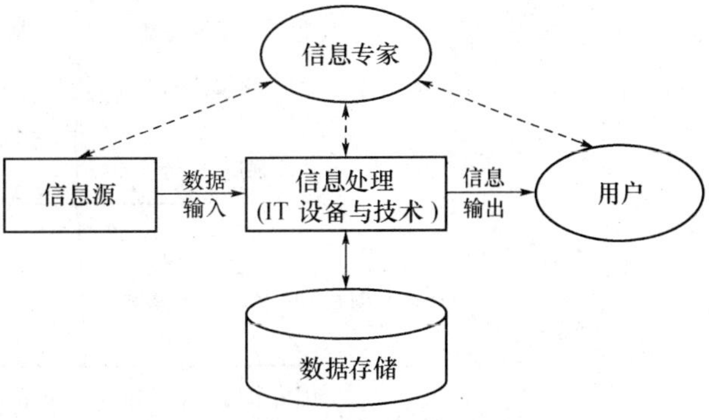

图 1.2 管理信息系统的概念结构

1.2.2 管理信息系统的功能结构和层次结构

所谓功能结构图就是将系统的功能进行分解，按功能从属关系表示的图表。管理信息系统的各子系统可以看做是系统目标下层的功能，对其中每项功能还可以继续分解为第三层、第四层……甚至更多的功能。从概念上讲，上层功能包括（或控制）下层功能，愈上层功能愈笼统，愈下层功能愈具体。功能分解的过程就是一个由抽象到具体、由复杂到简单的过程。图中每一个框称为一个功能模块。功能模块可以根据具体情况分得大一点或小一点。分解得最小的功能模块可以是一个程序中的每个处理过程，而较大的功能模块则可能是完成某一任务的一组程序。

任何信息系统都有它确定的目标和功能。职能是企业管理工作的分工。一般来说，企业主要是由市场、生产、财务和人力资源等职能部门所组成的。在管理信息系统中，就需要有市场管理子系统、生产管理子系统、财务管理子系统、人力管理子系统等。如图 1.3 是某企业管理系统的功能结构图。

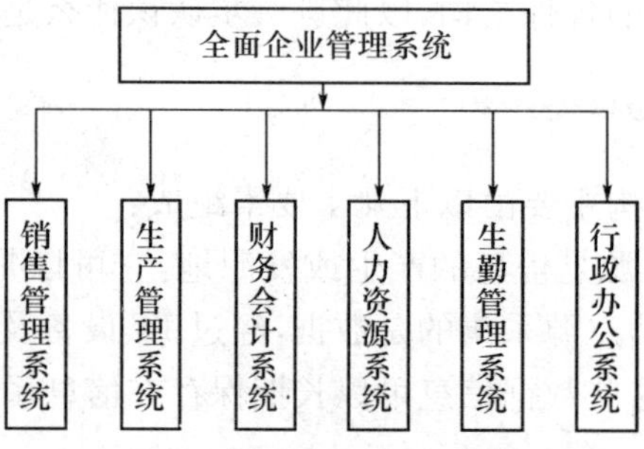

图 1.3　企业管理系统的功能结构图

通常组织还可分为高层（又称战略管理层）、中层（又称战术管理层或管理控制层）和基层（又称运行控制层）等不同的管理层，每一管理层都有其自身的管理任务。

高层管理者主要负责制定企业的中长期战略规划，以及重大投资、组织、技术和人事等决策。

中层管理者的主要任务是管理控制，即是在战略层制定的总体计划指导下，制订执行和细分计划、发布计划并实施，同时对计划执行进行监督控制等。

基层管理者主要负责计划的具体执行。图 1.4 所示的是一个基于管理层次和职能划分的管理信息系统结构图。

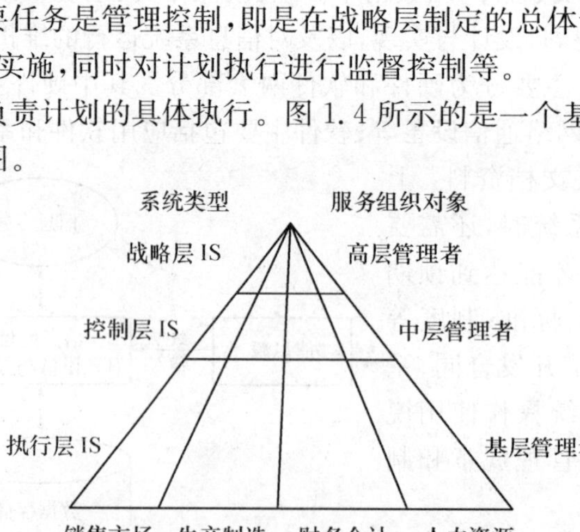

图 1.4　管理信息系统的金字塔结构图

从信息处理的工作量来看，信息处理所需资源的数量随管理任务的层次而变化。一般业务处理的信息处理量较大，层次越高，信息量越小，形成如图 1.4 的金字塔型系统结构。

1.2.3　管理信息系统的软件结构

管理信息系统的软件结构是由各种功能的软件系统或软件模块所组成的系统结构。这种结构是对应于管理系统的功能层次而形成的，图 1.5 所示是一种常见的管理信息系统的软件组成结构，其中每一方块是一个程序模块或文件；每一列是针对某一职能的软件子系统，如销售、生产、人事子系统。每一子系统又可分为战略管理、战术管理、作业管理和业务处理等不同层次的管理功能。每一子系统有自己的专用数据文件。公用数据文件、公用程序、公共信息处理与辅助决策模型以及数据库管理系统等是整个系统所共享的数据和程序。

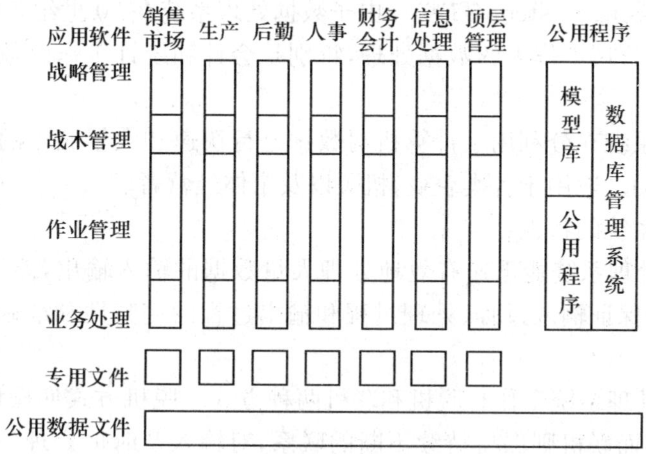

图 1.5　管理信息系统的软件结构

1.2.4　硬件分布结构

计算机的硬件结构是指如何根据现实的业务需求及信息结构来配置硬件设备，这些设备如何分布在企业的各个不同部门，设备间的连接方式是什么，其信息的传输速率能否满足管理需求等。

现代企业 IS 系统，整合了企业各部门的职能管理功能，并通过计算机网络连接构成一个综合集成管理信息系统，如图 1.6 所示。

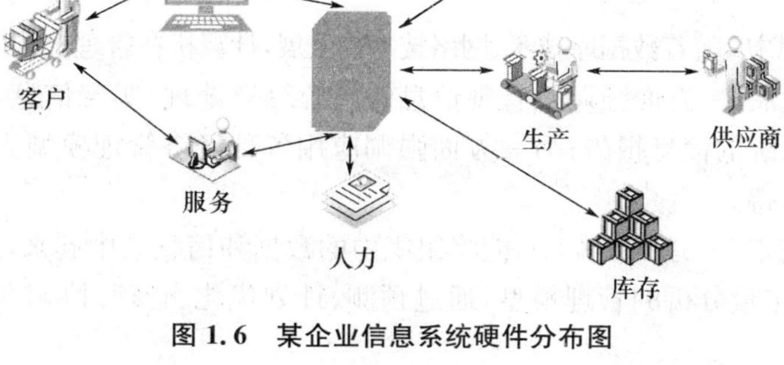

图 1.6　某企业信息系统硬件分布图

1.3 管理信息系统的发展

从1946年第一台计算机的产生到今天，信息系统的发展经历了单机到网络，由低级到高级，由电子数据处理到管理信息系统再到决策支持系统，由数据处理到智能处理的过程，其发展大致经历了以下几个阶段。

1.3.1 电子数据处理系统

电子数据处理系统（Electronic Data Processing System，EDPS），也叫业务处理系统（Transaction Processing System，TPS）。电子数据处理系统在20世纪50年代初期，运用于计算机、应用在经营管理工作中的数据处理，特别是会计和统计工作的数据，主要用于运作层的控制管理。

电子数据处理系统充分利用了计算机对数据进行快速和大量储存的能力，可以减轻业务人员大量重复劳动。适用于各类企业、机关以及个体经营者。

电子数据处理系统的特点：

（1）电子数据处理系统能迅速有效地处理大量数据的输入输出，能进行严格的数据整理与编辑，通过审计保证输入过程、处理过程和输出过程的完整性和准确性，并有一定的安全防护能力。

（2）电子数据处理系统工作有脱机和联机两种方式。脱机方式使操作者和系统并不保持持续不断的联系，而联机则保持持续不断的联系，对输入及时地处理（工作原理类似于飞机票订票和购票系统）。

（3）电子数据处理系统逻辑关系简单，重复性较强，但是无法制止非法或犯罪活动。

主要功能：

① 精确记录、保存数据。

② 分类和汇总信息。

③ 对数据的检索和计算。

④ 产生文件、管理报告、账单等，定期生成常规报告进行监督和检查。

TPS提高了管理人员处理日常事务的工作效率，也提高了管理信息处理的准确性和及时性，节省了人力，降低了人们的劳动强度。TPS成为后来发展的其他各类信息系统的基础。

1.3.2 管理信息系统

20世纪70年代初，随着数据库技术、网络技术的发展，计算机在管理上的应用也日渐深入。

信息系统的发展，一方面强调对管理信息的系统综合处理，实现信息共享，并向中高层决策者提供综合系统的信息报告；另一方面强调应用各种经济管理模型为管理者提供定量分析的辅助决策支持。

MIS的最大特点，一是高度集中，能将组织中的数据和信息集中起来，进行快速处理，统一使用；二是采用定量分析的管理模型，通过预测、计划优化、管理、协调和控制等手段来支持企业管理决策。

1.3.3 决策支持系统

20世纪70年代，经理们很少去看MIS系统提供的大量报告，大部分报告被丢进了废纸篓里，专家认为信息系统应当另辟一条新的途径来辅助决策。

20世纪80年代，随着人工智能技术、网络技术、数据库、数据仓库技术、多媒体技术等现代信息技术的发展，人们提出了“决策支持系统(Decision Support System,DSS)”。

决策支持系统是辅助决策者通过数据、模型和知识，以人机交互方式进行半结构化或非结构化决策的计算机应用系统。它是管理信息系统(MIS)向更高一级发展而产生的先进信息管理系统。它为决策者提供分析问题、建立模型、模拟决策过程和方案的环境，调用各种信息资源和分析工具，帮助决策者提高决策水平和质量。

1.3.4 企业资源计划系统与电子商务

20世纪90年代以后，随着计算机和网络的发展，管理信息系统在不同的领域有了不同的应用。企业资源计划系统(Enterprise Resource Planning System, ERPS)、电子商务系统(Electronic Commerce System,ECS)、供应链管理(Supply Chain Management,SCM)和客户关系管理(Customer Relationship Management,CRM)等新一代信息系统的诞生，全方位地支持了企业各项业务活动，实现了整个组织范围内信息流、物流和资金流的综合集成管理。

现代综合集成信息系统的应用，极大地提高了企业生产经营效率，促进了企业效益最大化。

1.4 管理信息系统在企业中的作用

管理信息系统在现代企业管理中起着日益重要的作用，显示出强大的生命力。企业管理者必须充分认识到信息的重要性，并将信息技术尽快应用到管理中，实现办公自动化、高速化，从而实现管理的现代化。

1.4.1 管理信息系统对现代企业的影响

1. 促使实现管理模式的扁平化

传统企业的组织结构大多是金字塔式的官僚型结构，中间环节繁多，内部信息交流主要依靠企业中层管理人员。这种模式是企业效率低下、适应性弱、竞争力缺乏的一个很重要的原因。而采用了管理信息系统的企业，可以实现管理模式的扁平化。借助于管理信息系统，企业的基层管理人员可以直接与高层领导对话。同样，在管理者控制程度不减弱的前提下，其控制范围相应扩大，这必然会使企业中层管理人员的作用相应削弱，企业机构层次明显减少。另外，管理信息系统的应用也可以使员工行使一定权限的决策权。控制范围扩大、辅助人员减少、企业机构扁平化将使企业能够对瞬息万变的市场快速做出反应，从而极大地改善内部经营管理，提高企业竞争力。

2. 促使管理过程动态化、实时化

信息系统能给管理人员在计划、组织、领导、控制和决策等各个方面提供强有力的技术支持。管理人员可随时获取公司在任何时间、任何地点的工作进展情况;可以与员工进行更有效、更频繁的交流;可以对工作任务和工作组织进行远程实时管理。比如,用友 ERP 软件通过电子系统可以与税务、银行建立实时的联系,也可以通过手机短信随时发送与接收企业的有关管理信息,从而使企业的管理实现动态化、实时化。

3. 促进虚拟企业的出现

管理信息系统可以帮助企业完成跨区域跨企业的生产经营活动,从而出现全新的虚拟企业。虚拟企业能把现有资源优化组合为一种没有围墙、超越时空约束、利用电子手段联系和统一指挥的经营实体;充分利用不同地区的生产要素,实现跨地域的生产经营;使员工随时随地获取本单位的内部信息;使办公室和家庭的概念越来越模糊,员工可以足不出户进行办公。虚拟企业一改传统的刚性企业结构,通过柔性的网络将相关资源联系起来,建立临时的或者是基于契约的企业联盟组织,使企业内外的资源配置真正实现最优化。比如,新中大 URP 系统,通过此系统可以实现企业联盟的实时动态交易,达到企业联盟之间的共赢。

虚拟企业(Virtual Enterprise),是当市场出现新机遇时,具有不同资源与优势的企业为了共同开拓市场,共同对付其他的竞争者而组织的、建立在信息网络基础上的共享技术与信息,分担费用,联合开发的、互利的企业联盟体。虚拟企业的出现常常是参与联盟的企业追求一种完全靠自身能力达不到的超常目标,即这种目标要高于企业运用自身资源可以达到的限度。因此企业自发的要求突破自身的组织界限,必须与其他对此目标有共识的企业实现全方位的战略联盟,共建虚拟企业,才有可能实现这一目标。

【案例 1.1】

成功的虚拟企业组织和经营方式帮助耐克取得巨大发展

耐克公司创建于 1972 年。起初,它是一家规模很小、随时都有可能倒闭的企业。公司的两个创始人布沃曼和耐特都身兼数职,公司连自己的办公楼都没有。与一些具有百年历史的体育用品公司相比,耐克公司 70 年代还属于体育用品领域的小字辈。但耐克却后来居上,超过了曾雄踞市场的领导品牌阿迪达斯、彪马、锐步,被誉为“近 20 年世界新创建的最成功的消费品公司”。耐克公司能够取得这样巨大的成功,除了产品优良的品质性能、精心的广告宣传,以及公司创建者菲尔·耐特极具现代商业意识和开拓精神之外,还与其选择了虚拟的生产经营方式有着重要的关系。

耐克公司只专注于其品牌、卓越的设计能力、合理的市场定位以及广阔的营销网络等高附加值的核心竞争能力的打造,而将耐克运动鞋的生产外包给制鞋厂家。耐克不需要购进原材料,不需要庞大的运输车队,没有厂房、生产线和生产工人这些“实”的东西,它可以选择市场上最好的制鞋厂家作为供应商,按照耐克总部的设计和要求生产耐克运动鞋并可以根据市场环境和公司的商业战略需要转换生产基地。

20 世纪 70 年代,耐克公司研制出一系列新型跑鞋,其销售势头也非常好,耐克公司完全有能力建立自己的鞋厂,却决定继续利用日本厂商的制鞋能力。耐克公司除了在日本联合设厂打入了日本市场,还通过在爱尔兰设厂进入了欧洲市场并以此躲过了高关税。20 世纪 80 年代,随着世界经济的发展,各地区生产成本已发生了巨大的变化,耐克公司又将合作对象从日本、西欧转移到了韩国、中国台北,进而转移到中国大陆、印度等劳动力价格更为低廉的发展中国家。到 20 世纪 90 年代，耐克更为看好越南等东南亚国家。随着在海外生产基地的不断战略转移，耐克公司的销售业绩和利润也节节攀升。

在 2000 年，耐特和他的管理团队还瞄准了互联网，建立了 Nike.com，作为 21 世纪全球化战略的基石。如今 Nike.com 已融入耐克业务的方方面面，从公共关系、电子商务到品牌营销，甚至到原始计划的制订等。耐特认为，“飞人乔丹”在过去 20 年里为耐克所做的事，网络在新的千年一样能做到。

由于耐克公司在生产经营上广泛采取虚拟企业的组织和经营方式，从而使本部人员相当精简而又有活力，这样避免了很多生产问题的拖累，使公司能集中精力关注产品设计和市场营销等方面的问题。及时收集市场信息，及时将它反映在产品设计上，然后快速由世界各地的签约厂商生产出来满足客户需求。正是虚拟和柔性的企业模式，才使得耐克取得如此神速的发展和如此骄人的成绩。这就是耐克公司给人们的启示。

4. 增加企业业务重组的成功率

由于企业外部环境众多因素的快速变化，企业为了适应其动态变化，必须考虑动作方式及管理过程等方面的彻底重新设计，其中最重要的就是对组织结构的重新设计。也就是现在为人所熟知的企业业务流程重组(Business Process Reengineering，BPR)的概念。信息系统除了对企业管理效率的提高和成本的降低具有显著作用外，还有更深层次地促进企业运作方式和管理过程的变革等作用。信息系统是 BPR 的技术基础，也是 BPR 成功的保证。信息系统的建设与 BPR 是同步与交错的，信息系统可以明显提高 BPR 的成功率。

5. 促进新型专业人才的培养

管理信息系统建设是一个系统工程。信息系统应用及工作流程、企业结构的变化使企业对新型员工的需求越来越大，需要信息人员不仅懂得计算机知识，同时也应该具备管理、数学等知识。因此，促使企业必须培养或吸收技术支持人员、应用操作人员和新型的各层管理人员，以消化、吸收、处理信息知识，参与新型管理，适应管理信息系统带给企业的一系列变化。

1.4.2　管理信息系统在企业管理中的作用

1. 管理信息系统能够帮助企业进行全球化的市场竞争

世界经济全球化趋势极大地提高了信息在企业中的利用价值，为企业的发展提供了新的机会。信息系统为企业进行国际贸易和全球规模的管理业务提供了通信和分析能力，能够通过通信系统每天 24 小时与供应者和分配者的联系来控制分布在全球不同环境下运行的各个子公司，使企业比以前更容易进入市场，参与国际竞争。然而全球化和信息技术应用也给国内企业带来了新的威胁，在一个更加开放和一体化的市场中，由于网络化的通信和管理系统，顾客可以全天候地在世界市场上采购物资，获得可靠的价格和质量信息，国内企业可能面临来自国际市场上的竞争。因此，企业要在国际市场竞争中变得更有效率和获得利润，就必须拥有强大的信息处理和交流系统。

2. 经济结构的变化促进了信息和知识的生产

近 20 年来，发达国家经济结构逐渐从工业经济向信息与知识经济转变。工业经济时代的主导产业——制造业正在决速地向低工资的发展中国家转移。在以信息和知识为基础的经济中,知识和信息成为创造财富的关键要素。如美国 1976 年在办公室工作的白领工人的数量超过了在农业、制造业和服务业工作的蓝领工人的数量。提供新的知识与信息密集型产品或服务正在成为新经济的基础。以信息为基础的新兴服务迅速增长,如 Lexis,Dow Jones,New Service,America Online 等提供以网络信息为基础的服务也是最近十年发展起来并迅速遍及全球的大型电子化服务产业。

在信息与知识经济时代,完全以信息的生产、处理、分配的知识和信息密集型组织已经变得越来越强大。在这些组织中,信息技术和信息系统发挥了重要作用,其生产的信息产品和提供的服务具有较大的经济价值。如信用卡,全天候包裹运送,世界范围的存储系统和采购系统都以新型的信息技术为基础。在 20 世纪 90 年代服务产业的资本投资中,对信息技术的投资超过了 70%。在所有产业中,信息技术已经成为生产性的企业和其管理者的关键的战略性资产。信息系统尽量使企业内部的信息与知识有效地流动并使帮助管理企业的知识资源最大化。由于员工的生产率将依靠信息系统提供给他们的信息质量,信息系统帮助企业决策对于企业的生存和成功是至关重要的。

3. 管理信息系统成为形成新型企业特征的重要工具

传统的企业结构特征是层级型、中央控制、对专家进行固定安排的结构,这种企业结构特征典型地依赖一系列标准化的运行程序来从事大规模产品或服务的生产。而新型的企业是扁平化(非层级型)、分散型的,能够根据企业的战略需要灵活地安排业务流程,很好地适应特殊市场或大规模客户化的产品生产要求。这种新型的企业结构特征随着信息技术应用的日益普及表现出良好的竞争力和生产力。

企业传统的管理团队主要依靠正式的计划、严格的劳动分工、正式的规章制度和绝对的管理权威来保证企业的正常运行。而新型企业的管理者依靠信息系统来确定目标,以合适的团队和个人来灵活安排工作任务。通过面向客户的任务来取得员工之间的协调,运用专业化和公司的知识资源保证企业的正常运行,信息技术使这种新型的管理方式变成可能。

4. 管理信息系统可以有效地提高企业效率

企业利用管理信息系统,可以通过以下途径,快速提高运营效率。

(1) 降低采购成本。基于互联网的采购系统可以通过大撒网的方式搜寻低成本的供货商,并采用电子数据交换来降低差旅、劳动力、印刷和邮寄的成本,节约采购时间,提高采购质量。

(2) 减少库存,优化库存结构。网络采购和销售彻底改变了过去的库存销售方式,建立起按需定产模式,最大限度地减少了库存积压,降低库存成本及价格保护带来的风险,从而实现最佳库存。

(3) 降低销售成本和市场开发成本。由于电子设备的销售功能不是通过商店和销售人员的途径而是通过服务器的方式来实现,只需提高服务器处理需求与订单的能力就能实现全球化的市场开发与销售,所以,可以节约大量的销售与市场开发成本来实现客户数量的增加。

(4) 利用信息技术重组生产流程。使用计算机辅助设计可设计出更加个性化的产品,使用计算机辅助制造系统可实施柔性化生产,生产减少中间环节,节约劳动力,提高产品质量,降低生产成本,在产品细分和市场细分中获得竞争力。

案例讨论

【案例 1.2】

海尔公司管理信息系统的应用

20 世纪 90 年代，信息系统集成、互联网技术，已经显著地改变了企业的生产与管理方式。信息技术不再只是简单的一种辅助执行办公事务的技术，而是已经成为许多企业改进绩效和取得竞争优势的一个战略部分。当企业安装了周密的能够使公司每一个员工共享组织信息资源的网络信息系统时，呆板的、等级森严的企业管理结构开始瓦解。网络全球化使信息的交流在几秒内就可以环游世界，在公司开拓市场的过程中，距离和时间的决定性作用已变得越来越小。另外，信息已成为一个主要的经济商品，频繁地进行交易，就像实体的商品和服务一样，甚至在一定程度上替代了它们。

2001 年初，海尔推出一种“迈克冷柜”，这距美国的代理人迈克提出生产一种不必探身取物的冷柜的建议，仅仅过了 17 个小时。目前，迈克冷柜占领了美国小型冷柜的大部分市场。是什么使海尔获得了如此大的收益？海尔总裁张瑞敏说：“海尔通过信息化手段，实现了全球化的设计，全球化的采购，可以随时响应客户的需求。信息化使海尔实现了与客户的零距离，海尔为订单生产，全部做到了现款现货，不会打价格战。”

经过 5 年的努力，海尔完成了连接海内外终端市场，贯通采购、设计、生产、销售、财务等计算机化的管理信息系统工程。海尔目前在全国有 42 个配送中心，每天配送的产品大概是 5 万多件，要配送到 1 550 个海尔专卖店、9 000 多个营销点。现在所有的配送都通过计算机系统指令来进行，到货及时率由 95%提高到 98%，实现了与用户的零距离。

海尔采用网络化信息管理系统实现订单的实时处理。目前海尔每周接到外贸公司订单 461 个，定制的品种平均为 960 个，订单的产量为 40 多万台，平均每天出口 300 个标准箱。订单信息流在网上一出现，物流、资金流及所有的支持流程都同时准备到位。不必再召开会议，每个部门只要知道订单上与本部门有关的数据，做好自己的工作就行了。

海尔工业园物流中心采用了 SAP 软件管理系统的红外线无线扫描，工作人员只需扫描物料周转箱上的条形码，就可以轻松完成收货程序。如果物料不在订单范围内，信息终端就会自动报警，避免了人为因素导致的库存增加。整个物流中心只有 20 多个工作人员，自从 1999 年 10 月使用以来，节约费用数千万元。仓库的任务已经不再是用来储存物资，而是过站物流的一个中转点，它只是暂时存放各种零部件，然后由计算机进行配套，把配置好的零部件直接送到生产线。

此前，海尔的组织结构已经经历了两个阶段：第一阶段是直线职能式的金字塔式结构；第二阶段是海尔在进入多元化战略阶段之后，又实施了事业本部制结构，设 6 个产品事业部。事业本部与集团总部的财务、销售、科研、设备等八大处室是传统的行政关系。这两种结构都是自上而下的，信息是分级传递的，企业与市场和客户是断开的。从 1999 年 7 月起，海尔决定实施以“市场链”为纽带，通过管理信息系统对业务流程实行管理重组。海尔把原来各事业部的财务、采购、销售业务全部分离出来，整合成商流推进本部、物流推进本部、资金流推进本部，实行全集团统一营销、采购、结算。“三流”是海尔的主流程，原来的职能部门都变成了支持流程。商流搭建全球的营销网络,从全球的客户资源中获取订单;物流本部利用全球的供应链资源搭建全球采购及配送网络;资金流搭建全面预算系统。这样就形成了横向网络化的同步业务流程。流程的入口连接着全球供应链网络,出口连接着全球的客户(销售商)网络。商流获得的订单信息是全部流程运行的中心,订单信息流带动着物流、资金流及支持流程同步运动,最终实现零库存和与客户的零距离目标。

海尔大力推进企业信息化的根本目的就是创世界名牌。通过企业信息化追求采购、制造、营销、设计和资本运作5种业务的全球化,在全球化采购方面,现在海尔物流每年的采购额超过了200亿元,来自近1 000多个供应商,全部是通过网上招标系统完成的,得到了真正价廉物美的产品。全球最大的电机供应商——美国爱默生,从一开始给海尔供应电机,到现在干脆到胶州工业园投资6 000万美元建厂生产电机。通过信息交流,该公司能给海尔匹配最适应这个产品的电机,装备在市场上最有竞争力的产品,实现双赢。在全球化设计方面,海尔的产品开发管理系统通过互联网和世界各地的研究机构进行交互式的设计。2001年初海尔与瑞典爱立信总部商定了一个项目,开发蓝牙技术网络家电。双方采取了接力式的开发,开发速度大大加决,到6月10日,蓝牙技术网络家电就完成了,而过去这种开发项目至少需要2年,这使海尔在网络家电领域占有领先地位。在全球化制造方面,海尔现在国外有12个工厂、美国和巴基斯坦的2个工业园。通过公司的网络化管理信息系统,海尔能随时知道工厂的运行情况。在全球化营销方面,海尔目前在海内外共有53 000个营销网点,海外38 000个网点占总数的一半以上,这些网点每天都是靠公司的信息网络系统来管理的。

【思考讨论】

1. 海尔公司成功的关键要素是什么?

2. 海尔公司采用了哪些信息系统?获得了怎样的竞争优势?

3. 采用了信息系统后,海尔的管理方式有什么变化?你认为海尔的信息系统下一步应如何发展?

实战训练

(1) 调查你的职业和信息技术。

为了找到自己的最佳位置,从而在商业世界以最可能的方式获得成功,你需要尽早进行一项关于职业的调查,关注于你职业所需要的IT技能。

首先,考虑你想要从事的职业,将其记录下来。接着,在因特网中寻找与你未来职业相关的工作。浏览这些工作,并确定你需要具备哪些IT技能,并将这些技能记录下来。

最后,将你的发现与班级同学中与你有相似职业兴趣的同学的发现做一下比较。汇总起来,你应该能够得到为了成功所需掌握的较为全面的IT技能。

职业:____________________

IT技能:____________________

(2) 上网查资料了解所学专业领域国内外信息化的发展现状,并总结一下信息系统对当代社会和企业的影响有哪些?写出一篇小论文。

(3) 试用一个小的信息系统软件,体会管理信息系统的重要性。

本章小结

本章主要介绍了管理信息系统所涉及的基本概念和基础知识，主要包括管理信息系统的基本概念、模型、组成结构；管理信息系统的发展历程；管理信息系统对现代中小企业的影响。并通过案例讨论，让读者对管理信息系统有一个基本的认识，为管理信息系统的应用和实施奠定基础。

本章习题

1. 什么是管理信息系统？它有哪些要素组成？其基本功能是什么？
2. 简述管理信息系统的发展过程。
3. 请简要描述管理信息系统的金字塔结构图的含义。
4. 简述企业扁平化结构、虚拟企业的含义。

第2章

信息、系统与管理

本章学习目标

1. 掌握数据、信息及知识的区别和联系；
2. 掌握信息的特征及一般运用规律；
3. 了解系统的思想和方法；
4. 掌握用波特五力模型来解释信息系统在企业应用中的重要性。

理论指导

2.1 信息的概念与属性

在管理信息系统中，信息的产生与流动总是伴随着人、财、物等资源的变化而出现的，表现了资源的各种状态，决策者通过收集和控制信息而达到控制管理系统的目的。在管理信息系统中，最重要的成分是信息。

2.1.1 信息与数据

1. 信息的概念

在现代科学中，信息是指事物发出的消息、指令、数据、符号等所包含的内容。人通过获得、识别自然界和社会的不同信息来区别不同事物，得以认识和改造世界。在一切通讯和控制系统中，信息是一种普遍联系的形式。

1948年，信息奠基人香农(C. E. Shannon)博士，在题为"通讯的数学理论"的论文中指出："信息是用来消除随机不定性的东西"。这一定义被人们看做是经典性定义并加以引用。

控制论创始人维纳(Norbert Wiener)认为："信息是人们在适应外部世界，并使这种适应反作用于外部世界的过程中，同外部世界进行互相交换的内容和名称"。这也被作为经典性定义加以引用。

经济管理学家认为:“信息是提供决策的有效数据。”

物理学家提出了“信息熵”的概念,用信息熵描述系统与环境交流信息的程度。

电子学家、计算机科学家认为:“信息是电子线路中传输的信号。”

我国著名的信息学专家钟义信教授认为:“信息是事物存在方式或运动状态,以这种方式或状态直接或间接的表述。”

美国信息管理专家霍顿(F. W. Horton)给信息下的定义是:“信息是为了满足用户决策的需要而经过加工处理的数据。”简单地说,信息是经过加工的数据,或者说,信息是数据处理的结果。

根据近年来人们对信息的研究成果,在管理信息系统中常用的信息定义如下:信息是经过加工有一定含义的数据,它可以减少或消除人们对事物认识的不确定性,并对接收者的决策具有现实或潜在的价值。

可见,信息与数据和知识两个基本概念有着密切关系。

2. 数据

数据是记录和表达客观事实的各种可鉴别的符号。这些符号不仅有数字,还包括字符、文字、图形、图像、声音,等等。

可以将数据比喻成原料,而信息是产品,见图2.1。

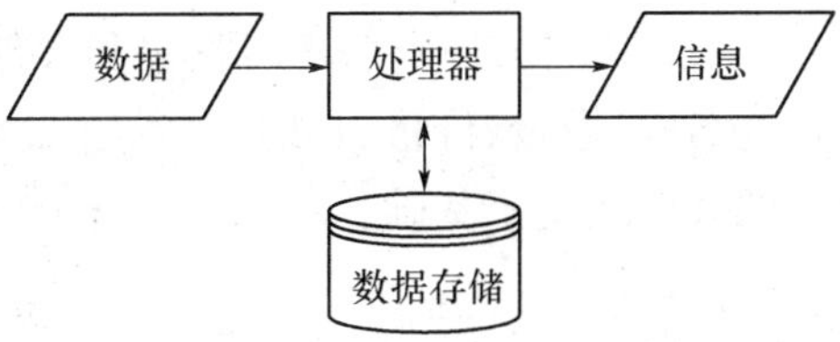

图2.1　数据与信息的关系模型

与原料和产品的概念相似,一个系统的产品可能是另一个系统的原料。那么一个系统的信息可能成为另一个系统的数据。

从应用的角度看,数据是信息的载体,也是信息一种重要的存在形式,信息是数据的含义。数据只有经过加工处理和解释才有意义,才能成为信息。

注:(1) 一个人的垃圾(数据)可能是另一个人的财富(信息)。

(2) 同一事物的信息对于不同的个人或群体具有不同的意义。信息的效用在于对决策的影响。高层决策、中层管理、基层运营都要决策。

越来越多的人从事与信息有关的工作,信息产业将成为全球最大产业。信息主管CIO(Chief Information Officer)成为企业继CEO、CFO之后又一重要职位。

3. 知识

知识来自于信息,是人们对信息的更深层次加工而形成的对客观世界的认识或经验,它对人的行为具有更一般指导意义。

数据、信息和知识是相互有紧密联系又有所区别的一组重要概念,它们都是客观事实在人脑中的反映,根据我们对客观事实观察记录数据的加工程度不同,它们分别位于信息价值链上的不同层次,对人的行为具有不同程度的影响和作用。

知识更具智能性和通用性,它能够直接帮助我们解决实际问题,它可以提供人们对新情况做出反应的能力,并能提高人的理解力,可引发人去进行新的知识创新。

因此,知识对人的行为影响比信息更大,对人的决策更有价值。

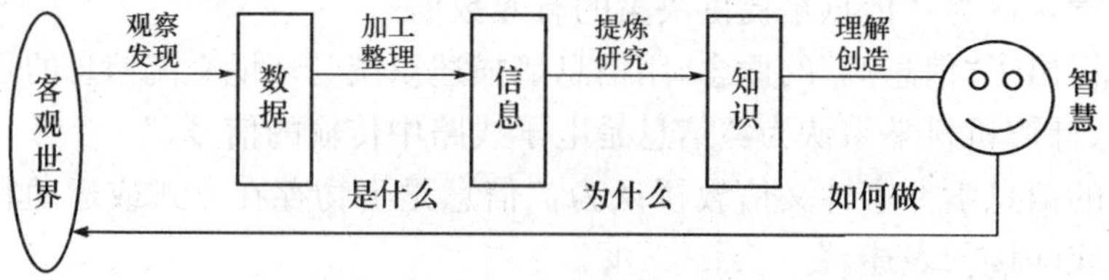

图 2.2　信息价值链四个层次

在这里我们可以看到，知识的五种演进层次，可以双向演进。从噪音中分拣出来数据，转化为信息，升级为知识，升华为智慧。这样一个过程，是信息的管理和分类过程，让信息从庞大无序到分类有序，各取所需。这是一个知识管理的过程，也是一个让信息价值升华的过程。

于是，我们可以得出如下结论：知识就是一切人类总结归纳，并认为正确真实，可以指导人类解决实践问题的观点、经验、程序等信息。

知识作为一种特殊的信息，具备了更多的附加特征，也就是说，某一种信息的附加特征越多，就越接近知识。

4. 实例

(1) 数据。一个杂货店收集和存储了有关顾客购物的交易数据，包括如下的数据元素：货物名称、数量、价格、日期等(见表 2.1)。交易处理系统存储了大量的相关数据，为更高层次的理解奠定了基础。

表 2.1　交易数据实例

货物名称	数量	价格	日期	登记号	店员 ID	会员卡 ID
尿布	1	4.99	11/1/2012	001	213	1 209

(2) 信息。不同货物名称、数量和价格提供了被购货物的信息，包括货物种类、数量和价格等。通过计算每种货物的销售额，就可以进行货物销售额排序。

表 2.2　数据积聚形成信息

货物名称	数量	价格	销售总额
啤酒	265	6.85	1 815.25
谷物	430	3.9	1 677.00
面包	850	1.59	1 351.50
牛奶	1 100	1.20	1 320.00
尿布	200	4.99	998.00

(3) 分析。将不同的数据元素积聚形成信息是很有用的，同时，将数据分离和重新组织将能够提升信息的价值，这就是进行信息分析的意义。例如，可以对杂货店中存储的信息按照特定的时间周期进行分析，可以得到有价值的分析结果：尿布和啤酒的销售受到时间周期的影响，而谷物、面包和牛奶则保持稳定的销售态势。

表2.3　对信息的分析

货物名称	时期1	时期2	时期3	时期4	数量	价格	销售总额
啤酒	35	75	100	55	265	6.85	1 815.25
谷物	110	110	100	110	430	3.9	1 677.00
面包	200	215	235	200	850	1.59	1 351.50
牛奶	200	300	300	300	1100	1.20	1 320.00
尿布	10	20	50	120	200	4.99	998.00

(4) 知识。通过对杂货店的数据进行数据挖掘(也称为规则归纳),可以得到如下一条结论:买尿布的顾客通常有一半时候也买啤酒。尿布和啤酒初看起来毫无关联,但是通过数据挖掘得到了这种隐含的模式。这就是知识。

2.1.2　信息的属性

1. 事实性

信息是客观事实在人脑中的反映。事实性是信息的中心价值。不符合事实的信息不仅没有价值,而且可能既害人又害己。所以事实是信息的第一性质和基本性质。破坏信息的事实性在管理中普遍存在:有的谎报产量,有的谎报利润和成本,有的造假账,这些都会给管理决策带来错误判断。在现实社会生活中由于各种人为或客观的原因,会存在大量不符合客观事实的虚假信息,因此,收集信息时我们应注意信息是否真实、准确、可靠。

2. 时效性

信息的时效性,是指从信源发出信息,经过收集、传递、加工、利用的时间间隔及其使用效率。

时效性是指信息的新旧程度、行情最新动态和进展。整体分析策略方案在一定时间阶段是有效的。决策的时效性很大程度上制约着决策的客观效果。应紧紧把握其时效性特点,充分发挥其时效性的功能。应与时俱进。分析、策略的有用性是其中最为重要的方面,即了解外部环境的变化并相应调整决策以利于生存和发展。

一条信息在某一时刻价值非常高,但过了这一时刻,可能一点价值也没有。现在的金融信息,在需要知道的时候,会非常有价值,但过了这一时刻,这一信息就会毫无价值。又如战争时的信息,敌方的信息在某一时刻有非常重要的价值,可以决定战争或战役的胜负,但过了这一时刻,这一信息就变得毫无用处。所以说,相当部分信息有非常强的时效性。

3. 价值性

信息是有价值的,就像不能没有空气和水一样,人类也离不开信息。因此人们常说,物质、能量和信息是构成世界的三大要素,但信息的价值往往也是相对的。

首先,信息具有时效性,一些信息会随着时间的推移而失去效用;其次,对于不同的信息接收者,信息的价值是不同的。

4. 共享性

按信息的固有性质来说,信息只能共享,不能交换。正如英国现实主义戏剧家萧伯纳所说:"两个人在一起交换苹果与两个人在一起交换思想完全不一样。两个人交换苹果,每个人手上还有一个苹果;但是两个人在一起交换了思想,每个人就同时有两个人的思想。"

信息共享的非零和性也是信息与物质和能量的显著不同点。

信息共享的非零和性造成了信息共享的复杂性，它可能存在：我不失你得，你得我也得，你得我失，我不失你也不得等多种情况。

信息的共享性有利于信息成为企业的一种资源。严格地说只有达到企业信息的共享，信息才能真正成为企业的资源。然后，才能很好地利用信息进行企业的计划与控制，从而有利于信息目标的实现。

5. 传递性

可传递性是指信息可借助一定的载体进行传递，使人们感知并接受。如：通过书籍报刊，我们可以了解他人的思想与经验；借助广播、电视和网络等媒体，我们可以了解发生在世界各地的事情。

6. 不完全性

不完全性是指在现实中，有关客观事物的信息，我们不可能也没有必要全部收集获得。

在今天信息爆炸的时代，我们只有学会正确地舍弃无用和次要的信息，才能正确有效地使用信息。

7. 层次性

管理信息系统分为高、中、低三个层次，或战略层、战术层、作业层。不同的管理层，由于其管理任务的不同，所需信息的内容和性质也会有所不同，如图 2.3 所示。

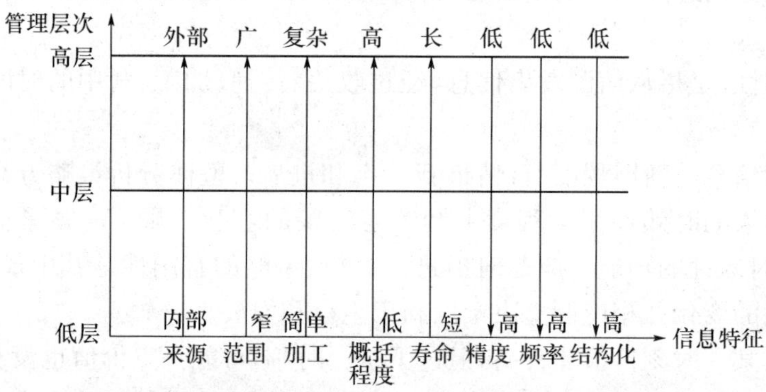

图 2.3　不同管理层信息特征比较

8. 可变换性

信息的可变性是指信息可以用不同的数据形式和介质来承载和存储。如我们可以用数字、字符、文字、声音、图形、图像等不同的形式来表达同一信息，并可以将其存储在磁介质、半导体介质或光盘等不同的存储介质上。使用户在信息使用过程中更易理解、更加方便。

信息的可压缩性，也属信息的可变换性一种，即信息可以被浓缩、综合、概括而不至于丢失信息的本质和内涵。

在计算机信息处理过程中，信息压缩不仅可以简化信息表达，过滤无用的或不重要的信息，而且可以提高计算机信息传输、存储、加工和使用效率。

2.1.3 信息的度量

1. 基于数据量的信息度量

在计算机信息处理中，常用的信息量度量方法，是按表达信息内容的数据所占用的计算机存储空间的大小来衡量的。常用的信息量度量单位有 bit(二进制数位)、字节(Byte，简记为 B)、千字节(KiloByte，KB)、千兆字节(GigaByte，GB)。

2. 基于概率的信息度量

香农在研究信息通信理论时给出了信息度量方法。他指出信息通信是一个随机事件，通信的信息量大小取决于信息内容消除不确定性的程度。消除的不确定程度大，则发出的信息量大，反之，发出的信息量小。

如果事先就确切地知道消息的内容，那么消息中所包含的信息量就等于零。

信息的不确定性，亦称不肯定性、不定性，是指人脑对客观事件能否发生的一种近似把握。

香农还给出了信息量的计算公式：

$$H(x) = -\sum P(X_i)\log_2 P(X_i) \qquad i = 1,2,3,\cdots,n$$

这里：X_i 代表第 i 个状态(总共有 n 个状态)；$P(X_i)$代表出现第 i 个状态的概率；$H(x)$就是用以消除这个系统不确定性所需的信息量。

信息量的单位是比特(bit)。

例 硬币下落可能有正反两种状态，出现这两种状态的概率都是 1/2，即：$P(X_i) = 0.5$，这时：

$$H(x) = -[P(X_1)\log_2 P(X_1) + P(X_2)\log_2 P(X_2)] = -(-0.5-0.5) = 1(\text{比特})$$

2.2 管理

管理是伴随人类社会的共同劳动而产生的一种活动，也就是说只要有两个人以上的共同劳动就需要管理。

管理是指通过计划、组织、指挥、协调、控制及创新等手段，结合人力、物力、财力、信息等资源，以期高效地达到组织目标的过程。

管理是由计划、组织、指挥、协调及控制等职能组成的活动过程。

广义的管理是指应用科学的手段安排组织社会活动，使其有序进行。其对应的英文是 Administration，或 Regulation。狭义的管理是指为保证一个单位全部业务活动而实施的一系列计划、组织、协调、控制和决策的活动。

“科学管理之父”弗雷德里克·泰罗(Frederick Winslow Taylor)认为：“管理就是确切地知道你要别人干什么，并使他用最好的方法去干。”在泰罗看来，管理就是指挥他人能用最好的办法去工作。诺贝尔奖获得者赫伯特·西蒙(Herbert A. Simon)对管理的定义是：“管理就是制定决策”。彼得·德鲁克(Peter F. Drucker)认为：“管理是一种工作，它有自己的技巧、工具和方法；管理是一种器官，是赋予组织以生命的、能动的、动态的器官；管理是一门科学，一种系统化的并到处适用的知识；同时管理也是一种文化。”

关于管理的概念却因为不同的研究领域而不尽相同，本书只给出一个企业管理比较典型的概念。

管理是人们有目的、有意识的实践活动，是指管理者在一定的社会条件(资源与环境的约束)下，为了实现预定目标对各种资源(人、财、物等)和实施环节(供、产、销等)进行规划安排，合理配置、优化控制活动的总称。

管理的实质是通过对资源的合理配置，达到以最小的投入获得最大效益的目的。管理具有目的性、约束性、实践性和艺术性等特征。

2.3 系统

2.3.1 系统概念

一群有相互关联的个体组成的集合称为系统。

中国学者钱学森认为：系统是由相互作用相互依赖的若干组成部分结合而成的，具有特定功能的有机整体，而且这个有机整体又是它从属的更大系统的组成部分。

英文中系统(system)一词来源于古代希腊文(systεmα)，意为部分组成的整体。系统的定义应该包含一切系统所共有的特性。一般系统论创始人贝塔朗菲定义："系统是相互联系、相互作用的诸元素的综合体"。这个定义强调元素间的相互作用以及系统对元素的整合作用。可以表述为：

定义 如果对象集 S 满足下列两个条件：

(1) S 至少包含两个不同元素；

(2) S 中的元素按一定方式相互联系。

则称 S 为一个系统，S 的元素为系统的组分。

这个定义指出了系统的三个特性：多元性，系统是多样性的统一，差异性的统一；相关性，系统不存在孤立元素组分，所有元素或组分间相互依存、相互作用、相互制约；整体性，系统是所有元素构成的复合统一整体。

我们可以从三个方面理解系统的概念：

(1) 系统是由若干要素(部分)组成的。这些要素可能是一些个体、元件、零件，也可能其本身就是一个系统(或称之为子系统)。如运算器、控制器、存储器、输入/输出设备组成了计算机的硬件系统，而硬件系统又是计算机系统的一个子系统。

(2) 系统有一定的结构。一个系统是其构成要素的集合，这些要素相互联系、相互制约。系统内部各要素之间相对稳定的联系方式、组织秩序及失控关系的内在表现形式，就是系统的结构。例如钟表是由齿轮、发条、指针等零部件按一定的方式装配而成的，但一堆齿轮、发条、指针随意放在一起却不能构成钟表；人体由各个器官组成，单个各器官简单拼凑在一起不能成为一个有行为能力的人。

(3) 系统有一定的功能，或者说系统要有一定的目的性。系统的功能是指系统与外部环境相互联系和相互作用中表现出来的性质、能力和功能。例如信息系统的功能是进行信息的收集、传递、储存、加工、维护和使用，辅助决策者进行决策，帮助企业实现目标。

与此同时，我们还要从以下几个方面对系统进行理解：系统由部件组成，部件处于运动之中；部件间存在着联系；系统各部件和的贡献大于各部件贡献的和，即常说的 $1+1>2$。

图 2.4 是简化的一般系统模型。输入、输出和处理是系统构成的最基本的三个要素。

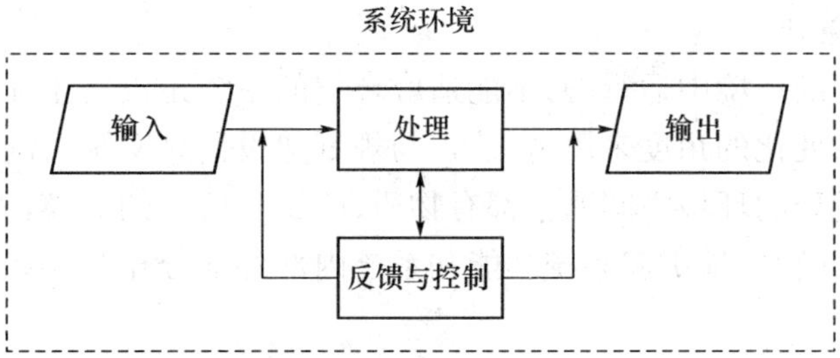

图 2.4　系统一般模型

例如：汽车自动清洗系统

输入：一辆脏的汽车、水、清洗剂、时间、人的精力、技能和知识。需要时间、精力和技能来操作系统，需要知识来确定系统运行的各个步骤及其先后次序。

处理：客户首先选择需要清洗的服务项目（清洗、清洗打蜡、干燥等），并将选择告诉汽车清洗操作员，操作员操作系统，系统按程序负责清洗汽车。

反馈、控制："对汽车干净程度的判断"。

输出：一辆干净的汽车。

系统是普遍存在的，在宇宙间，从基本粒子到河外星系，从人类社会到人的思维，从无机界到有机界，从自然科学到社会科学，系统无所不在。按宏观层面分类，系统大致可以分为自然系统、人工系统、复合系统。

2.3.2　系统思想和方法

1. 整体性

整体性是系统最基本的特性，也是观察和分析系统最基本的思想和方法。例如：自行车条辐的调整，动一条整个车轮都发生改变。

整体性是系统思想的核心，即系统是由相互联系的各部分组成的有机整体，且"整体大于部分的简单和"。因此，系统局部应服从整体目标的需要，局部最优≠全局最优。

譬如美国"阿波罗"计划中的飞船和运载火箭是由 700 多万个零件组成。这些零件都很普通，甚至没有一个是新研制的，为什么能实现把人送上太空的功能？

系统思路：做任何事情都要重视整体效应，必要的时候要舍得抛弃部分而保留整体。

2. 层次性原则

层次性是指各系统组成要素是按一定次序和结构组成系统的。在处理复杂系统问题时，我们可以将整个系统逐层分解，即把复杂问题化成若干相对简单的子问题以方便求解。逐层分解也是信息系统的开发建设中使用的基本方法之一。

3. 目的性

系统都是以实现某种功能为目的的，这是区别这一系统与那一系统的标志。

设计和分析一个系统时，必须先弄清其目的，否则就无法构成一个良好、有序的现实系统。系统的多个目标有时不完全一致，甚至矛盾，这就需要协调，寻求平衡或折中的办法，从而更好地实现其目的。

4. 环境适应性原则

系统总是在一定的环境中运行的,不能适应环境的系统是没有生命力的系统。因此,必须从动态的、发展的、变化的角度来思考、认识与规划建设信息系统。例如:超市、商场。

一个系统与其所处的环境之间通常都有物质、能量和信息的交换,外界环境的变化会引起系统特性的改变,并相应地引起系统功能和系统内部各部分相互关系的变化,系统要适应环境的变化而变化。

2.4 信息系统

2.4.1 信息系统的定义

信息系统(Information System,IS)是由计算机硬件、软件、数据库、网络通信设备、人和一系列信息处理规程所组成的,能够为人们提供信息收集、传输、存储、加工处理和使用等服务的人机系统。

由此可见,IT技术是现代信息系统的重要组成要素;对数据或信息进行采集、传输、处理、存储、输出等是信息系统的基本功能。

2.4.2 信息系统的分类

由于信息系统应用十分广泛,因此,从不同的角度,可以对它有各种不同的分类方法。通常按IS应用领域和功能的不同将其分为以下几种。

(1) 数据通信系统

数据通信系统是指由计算机和通信设备等构成的通信系统。其主要任务是完成信息的二进制数字编码、传输、转接、存储和处理。

(2) 自动控制系统

自动控制系统是指用于工程和生产过程等控制的信息系统。

(3) 信息资源服务系统

信息资源服务系统是指专门提供信息内容检索和查询的信息系统。如图书、情报检索系统;互联网内容提供商所提供的信息检索系统。该类系统的特点是:信息存储量大,对查找速度、查全率和查准率要求高,并能提供多种查找途径、方法和多种形式的查找结果。

(4) 管理信息系统

管理信息系统是指用来为组织(政府机构、企业等)提供管理决策服务的信息系统。主要应用类型有国家经济信息系统、企业管理信息系统、事务型管理信息系统、行政机关办公型管理信息系统等。

2.4.3 波特五力模型

研究显示,随着社会与商业竞争的日益激烈,企业必须不断进取,例如开发创新产品和革新业务流程,才能得以生存和发展,而信息技术正是有助于实现这些目标的强有力工具。

在为信息技术创建商业远景时,有一个既有用又相当重要的工具,这就是波特的五力模型。在既定的组织目标和战略下，这个工具会帮助用户正确地使用技术，重要的是在组织的目标和战略框架下，为技术找到合适的位置。

五力分析模型是迈克尔·波特(Michael Porter)于20世纪80年代初提出。用于竞争战略的分析，可以有效地分析产业的竞争环境，五种力量的不同组合变化最终影响产业利润潜力变化。

五种力量模型将大量不同的因素汇集在一个简便的模型中，以此分析一个行业的基本竞争态势。五种力量模型确定了竞争的五种主要来源，即供应商的议价能力(卖方能力)，购买者的议价能力(买方能力)，潜在进入者的威胁，替代品的威胁，同一行业的公司间的竞争。一种可行战略的提出首先应该包括确认并评价这五种力量，不同力量的特性和重要性因行业和公司的不同而变化。如图2.5所示。

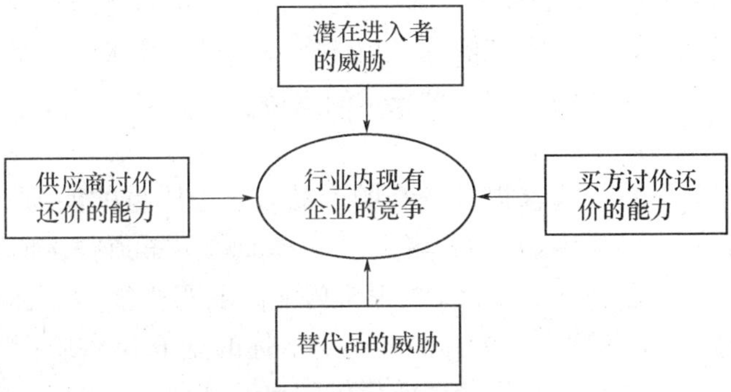

图2.5 波特五力模型

波特五力模型是在工业文明背景下提出的，随着信息技术和信息系统的广泛应用，企业的外部环境和内部流程已经不同当年，但是，作为框架性分析基准，波特的五力模型仍然被学术界所沿用，以此来解释信息系统对企业竞争优势的影响，依然有很强的说服力。下面从五个方面分析信息系统的引进对企业竞争优势的影响。

1. 供应商的议价能力(Bargaining Power of Suppliers)

供方主要通过其提高投入要素价格与降低单位价值质量的能力，来影响行业中现有企业的盈利能力与产品竞争力。供方力量的强弱主要取决于他们所提供给买主的是什么投入要素，当供方所提供的投入要素的价值构成了买主产品总成本的较大比例、对买主产品生产过程非常重要、或者严重影响买主产品的质量时，供方对于买主的潜在讨价还价力量就大大增强。

在五力模型中，当购买者可选择的购买渠道很少时，卖方能力就强。卖方能力和买方能力是相反的：在市场中，作为卖方，你希望买方能力弱，而你的卖方能力强。

在一个传统的供应链中，企业可能既是一个供应商(对客户而言)，又是一个客户(对其他供应商而言)。而作为其他供应商的客户，你又希望能够增加自己的买方能力。通过为企业寻找可选择的供应来源可以创建一种竞争优势。运用信息技术的B2B电子商务市场能够为此提供帮助。B2B电子市场是一种可以聚集大量买家和卖家的网络服务(这与阿里巴巴广受欢迎的客户集中网络模式很相似，这种模式将买者和卖者聚集到网上进行在线拍卖)。

信息系统的应用降低了寻找供应商的搜寻成本，扩大了供应商的搜寻范围，可以给业务人员提供与供应商相关的全部进、销、存信息，通过对历史信息的对比分析，削弱供应商的讨价还价能力。将供应商按照销售、毛利、促销能力、库存控制能力进行评价和判断，帮助业务人员针对不同类别的供应商采用不同的管理手段，有效降低企业的库存、提高资金的使用效率。如基于JIT系统的库存系统可以减少汽车制造等行业的库存成本，利用信息系统与信息技术，将企业与零部件供应商联系起来，其本质上就是利用信息代替企业的零部件库存成本。另一方面，行业利润的透明化也增强了供应商的讨价还价能力。两者之间的动态均衡，将是企业与供应商实现双赢的共同选择，这种共赢的效果是一种更高层次的竞争优势。比如，信息系统可以帮助企业与其供应商之间建立联盟伙伴关系，戴尔公司和其供应商组成了虚拟企业，供应商变成了戴尔的一个零件提供部门。戴尔接到客户订单后，其控制中心会把整张订单分解成一张张零件采购订单，通过网络发给配件供应商，供应商接到订单后马上组织生产，在指定的时间内把货发给戴尔。除了发送订单外，戴尔还与供应商在网上共享戴尔所掌握的信息，如配件需求信息、库存信息，以及新产品资料、技术计划等。而这种合作关系建立的前提条件是必须有信息系统和信息技术的支持。

2. 购买者的议价能力

购买者主要通过其压价与要求提供较高的产品或服务质量的能力，来影响行业中现有企业的盈利能力。在五力模型中，当购买者可以选择的购买渠道很多时，买方能力较强，反之则弱。作为一个产品和服务的提供者，组织希望能减弱买方能力。你可以构建一种竞争优势，使其更加吸引顾客从你这里购买商品而不是从你的竞争对手那里购买。通过IT来减少买方能力的最好的一个做法就是许多企业提供的忠诚计划。

忠诚计划是在客户与一个特定企业之间的业务量基础上对客户提供回馈。只有跟踪许多客户，可能是上百万客户的活动及账目，这项计划才可能实施。如果没有大规模的IT系统，这项计划几乎是不现实的，或者根本不可行。因此，忠诚计划通过信息技术来减少买方能力，这在传统行业中很常见。例如，连锁酒店金卡用户、航空常旅客计划、电信VIP用户等，他们更加乐意与公司开展多数业务。

买方的讨价还价能力取决于信息的拥有量，优势信息的拥有者必然拥有更强的讨价还价能力，对顾客而言，Internet等快速、廉价的信息传递工具无疑大大降低了顾客收集信息的成本，信息的可靠性增强，渠道拓宽，削弱了企业的信息优势，因此，激烈的市场竞争使企业比过去任何时候都更加审视顾客的需求，企业要提升自身的竞争力就必须更快、更准地发现并满足顾客的需求。使用信息系统与信息技术可以提高买方的转移成本，使其转向其他供应商的成本提高，从而降低买方讨价还价的能力。越来越多的企业开始确立“以顾客为中心的经营理念和管理流程”，而离开信息系统，这些理念和流程都将是空中楼阁。因为企业需要利用数据挖掘和数据仓库技术对不同的顾客群体进行分析，发掘客户的消费模式，了解顾客的深层次需求，设计出满足顾客需求的产品，从而更好地调整经营策略。比如，设备制造厂商可以利用专家系统，为顾客提供远程维修指导与服务。再如，航空公司推出的累积积分奖励免费的飞行公里数可以锁定部分客户群体，而没有信息系统，这种运行机制将无法实现。

3. 新进入者的威胁

新进入者在给行业带来新生产能力、新资源的同时，希望在已被现有企业瓜分完毕的市场中赢得一席之地。这就有可能会与现有企业发生原材料与市场份额的竞争，最终导致行业中现有企业盈利水平降低，严重的话还有可能危及这些企业的生存。竞争性进入威胁的严重程度取决于两方面的因素，即进入新领域的障碍大小与预期现有企业对于进入者的反应情况。

进入障碍主要包括规模经济、产品差异、资本需要、转换成本、销售渠道开拓、政府行为与政策（如国家综合平衡统一建设的石化企业）、自然资源（如冶金业对矿产的拥有）、地理环境（如造船厂只能建在海滨城市）等方面，这其中有些障碍是很难借助复制或仿造的方式来突破的。总之，新企业进入一个行业的可能性大小，取决于进入者主观估计进入所能带来的潜在利益、所需花费的代价与所要承担的风险这三者的相对大小情况。

当企业所属行业的进入障碍相对较低时，新企业会对现有企业构成较大威胁，而作为企业管理的基础，信息系统的应用可以增加这种进入障碍，信息系统的投入，已经成为新进入者的"技术壁垒"。一方面，业内企业可以通过加大信息系统投资和应用水平来保持优势地位，以阻止新进入者。反过来，新进入者需要足够的信息技术才能支撑复杂的信息系统的运作，此外，新进入者必须考虑庞大的信息系统投资带来的沉没成本和机会成本。由此看来，信息系统在一定程度上起到了阻止新进入者的作用。

以超市的会员管理为例，先进的会员管理信息系统是超市阻止新进入者进行市场瓜分的有效手段。在超市行业，信息系统是进行竞争的基础，没有一套有效的信息系统，很难与行业领先者进行竞争，没有武器的战争注定是失败的。沃尔玛对信息系统的投入与它的行业领先地位是相辅相成的。

4. 替代品的威胁

两个处于同行业或不同行业中的企业，可能会由于所生产的产品是互为替代品，从而在它们之间产生相互竞争行为，这种源自于替代品的竞争会以各种形式影响行业中现有企业的竞争战略。首先，现有企业产品售价以及获利潜力的提高，将由于存在着能被用户方便接受的替代品而受到限制；第二，由于替代品生产者的侵入，使得现有企业必须提高产品质量、或者通过降低成本来降低售价、或者使其产品具有特色，否则其销量与利润增长的目标就有可能受挫；第三，源自替代品生产者的竞争强度，受产品买主转换成本高低的影响。转换成本就是指使消费者不愿转而使用另一种产品或者服务的成本。你应该意识到，转换成本并不一定是真实的货币成本。

例如，当你在 1 号店网站购买产品时，1 号店网站会通过协作过滤等技术建立一个有关你购物习惯的特定档案。当你登录 1 号店网站时，在你的档案中已经有为你定制的产品。如果你选择去别的地方购物，由于你所登录的新网站没有关于你或过去购买记录的档案，此时就产生了转换成本。因此，在一个有许多替代品的市场中，1 号店网站通过为你提供定制产品、增加你转向其他在线零售商的转换成本，从而减少了替代产品或服务的威胁。

转换成本也可能是真实的货币成本。当你在手机提供商那里报名时，你可能就被引入了转换成本。所有的运作和计划听上去真的很完美。但是却存在着很高的转换成本，因为大多数手机提供商要求你签署一个长期的合同（大约两年），只有这样你才能接受免费电话或晚间和周末无限制地通话。不幸的是，这种转换成本有时被巧妙地隐藏在细节中。

总之，替代品价格越低、质量越好、用户转换成本越低，其所能产生的竞争压力就强；而这种来自替代品生产者的竞争压力的强度，可以具体通过考察替代品销售增长率、替代品厂家生产能力与盈利扩张情况来加以描述。

5. 行业竞争者的竞争

大部分行业中的企业，相互之间的利益都是紧密联系在一起的，作为企业整体战略一部分的各企业竞争战略，其目标都在于使得自己的企业获得相对于竞争对手的优势，所以，在实施中就必然会产生冲突与对抗现象，这些冲突与对抗就构成了现有企业之间的竞争。现在企业常采用的IT战略有：利用IT降低产品或服务价格、使产品或服务差异化、客户关系管理、改善市场服务、供应链管理等战略来提高企业在本行业的竞争力。

零售业是存在激烈竞争的行业。美Sears和Kmart公司分别以销售收入的近30%和21%用来支付企业的管理费用(包括工资、广告、库存和维修等费用)。而沃尔玛却因借助其强大的信息系统，只需销售收入的15%用于管理费用，从而维持了其低成本运行的竞争优势。

信息系统是现有企业的行业标准，当行业内部竞争企业的规模大致相当的时候，企业间的竞争是很残酷的，如果企业不具备业内通行的信息系统，就会被无情淘汰，或者说，企业只有利用信息系统创造出差异化的产品和服务，提高效率，才能取得行业竞争优势。像网络银行、戴尔集团的网上批量订购系统、航天公司的订票系统等都是借助于信息技术获得了先动者的竞争优势。另外，信息系统还可以帮助企业收集对手产品设计情况、市场营销情况等信息，并加以分析，将分析结果与本企业的运营情况进行对比，获得成本优势或差异化优势，从而改变竞争基础，在竞争中处于有利地位。

沃尔玛之所以能够提供“每日低价”和“最周到的服务”，得益于其从天空到海洋、从无线到有线无所不包的信息网络。沃尔玛利用最先进信息系统的有效调配，实现了全球范围的资源配置，以最低廉的价格服务于顾客，赢得在市场竞争中的优势地位。

综上所述，波特的竞争力模型不但在评价行业相对吸引力时十分有效，而且可以为我们制定企业IT战略提供指导。即它可以帮助我们分析，作为一个供应商，IT能够帮助你减少买方力量吗？IT是否有助于降低行业壁垒，从而使你的企业能够更加容易、更加顺利地进入一个新的市场？IT是否有助于增加转换成本(货币或其他形式)，使得只有较少数的客户放弃你的企业而转向其他企业？作为一个行业中的购买者，使用IT能给企业带来更多的供给选择，从而降低卖方能力吗？

学习波特的五力模型，是为了帮助IT人员有效地决定在哪里使用技术以及如何使用技术来支持重要的商业活动。

案例讨论

【案例2.1】

Bloomberg是一个基于多媒体的全球化金融信息服务发布机构。它在52个国家拥有140 000个金融方面的专业人员，他们通过手提电脑能够在全年、每天24小时不间断地从Bloomberg的主机中获取信息。这140 000个金融方面的专业人员并不是Bloomberg的雇员，恰恰相反，他们是在为别的企业工作，只是因为工作需要而索取Bloomberg提供的金融信息服务。

那么，为什么Bloomberg要向客户提供这种可以迅速移动的技术呢？原因非常简单，

Bloomberg的大多数客户都是通过电子通信手段进行工作的人,他们需要在世界各地从事工作,并获得Bloomberg的金融信息服务。如果Bloomberg做不到这些,客户中的一些人将无法使用Bloomberg提供的服务。因此,Bloomberg为它的客户配备了德克萨斯仪器公司的“旅行伴侣”——手提电脑,希望他们持续不断地使用Bloomberg的金融信息服务。

Bloomberg确实做到了这一点,客户可以在旅馆里、或在家中、甚至在飞机上,通过配备有调制解调器的旅行伴侣、客户端键盘和微软的软件随时随地从事他们的工作。

【案例2.2】

位于新罕布什尔州伦敦德里的Stonyfield农场有限公司的首席执行官兼总裁GaryHirshberg,热衷于倾听来自于顾客的评论意见。事实上,当你给Stonyfield公司打电话,提出评论、建议或抱怨时,你实际上是在与许多奶酪制作者之一进行交谈,而不是由接线员在给你回答问题。

Gary相信,这种方式能建立起更加个性化的服务,同时也更加有助于面向市场。因此,当他收到来自客户关系协调员Christine Ahern的备忘录,称一个客户打电话来提出需要巧克力奶酪时,他立即想知道:是否还有其他客户也曾提出过对巧克力奶酪的需求?巧克力奶酪的需求程度如何?最先提出巧克力奶酪需求的地区是哪儿?

令他失望的是,公司缺少一种对大量客户意见的文档进行排序的方法,因此难以回答上述问题。

这时Gary意识到,虽然他的免费电话是建立顾客忠诚关系的非常好的途径,但公司却没有一种方法能对这些新产品构思的信息来源加以利用。为了建立一套跟踪客户电话的系统,Gary很快向一家计算机公司提出需求,该公司提出了一套价值10 000美元的系统解决方案,其中包括全部所需的硬件、软件(微软公司的Access)以及价值约8 000美元的程序,还包括对创建所需文件、数据输入屏幕和报名格式进行开发。

现在,所有的客户信息都被保存在数据库中。利用微软公司的Access数据库产品,Stonyfield的员工能够按照他们所希望的任何顺序快速、方便地检索信息,可根据口味、客户抱怨或意见的类型,按照地区,甚至按照商店对某种口味的产品进货或不进货等途径进行检索。

该系统赋予Stonyfield公司极大的灵活性,它能在几秒钟内搜寻到一个客户可能做出的任何评论。

Gary利用其基于Access数据库的客户信息系统确定了一周内曾有11位客户提出巧克力奶酪的需求。几个月后,Stonyfleld公司的巧克力奶酪就打入了美国各杂货店的货架上。

【思考讨论】

1. 为什么客户要通过电子通信获取Bloomberg提供的信息?信息的价值体现在什么方面?

2. 你认为Bloomberg为用户免费提供“旅行伴侣”——手提电脑有价值吗?

3. Stonyfield公司的客户信息系统提供的信息具有什么特点?哪些信息对Gary决策有帮助?

4. 你认为Stonyfield公司的客户信息系统应该提供哪些信息?

5. 你认为Stonyfield公司的客户信息系统是决策支持系统吗?为什么?

实战训练

请上网在天猫超市或一号店超市进行购物，体会购物过程，思考该网上超市用了哪些信息系统，并分组讨论用波特五力模型分析天猫超市或一号店超市的竞争优势。

本章小结

本章首先介绍了信息的基本概念、特征、信息量的计算，并讲解了数据、信息与知识的区别和联系；介绍了管理、系统的基本概念和思想；介绍了信息系统的分类，最后通过波特五力模型来衡量信息系统在企业中应用的重要性。

本章习题

1. 什么是信息？什么是数据？数据、信息和知识之间有什么区别与联系？

2. 信息有哪些基本特征？

3. 什么是系统？系统有哪些特性？

4. 设有四个消息 A、B、C、D 分别以概率 1/4、1/8、1/8、1/2 传送，每一消息的出现是相互独立的。试计算其信息量。

5. 设甲地的天气预报为晴(占 4/8)，阴(占 2/8)，小雨(占 1/8)，大雨(占 1/8)；乙地的天气预报为晴(占 7/8)，小雨(占 1/8)。试比较甲、乙两地天气预报提供的平均信息量大小。

第3章

信息资源

本章学习目标

1. 了解信息资源、信息资源管理的概念；
2. 了解企业的信息资源有哪些；
3. 了解信息资源检索的几个要素；
4. 掌握信息资源检索的技巧。

理论指导

3.1 信息资源的概念

信息资源是企业生产及管理过程中所涉及的一切文件、资料、图表和数据等信息的总称。它涉及企业生产和经营活动过程中所产生、获取、处理、存储、传输和使用的一切信息资源，贯穿于企业管理的全过程。信息同能源、材料并列为当今世界三大资源。信息资源广泛存在于经济、社会各个领域和部门，是各种事物形态、内在规律、和其他事物联系等各种条件、关系的反映。随着社会的不断发展，信息资源对国家和民族的发展，对人们工作、生活至关重要，成为国民经济和社会发展的重要战略资源。它的开发和利用是整个信息化体系的核心内容。

信息技术的爆炸式发展，政府、企业、社会信息化应用的过热式需求，使信息资源从技术应用变成了无处不在的重要经济资源。信息资源牵动着经济增长、体制改革、社会变迁和发展，信息资源管理技术也从单一走向综合，正在形成集各种软件构件于一体的大型平台。用于分布式信息资源管理的信息资源管理平台(Information Resource Management Platform, IRMP)成为当前及未来信息化推进的关键。

3.2 信息资源管理

3.2.1 信息资源管理的概念

信息资源管理是20世纪70年代末80年代初在美国首先发展起来然后渐次在全球传播开来的一种应用理论，是现代信息技术特别是以计算机和现代通信技术为核心的信息技术的应用所催生的一种新型信息管理理论。

信息资源管理有狭义和广义之分。狭义的信息资源管理是指对信息本身即信息内容实施管理的过程。广义的信息资源管理是指对信息内容及与信息内容相关的资源如设备、设施、技术、投资、信息人员等进行管理的过程。

企业信息资源是企业在信息活动中积累起来的以信息为核心的各类信息活动要素(信息技术、设备、信息生产者等)的集合。企业信息资源管理的任务是有效地搜集、获取和处理企业内外信息，最大限度地提高企业信息资源的质量、可用性和价值，并使企业各部分能够共享这些信息资源。由于企业是以利润最大化为目标的经济组织，其信息资源管理的主要目的在于发挥信息的社会效益和潜在的增值功能，为完成企业的生产、经营、销售工作，提高企业的经济效益，同时也为提高社会效益。一般而言，企业信息资源管理工作的内容主要包括：

(1) 对信息资源的管理。

(2) 对人的管理。

(3) 对相关信息工作的管理。

宏观信息资源管理是基于社会层面的信息资源管理，这一层面将信息资源管理作为一种管理思想和管理理论，认为信息不仅是组织资源，同时也是一种社会管理，要求围绕这一社会经济资源展开一系列的管理活动。总而言之，宏观层面的信息资源管理是通过有效的手段进行信息资源管理的合理配置，促进信息资源的开发、利用和增值，实现经济与社会的可持续发展。

3.2.2 信息资源管理的发展阶段

总体来说，信息资源管理有以下几个发展阶段：

(1) 传统管理阶段：20世纪50年代～70年代，以图书馆、情报所为代表的文字信息资源管理。

(2) 信息管理阶段：20世纪70年代末～80年代，以计算机应用和数据处理为典型代表。

(3) 信息资源管理阶段：20世纪80年代～90年代，以网络平台、海量数据库、信息处理技术为代表，信息交换、信息共享、信息应用为内容，视信息资源为主要经济资源进行管理的信息资源管理。

(4) 知识管理阶段：20世纪90年代以来，知识管理的形成与发展是建立在信息资源管理的缺陷的基础上，它更加重视与人交流，重视学习，重视知识资产，竞争优势与创新。将结构化信息与非结构化信息和人们利用信息的规则联系起来,做到了对知识的更好的利用。

3.3　信息资源检索

信息检索有广义和狭义的之分。广义的信息检索全称为“信息存储与检索”,是指将信息按一定的方式组织和存储起来,并根据用户的需要找出有关信息的过程。狭义的信息检索为用户使用检索语言对自己的信息需求予以描述,并在一定的信息资源系统中进行描述匹配的过程。狭义的信息检索包括三个方面的含义:了解用户的信息需求、信息检索的技术或方法、满足信息用户的需求。

3.3.1　信息资源的要素

1. 信息检索的前提——信息意识

所谓信息意识,是人们利用信息系统获取所需信息的内在动因,具体表现为对信息的敏感性、选择能力和消化吸收能力,从而判断该信息是否能为自己或某一团体所利用,是否能解决现实生活实践中某一特定问题等一系列的思维过程。信息意识含有信息认知、信息情感和信息行为倾向三个层面。

信息素养(素质)(Information Literacy)一词最早是由美国信息产业协会主席 Paul Zurkowski 在 1974 年给美国政府的报告中提出来的。他认为:信息素质是人们在工作中运用信息、学习信息技术、利用信息解决问题的能力。

2. 信息检索的基础——信息源

按文献载体分:印刷型、缩微型、机读型、声像型、电子型。

按文献内容和加工程度分:零次信息、一次信息、二次信息、三次信息。

按出版形式分:图书、报刊、研究报告、会议信息、专利信息、统计数据、政府出版物、档案、学位论文、标准信息。它们被认为是十大信息源,其中后 8 种被称为特种文献。教育信息资源主要分布在教育类图书、专业期刊、学位论文等不同类型的出版物中。

从网络检索的角度看,电子信息可分为多媒体素材信息、软件信息和文献信息。

所谓多媒体信息,是我们上网所要获取的多种媒体信息,如文字信息、图形信息、图像信息、动画信息、影片信息、声音信息等等。我们获取这些信息的目的,是为了在我们的网页或多媒体作品中作为素材使用。在这里,我们主要关注的是信息的外在形式,获得的方法,主要是使用搜索引擎。

所谓软件信息,是我们上网所要索取并下载的各种计算机软件,特别是免费软件和共享软件。我们获取这些信息的目的,是为了找到更好用的软件作为工具,来帮助我们开展工作。在这里,我们主要关注的是软件的性能和下载、安装的方法以及使用说明,获得的方法,主要是使用第二类搜索引擎。

所谓文献信息,是我们上网的目的,是为了查找某些特定主题的文献,如书籍、论文、地图、表格等。它们通常以文字形式为主,配合有必要的插图。我们获取这些信息的目的,是为了帮助我们进行科学研究。在这里,我们主要关注的是信息的内容而非外在形式,而获取的方法,是通过网上数据库和数字图书馆,搜索引擎面对这类资源,犹如光学望远镜面对看不见的宇宙暗物质或黑洞。

3. 信息检索的核心——信息获取能力

(1) 了解各种信息来源。

(2) 掌握检索语言。

(3) 熟练使用检索工具。

(4) 能对检索效果进行判断和评价。

判断检索效果的两个指标：

查全率＝被检出相关信息量/相关信息总量(%)

查准率＝被检出相关信息量/被检出信息总量(%)

常用的信息检索方式有手工检索和计算机检索。

手工检索也叫传统信息检索，是利用各种印刷型检索工具来查找文献的一种方法。

计算机检索也叫现代信息检索，是指利用计算机和网络来处理和查找文献信息的检索方式。这种检索方式具有检索速度快、效率高，并且能进行多元检索、远程检索等优点，从而逐渐成为检索方式的主流。目前，计算机检索系统主要有联机检索、光盘检索、网络检索、全球数字图书馆系统。

4. 信息检索的关键——信息利用

社会进步的过程就是一个知识不断的生产—流通—再生产的过程。

为了全面、有效地利用现有知识和信息，在学习、科学研究和生活过程中，信息检索的时间比例逐渐增高。

获取学术信息的最终目的是通过对所得信息的整理、分析、归纳和总结，根据自己学习、研究过程中的思考和思路，将各种信息进行重组，创造出新的知识和信息，从而达到信息激活和增值的目的。

3.3.2 信息资源检索工具

1. 印刷型检索工具

(1) 目录、索引、文摘目录，也称书目。它是著录一批相关图书或其他类型的出版物，并按一定次序编排而成的一种检索工具。索引，是记录一批或一种图书、报刊等所载的文章篇名、著者、主题、人名、地名、名词术语等，并标明出处，按一定排检方法组织起来的一种检索工具。索引不同于目录，它是对出版物(书、报、刊等)内的文献单元、知识单元、内容事项等的揭示，并注明出处，方便进行细致深入的检索。文摘，是以提供文献内容梗概为目的，不加评论和补充解释，简明、确切记述文献重要内容的短文。汇集大量文献的文摘，并配上相应的文献题录，按一定的方法编排而成的检索工具，称为文摘型检索工具，简称为文摘。

(2) 百科全书参考工具书之王。它是概述人类一切门类或某一门类知识的完备工具书，是知识的总汇。它是对人类已有知识进行汇集、浓缩并使其条理化的产物。百科全书一般按条目(词条)字顺编排，另附有相应的索引，可供迅速查检。

(3) 年鉴按年度系统汇集一定范围内的重大事件、新进展、新知识和新资料，供读者查阅的工具书。它按年度连续出版，所收内容一般以当年为限。它可用来查阅特定领域在当年发生的事件、进展、成果、活动、会议、人物、机构、统计资料、重要文件或文献等方面的信息。

(4) 手册、名录。手册,是汇集经常需要参考的文献、资料、信息及有关专业知识的工具书。名录,是提供有关专名(人名、地名、机构名等)的简明信息的工具书。

(5) 词典(字典)。词典是最常用的一类工具书。分为语言性词典(字典)和知识性词典。

(6) 表谱、图录。采用图表、谱系形式编写的工具书,大多按时间顺序编排。主要用于查检时间、历史事件、人物信息等。图录包括地图和图录两类。

(7) 类书、政书。类书是我国古代一种大型的资料性书籍,辑录了各种书中的材料,按门类、字韵等编排以备查检。政书是主要记载典章制度沿革变化及政治、经济、文化发展状况的专书。

2. 搜索引擎

(1) 搜索引擎的工作原理

搜索引擎的工作原理,即搜索工作的过程:从互联网上抓取网页→建立索引数据库→在索引数据库中搜索排序。搜索引擎并不真正搜索互联网,它搜索的实际上是预先整理好的网页索引数据库。

① 从互联网上抓取网页

利用能够从互联网上自动收集网页的蜘蛛(Spider)系统程序,自动访问互联网,并沿着任何网页中的所有 URL 爬到其他网页,重复这一过程,并把爬过的所有网页收集回来。

② 建立索引数据库

由分析索引系统程序对收集回来的网页进行分析,提取相关网页信息(包括网页所在URL、编码类型、页面内容包含的关键词、关键词位置、生成时间、大小、与其他网页的链接关系等),根据一定的相关度算法进行大量复杂计算,得到每一个网页针对页面内容中及超链中每一个关键词的相关度(或重要性),然后用这些相关信息建立网页索引数据库。

③ 在索引数据库中搜索排序

当用户输入关键词搜索后,由搜索系统程序从网页索引数据库中找到符合该关键词的所有相关网页。因为所有相关网页针对该关键词的相关度已计算完成,所以只需按照现成的相关度数值排序,相关度越高,排名越靠前。

每个搜索引擎都必须向用户提供一个良好的信息查询界面,一般包括分类目录及关键词两种信息查询途径。目前有两类搜索引擎:以网页搜索为主的搜索引擎(百度、Google、Yahoo 等),以 FTP 和 P2P 资源搜索为主的搜索引擎(迅雷、天网等)。

(2) 搜索引擎检索技巧

一般搜索引擎需要在多个关键字之间加上“ ”,而另外一些则不需要。百度就是其中之一,它无需用明文的“ ”来表示逻辑“与”操作,只要在搜索关键字之间用空格隔开即可。如想知道汽车的发展历史,我们可以在百度中这么输入:“汽车 历史”,马上就能得到搜索结果,如图 3.1 所示。

如果想排除一些干扰项,可以使用“A -B”的格式来表达“非”操作。如搜索“中国历史”,会看到很多和历史以及文化相关的结果,现在想一次性去掉文化类内容,就可以输入“中国 历史 -文化”。注意,“-”前必须加上空格,如图 3.2 所示。

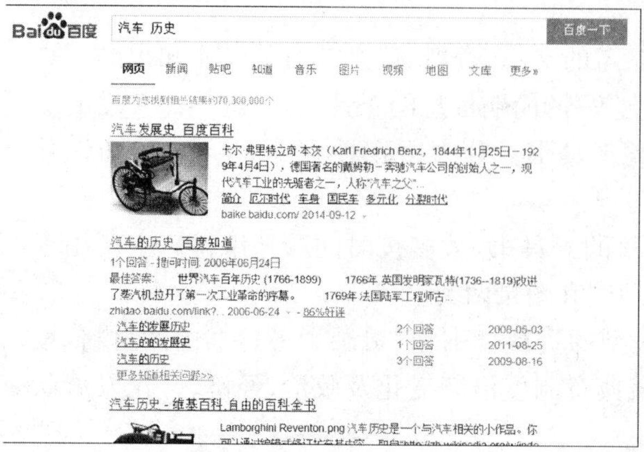

图 3.1 “汽车　历史”的搜索结果

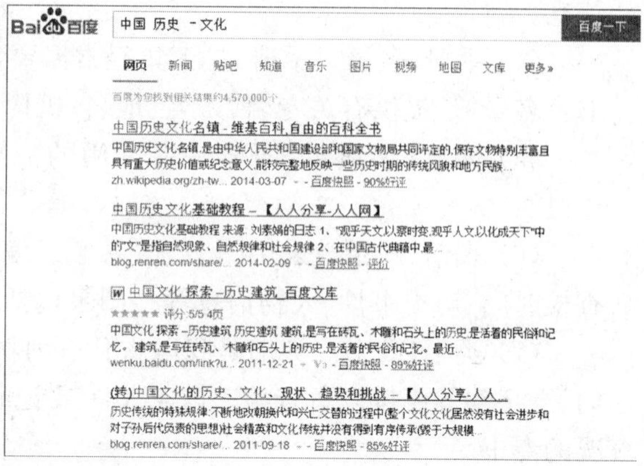

图 3.2 “中国　历史 -文化”的搜索结果

逻辑“或”操作可以用格式“A OR B”来实现。例如想知道搜索引擎的发展历史，尤其是含有网络蜘蛛的部分，则可以使用“搜索引擎历史 OR 蜘蛛”的方式进行搜索。

合理使用通配符也能大大缩小搜索范围。很多搜索引擎支持通配符，如用“＊”代替一个字符串，而“?”则代替单个字符等。不过 Google 对通配符支持有限，目前只能用“＊”来替代字符串，而且包含“＊”必须用""(注意这里的符号是英文的)引起来。例如搜索“以＊为家”，表示搜索一个短语，且以“以”开头，以“为家”结尾，中间的“＊”可以为任何字符或字符串。

3. CNKI 清华同方系列数据库

中国知网 CNKI(China National Knowledge Infrastructure)是国家知识基础设施(National Knowledge Infrastructure，NKI)的概念，由世界银行于 1998 年提出。CNKI 工程是以实现全社会知识资源传播共享与增值利用为目标的信息化建设项目，由清华大学、清华同方发起，始建于 1999 年 6 月。目前，CNKI 已经建成或正在建设的数据库接近 150 个，可以通过网络(http：//www. cnki. net/index. htm)访问其中的题录或文摘。若学校购买了 CNKI 的使用权，则可直接免费下载相关的资源，也可购买账户，登陆之后下载文献。

CNKI 主要有《中国期刊全文数据库》(CJFD)、《中国优秀博硕士学位论文全文数据库》(CDMD)、《中国重要报纸全文数据库》(CCND)和《中国重要会议论文全文数据库》(CPCD)等 8 个数据库。

在浏览器中直接输入域名：http：//www. cnki. net 进入 CNKI 主页，见图 3.3。

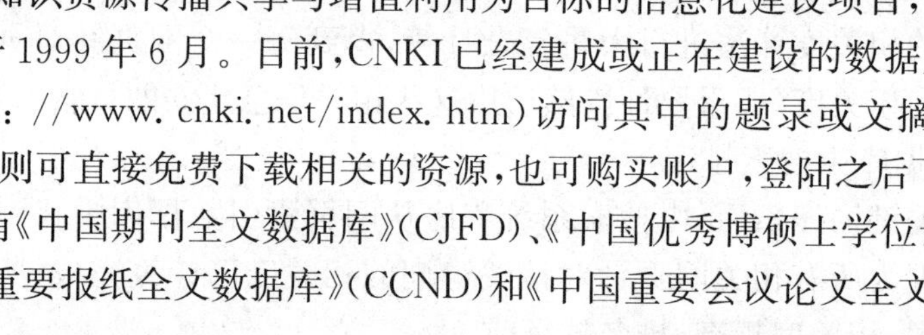

图 3.3 中国知网首页

在界面中可以看到期刊、硕博士论文、会议等数据库，这里以期刊数据库为例，点击“期刊”进入检索界面。在检索条件中，对篇名“信息系统”进行检索，可以看到图 3.4 的检索结果。

图3.4 “信息系统”的搜索结果

用户可以根据篇名来挑选自己感兴趣的或者对自己有帮助的论文。

假设此处对第一篇论文——《企业信息系统与服务外包风险管理研究》很感兴趣,想获得关于这篇论文更详细一点的信息,可点击篇名,进入另外一个页面进行下载,这种检索方式为“简单检索”,还可以根据文献的作者、篇名、基金、刊名等进行其他方式的检索,具体介绍如下。

1. 高级检索

点击检索方式选择区的“高级检索”按钮,进入高级检索界面,如图3.5所示。

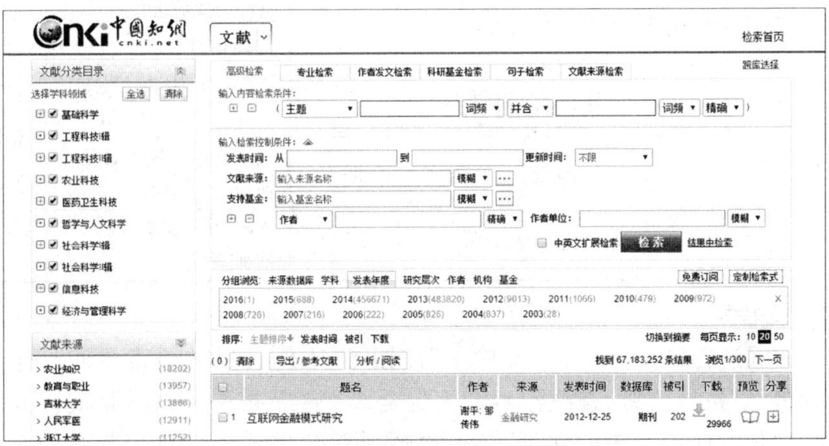

图3.5 高级检索界面

高级检索提供了发表时间和文献内容特征(文献内容特征检索项内容包括:题名、全文、主题、关键词、作者、第一作者、作者单位、文献来源)两部分的检索控制,点击“+”图标增加多个条件,使用检索项前、后的“并且”“精确”选项,控制该检索项的检索词的逻辑判定和匹配方式。另外,通过分类导航区和数据库选择区的内容选择,能够精确地检索到所要搜索的相关文献。高级检索使用方法与标准检索类似。

2. 专业检索

点击检索方式选择区的“专业检索”按钮，进入专业检索界面。该模式适用于图书情报专业人员查新、信息分析等工作，使用逻辑运算符和关键词构造检索式进行检索。

使用专业检索的所有符号和英文字母，都必须使用英文半角字符。专业检索支持的检索项：SU=主题，TI=题名，KY=关键词，AB=摘要，FT=全文，AU=作者，FI=第一责任人，AF=机构，JN=中文刊名 & 英文刊名，RF=引文，YE=年，FU=基金，CLC=中图分类号，SN=ISSN，CN=统一刊号，IB=ISBN，CF=被引频次。使用逻辑运算符，用英文半角圆括号“()”符号将表达式按照检索目标组合起来。三种逻辑运算符的优先级相同，而且前后要加一个空格。使用“同句”“同段”“词频”时，需用一组西文半角单引号' '将多个检索式括起，具体见表 3.1。

表 3.1 运算符使用说明

运算符	检索功能	检索含义	举 例	适用检索项
=str1 * str2	并且包含	包含 str1 和 str2	TI=妊娠期 * 高血压	所有检索项
=str1+str2	或者包含	包含 str1 或者 str2	TI=肺癌+小细胞型	
=str1-str2	不包含	包含 str1 不包含 str2	TI=抗生素-青霉素	
=str	精确	精确匹配词串 str	AU=闫天生	作者、第一责任人、机构、中文刊名 & 英文刊名
='str/SUBN'	序位包含	第 n 位包含检索词 str	AU='安新/SUB1'	
%str	包含	包含词 str 或 str 切分的词	TI%妊娠期高血压	全文、主题、题名、关键词、摘要、分类号
=str	包含	包含检索词 str	TI=小细胞型肺癌	
='str1/SEN N str2'	同段，按次序出现，间隔小于 N 句		FT='妊娠期/SEN 0 高血压'	
='str1/NEAR N str2'	同句，间隔小于 N 个词		AB='妊娠期/NEAR 5 高血压'	主题、题名、关键词、摘要、分类号
='str1/PREV N str2'	同句，按词序出现，间隔小于 N 个词		AB='妊娠期/PREV 5 高血压'	
='str1/AFT N str2'	同句，按词序出现，间隔大于 N 个词		AB='妊娠期/AFT 5 高血压'	
='str1/PEG N str2'	全文，词间隔小于 N 段		AB='妊娠期/PEG 5 高血压'	

3. 作者发文检索

点击检索方式选择区的“作者发文检索”按钮，进入作者发文检索界面。作者发文检索是通过作者姓名、单位等信息，查找作者发表的全部文献及被引下载等情况。通过作者发文检索不仅能找到某一作者发表的文献，还可以通过对结果的分组筛选情况全方位了解作者的主要研究领域，研究成果等情况。

4. 科研基金检索

点击检索方式选择区的“科研基金检索”按钮，进入科研基金检索界面。科研基金检索是通过科研基金名称查找科研基金资助的文献。通过对检索结果的分组筛选，还可全面了解科研基金资助学科范围、科研主题领域等信息。

5. 句子检索

点击检索方式选择区的“句子检索”按钮，进入句子检索界面。通过发表时间限定(时间限定提供了具体时间、最近一周、一月、半年、一年选项)和在“输入目标文献内容特征”输入框中输入的两个检索词，能够检索出限定时间内发表的、并且两个检索词在句子中同时出现的文献。获得检索结果后，可使用系统所提供的“分组分析”、“学科类别分组”功能进行二次筛选，能够有效地缩小检索范围、提高检索查准率。

6. 文献来源检索

点击检索方式选择区的“文献来源检索”按钮，进入文献出版来源检索界面。文献来源检索包括检索学术期刊、博士学位授予点、硕士学位授予点、会议论文集、报纸、年鉴(种)和图书出版社。通过确定这些文献来源，可查找到其出版的所有文献，再利用分组、排序等工具，对检索结果进行进一步的分析和调研。另外，可以通过“分类导航区”进行学科领域选择，通过选择可控制检索的范围和文献来源。

实战训练

(1) Powerpoint 是目前应用最广泛的多媒体制作工具。如果能找到一套适合自己需要的漂亮的 PPT 模板，则制作各类演示课件就会事半功倍。

从网上找到至少三套适合做课堂教学和毕业论文汇报将沿用的 PPT 模版，要求每套模版至少要有 30 张以上的不同版面设计幻灯片，请使用各种搜索引擎，输入合适的检索词后寻找，将你认为满意的模版发送给老师。

(2) 请在 CNKI 中国知网数据库中，下载一篇关于“大学生信息素养”的文章。

(3) 利用中国学术期刊全文数据库，在自己的学科专辑中检索 2001 年以来“国家自然科学基金”或“国家社会科学基金”资助的与所学专业相关的论文。写出检索条件，命中篇数，并摘录 2 篇文献的篇名和作者。

(4) 在医药卫生专辑中检索有关吸烟与肺癌关系方面的文献。写出检索条件，写明检索结果数并列出第二篇文献的篇名和作者。

(5) 在 CNKI 数据库中，检索 2005 年以来南京信息职业技术学院教师发表的论文数，在核心期刊上发表的论文数。

本章小结

本章主要介绍了信息资源、信息资源管理的基本概念以及企业信息资源的范围；重点介绍了信息资源检索的要素、工具以及技巧。通过本章知识的学习，可提高读者的信息检索能力。

本章习题

1. 信息资源的概念是什么？
2. 简述信息检索的四个要素。
3. 信息检索的工具有哪些？

第 4 章

信息系统应用体验

本章学习目标

1. 了解信息系统在日常工作管理中的重要性;
2. 体验管理中应用信息系统的便利性;
3. 掌握资产管理系统的操作。

实战训练

4.1 金蝶 K/3 的资产管理系统介绍

金蝶 K/3 资产管理系统以固定资产卡片管理为基础,帮助企业实现对固定资产的全面管理,包括固定资产的新增、清理、变动,按国家会计准则的要求进行计提折旧,以及与折旧相关的基金计提和分配的核算工作。

本系统能够帮助管理者全面掌握企业当前固定资产的数量与价值,追踪固定资产的使用状况,加强企业资产管理,提高资产利用率。

4.2 新建账套

4.2.1 目的和要求

1. 掌握 Windows 的基本操作——启动和退出;
2. 掌握账套处理系统的启动与退出;
3. 了解新账套的建立;
4. 掌握账套的备份和还原操作。

4.2.2　实践内容

如图 4.1,建立账套,账套号 001,账套名:南京信息职业技术学院,账套类型:标准供应链解决方案,设置数据库文件路径和数据日志文件路径,系统账号选择 SQL Server 身份验证,输入系统用户名和系统口令,点击“确定”按钮。

设置账套的属性,[系统]选项卡,机构名称:南京信息职业技术学院,地址:文澜路 99 号。如图 4.2[会计期间]选项卡中,选择“更改”按钮,启动会计年度和启动会计期间,按“确认”按钮,最后,启用该账套。

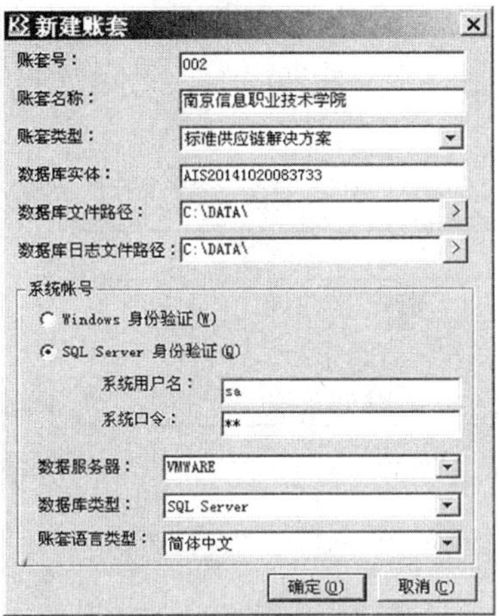

图 4.1　新建账套

图 4.2　会计期间

4.3　资产管理的基础资料和参数设置

4.3.1　目的和要求

1. 掌握科目、部门、基础职员、卡片等资料的设置方法;
2. 掌握资产管理中的多级审核设置。

4.3.2　实践内容

1. 登录金蝶 K/3wise 创新管理平台

打开“金蝶 K/3wise 创新管理平台”,选择“南京信息职业技术学院”账套,选择“命名身份登录”,以 Administrator 登录系统。

2. 增加资产管理所需的科目、计量单位、职员、固定资产等资料

打开“系统设置—基础资料—公共资料—科目”,文件从模板中引入,选择“企业会计制度科目”,单击“引入”按钮,跳至引入科目界面,如图 4.3 所示。

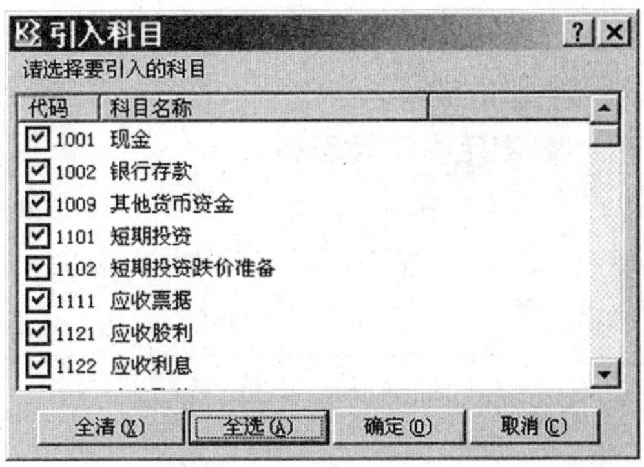

图 4.3　科目界面

选择“全选”之后，点击“确定”按钮。

打开科目下的“损益”，在期间费用下新增“5502.01 折旧费”科目。

打开“系统设置—基础资料—公共资料—计量单位”，点击新增，增加张组、台组、个组计量组，并根据表 4.1 增加计量单位信息。

表 4.1　计量单位信息

代　码	名　称	所属组
01	张	张组
02	台	台组
03	个	个组

打开“系统设置—基础资料—公共资料—部门”，点击新增，根据表 4.2 的部门信息，增加部门资料。

表 4.2　部门信息

代　码	名　称
01	资产管理处
02	信息中心
03	学院办公室

打开“系统设置—基础资料—公共资料—职员”，点击新增，根据表 4.3 的职员信息，增加职员资料。

表 4.3　职员信息

代　码	名　称	部门名称
01	李　娜	资产管理处
02	王　峰	信息中心
03	陈　林	学院办公室

打开“系统设置—基础资料—公共资料—物料”，点击新增，根据表 4.4 的物料信息，增加固定资产资料。

表 4.4　物料信息

代码	名称	属性	计量单位	计价方法	存货科目	销售收入	销售成本
01	台式电脑	外购	台	加权平均法	1243	1 701	4 101.02
02	办公桌	外购	张	加权平均法	1243	1 701	4 101.02
03	柜子	外购	个	加权平均法	1243	1 701	4 101.02

按照同样的方法，增加仓库，代码：01，名称：资产库。

增加供应商，代码：01，名称：联想；代码：02，名称：豪嘉。

3. 固定资产管理初始化

打开“系统设置—资产管理—固定资产管理—基础资料—卡片类别管理”，点击新增，根据表 4.5 的卡片类信息，增加卡片类别。

表 4.5　卡片类信息

代　码	名　称
01	家具类
02	办公类

打开“资产管理—固定资产管理—基础资料—存放地点维护”，点击新增，增加 01，资产库。

打开“资产管理—固定资产管理—业务处理—新增卡片”，如图 4.4 所示。

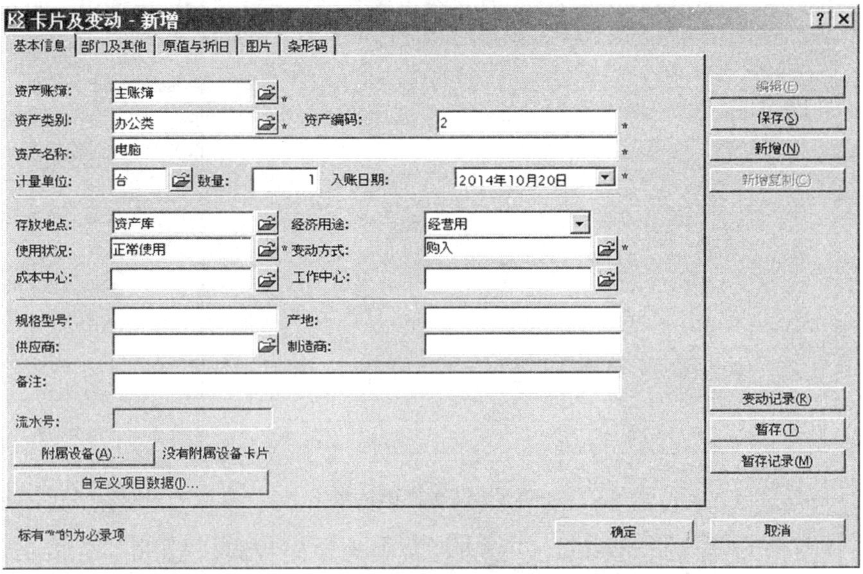

图 4.4　基本信息

在“部门及其他”选项卡中，固定资产科目：1501，累计折旧科目：1502，部门：学院办公室，折旧费用分配中的科目：5502.01。

在“原值与折旧”选型卡中，输入原币金额、预计使用期间数（如五年，即输入 60），折旧方法：平均年限法，折扣政策：常用折旧政策，如图 4.5 所示。

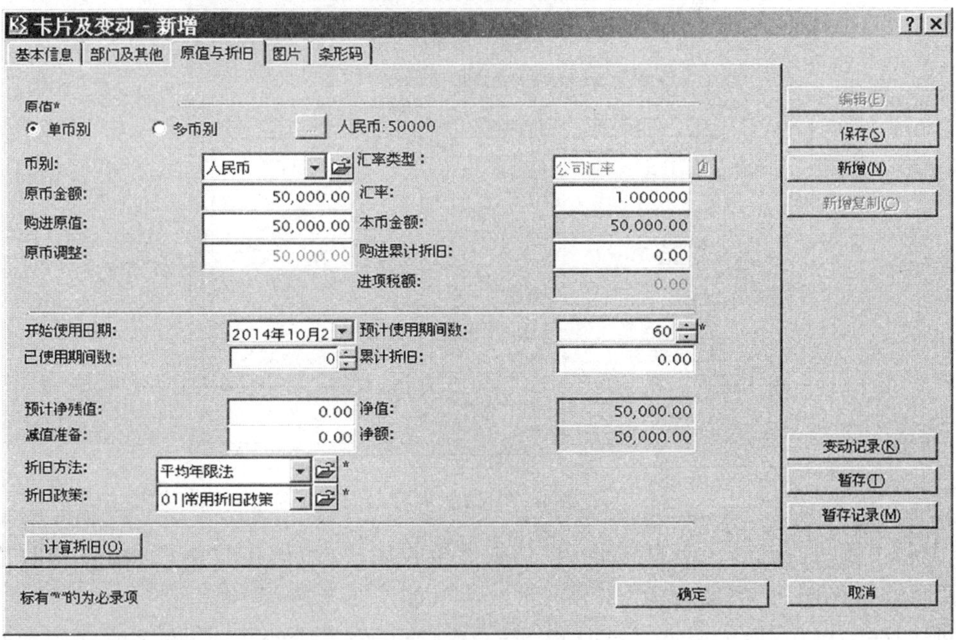

图 4.5　原值与折旧

打开"系统设置—初始化—固定资产—初始化"。

4. 设置资产管理的多级审核

打开"系统设置—资产管理—资产购置(多级审核管理)",选中"资产申请单",如图 4.6 所示。

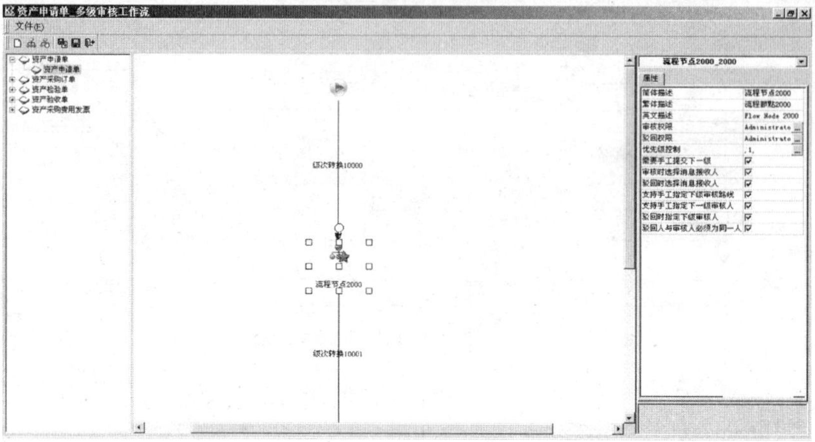

图 4.6 资产申请单

鼠标左键单击"流程节点 2000",设置审核权限和驳回权限:Administrator,选中"需要手工提交下一级"、"审核时选择消息接收人"、"驳回时选择消息接收人"、"支持手工指定下级审核路线"、"支持手工指定下一级审核人"、"驳回时指定下级审核人"、"驳回人与审核人必须为同一人"等选项。

左键单击"级次转换 10001",点击"消息、邮件、短信、IM 设置"右边的四方按钮,进入如图 4.7 界面。

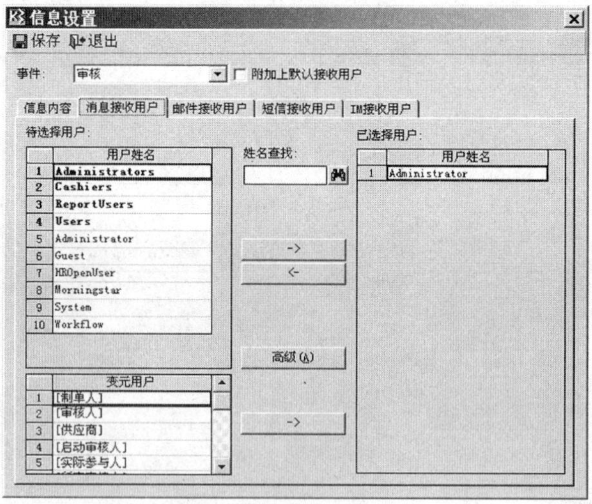

图 4.7 信息内容

在主题中输入:审核。消息接收用户、邮件接收用户、短信接收用户和 IM 接收用户选项卡中的"已选择用户"都设置为"Administrator",如图 4.8 所示。

按照同样的操作,设置资产采购订单、资产检验单、资产验收单、资产采购费用发票的多级审核。

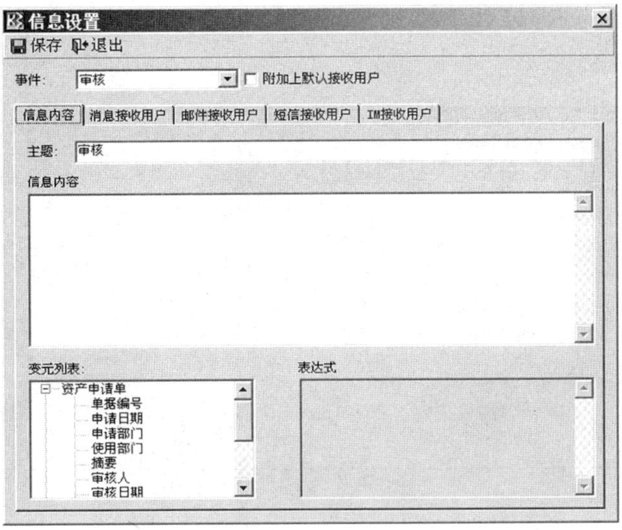

图 4.8 消息接收用户

固定资产、在建工程的多级审核操作与此类似。

4.4 应收应付系统的初始化

4.4.1 目的和要求

1. 掌握应收应付系统的初始化方法；
2. 理解应收应付系统设置的操作过程。

4.4.2 实践内容

1. 应收系统初始化

首先，从科目管理中将 1131、2111、2121 科目受控系统修改为“应收应付”。

如图 4.9，打开“系统设置—应收款管理—系统参数”，坏账损失科目：5504，坏账准备科目：1141，计提坏账科目：1131，计提比率：3%。

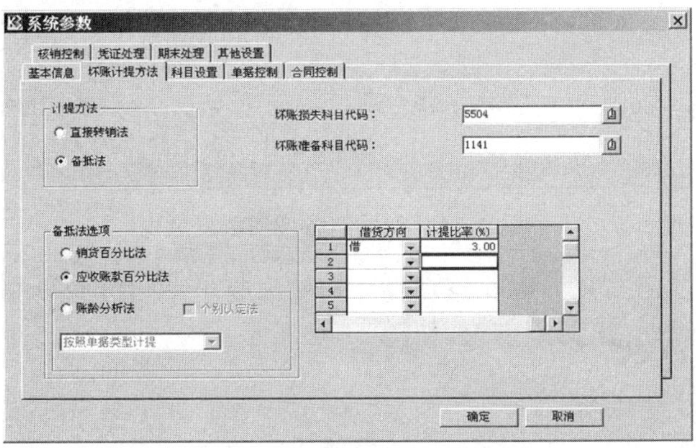

图 4.9 坏账计算方法

单据类型科目都选择 1131.01，应收票据科目：1111，应交税金：2171.01.05，如图 4.10。

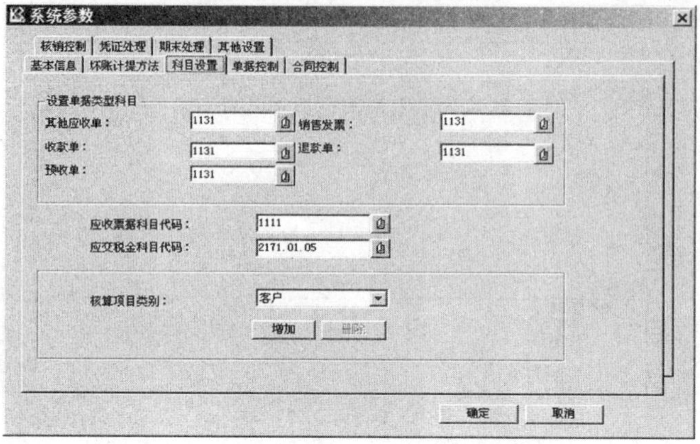

图 4.10 科目设置

打开"系统设置—初始化—应收款管理—初始销售增值税发票(新增)"，本年后的方框对号点掉，即不设置本年，如图 4.11 所示。

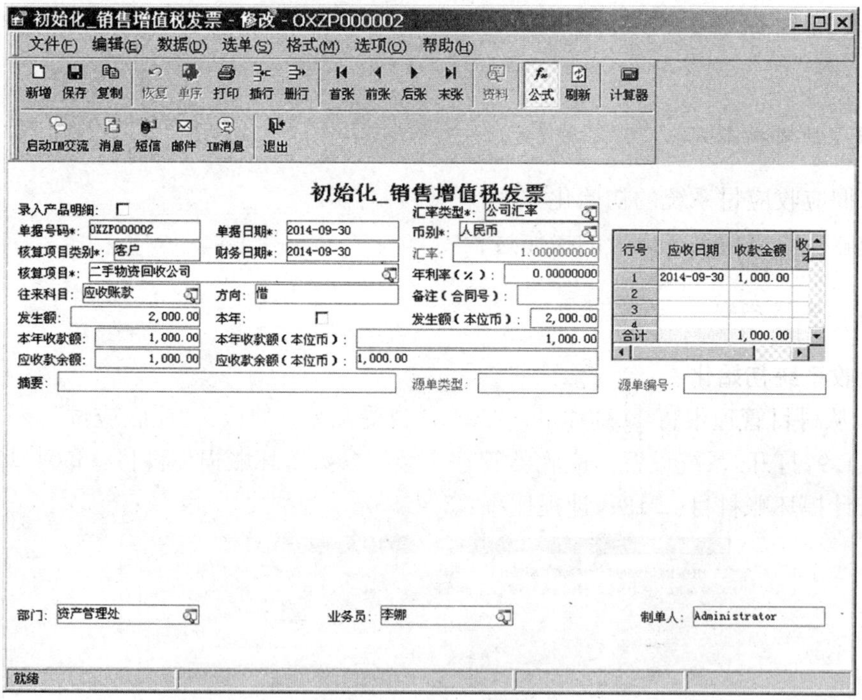

图 4.11 初始销售增值税发票

打开"系统设置—初始化—应收款管理—初始应收单据(查询)"，双击明细功能，弹出过滤窗口，单击确定即可，弹出如下窗口，如图 4.12 所示。

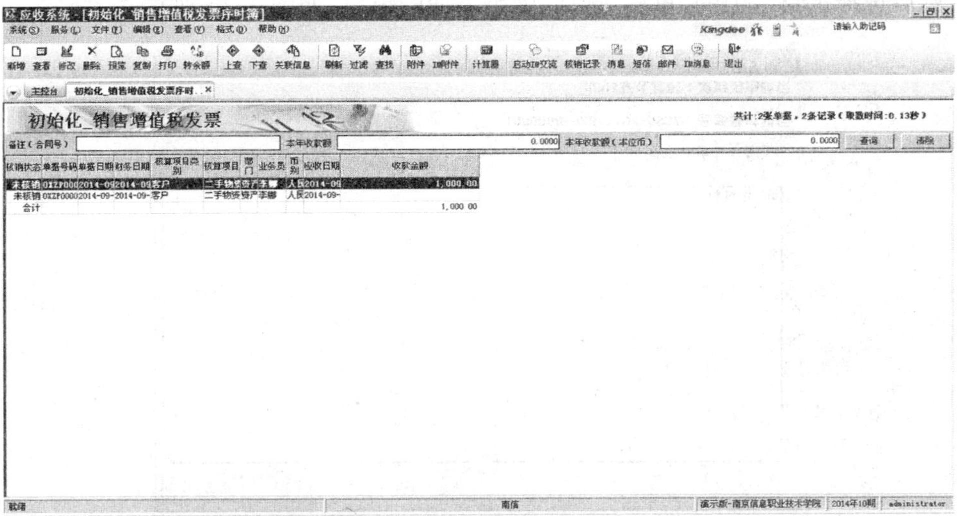

图 4.12　初始应收单据

点击"转余额"按钮，弹出提示窗口，点击"是"，弹出转余额成功提示。

在路径："系统设置—初始化—总账—科目初始数据录入"，查询 1131 科目，金额为 1 000 即可。

打开"财务会计—应收管理—初始化—结束初始化"，双击"结束初始化"，连续两个提示窗口都选"否"，最后提示成功。

2. 应付款系统初始化

打开"系统设置—应付款管理—系统参数"，单据类型科目都选择 2121，应收票据科目：2111，应交税金：2171.01.01。

操作与应收系统类似，新增采购增值税发票的形式将期初余额传递到总账。

4.5　资产管理之资产购置

4.5.1　目的和要求

1. 了解资产管理的业务流程；
2. 掌握资产管理的基础操作；
3. 根据操作过程可以画出资产管理的业务流程图。

4.5.2　实践内容

在主控台打开"资产管理—资产购置—资产申请—资产申请单(新增)"，打开资产申请单，申请部门：信息中心；使用部门：信息中心；摘要：需要购置一些台式电脑；物料代码：02；申请数量：20；计划领用数量：20；申请人：张峰。点击"保存"。

打开"资产管理—资产购置—资产申请—资产申请单(维护)"，单击"确定"按钮。选中刚才的申请单，选择"编辑—启动多级审核"，弹出"启动审核成功"的提示窗口，点击"确定"

按钮。然后选择工具栏中的“审核”选项，弹出下面的窗口，如图 4.13 所示。

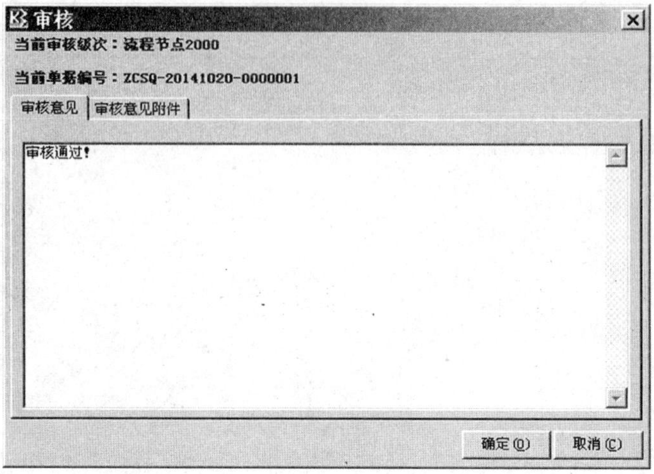

图 4.13　审核

在审核意见中，输入“审核通过”，单击“确定”按钮。则该申请单的“审核流程状态”显示为“已审核”。

选中已审核过的资产申请单，在菜单中选择“下推—资产采购单”，进入资产采购订单的界面。采购部门：资产管理处；供应商：联想；业务员：李娜；结算方式：票据结算；数量：20；单价：5 000，如图 4.14 所示。

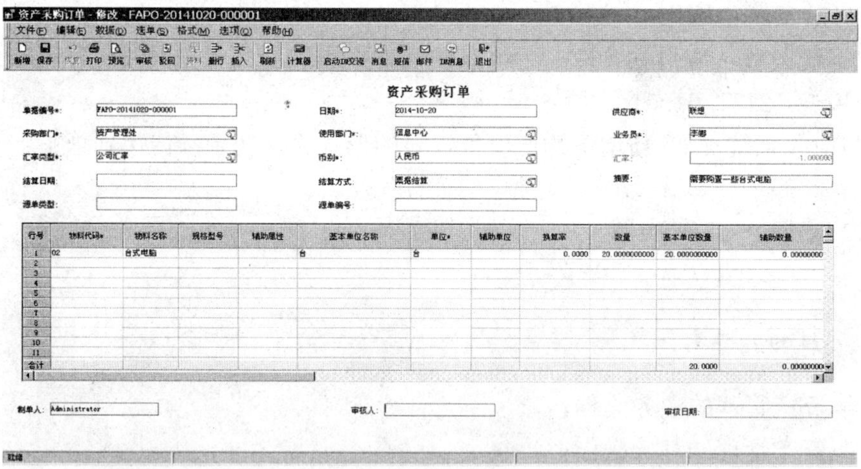

图 4.14　资产采购订单

打开“资产管理—资产购置—资产采购—资产采购单(维护)”，单击“确定”按钮。选中刚才的采购单，选择“编辑—启动多级审核”，弹出“启动审核成功”的提示窗口，点击“确定”按钮。然后选择工具栏中的“审核”选项，在审核意见中，输入“同意采购”，单击“确定”按钮。则该申请单的“审核流程状态”显示为“已审核”。

选中已审核过的资产采购单，在菜单中选择“下推—资产检验单”，进入资产检验单的界面。检验部门：资产管理处；检验员：李娜；合格数量：20。保存之后，启动多级审核，审核，方法同上。

选中已审核过的资产检验单，在菜单中选择“下推—资产验收单”，进入资产验收单的界面。验收部门：资产管理处；验收员：李娜。再启动多级审核，审核，方法同上。

选中已审核过的资产验收单，在菜单中选择“下推—资产费用采购发票”，进入资产费用采购发票的界面，如图 4.15 所示。

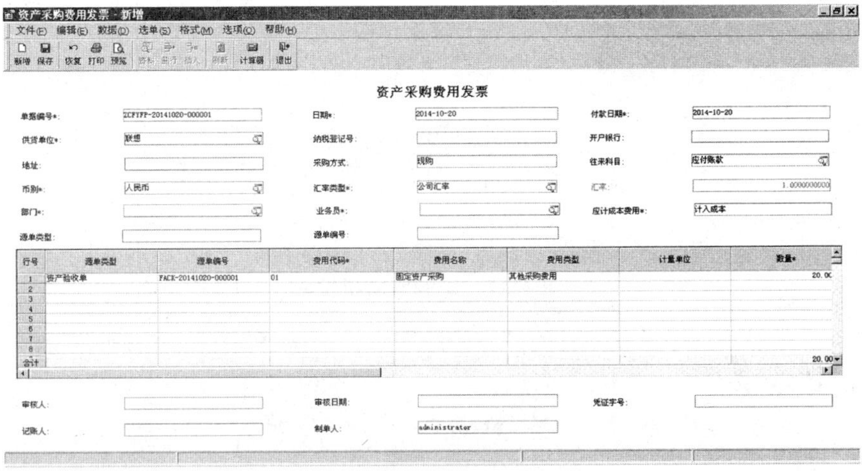

图 4.15　资产采购费用发票

在资产费用采购发票中，输入相关信息，供货单位：联想；采购方式：现购；往来科目：2121；部门：资产管理处；业务员：李娜；费用代码：01；数量：20；单价：5 000。启动多级审核，审核。

再打开“资产验收单(维护)”，选中已审核过的资产验收单，在菜单中选择“下推—其他入库”，进入其他入库单的界面，如图 4.16 所示。

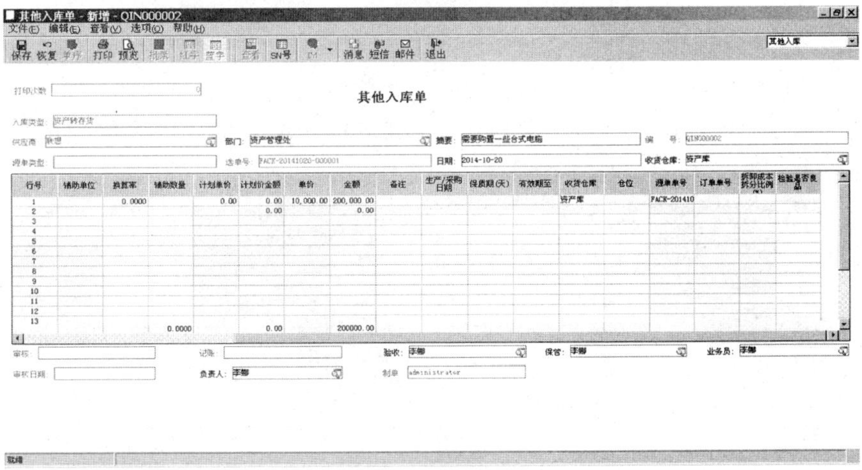

图 4.16　其他入库单

部门：资产管理处；收货仓库：资产库；验收：李娜；保管：李娜；业务员：李娜；负责人：李娜。保存，单击“审核”。

再选中刚才审核过的资产采购单，在菜单中选择“下推—采购增值税发票”，进入采购增值税发票的界面，进行审核，如图 4.17 所示。

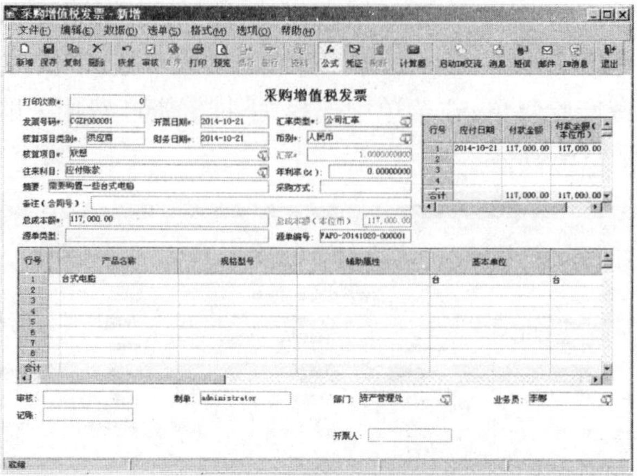

图 4.17　采购增值税发票

打开“资产结算—采购发票(维护)”,在事务类型中选择“采购增值税发票”,选中“产品明细”,单击“确定”按钮,如图 4.18 所示。

图 4.18　过滤

选中刚才的采购增值税发票,在菜单中选择“下推—付款单”,进入付款单的界面,结算方式:票据结算。现金科目:2121,审核,如图 4.19 所示。

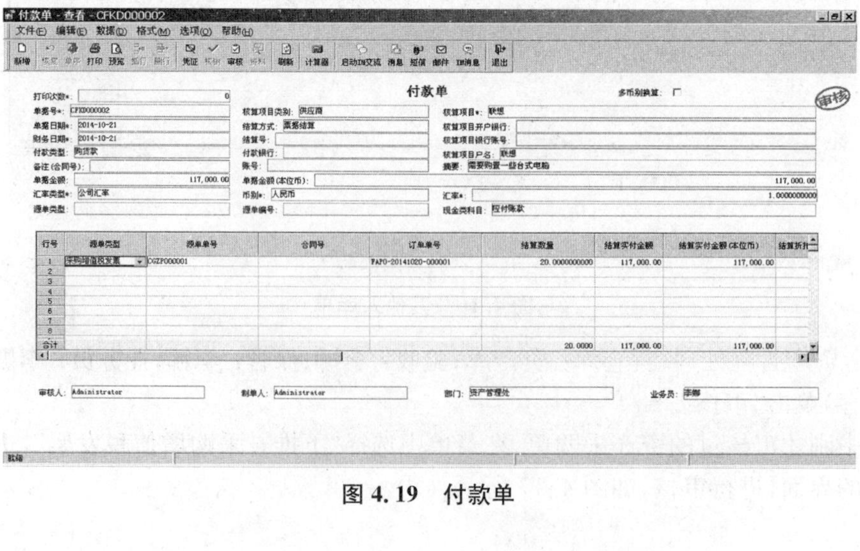

图 4.19　付款单

2. 应付款系统初始化

打开"系统设置—系统设置—应付款管理—系统参数"，单据类型科目都选择 2121，应收票据科目：2111，应交税金：2171.01.01。

操作与应收系统类似，新增采购增值税发票的形式将期初余额传递到总账。

4.6　资产管理之固定资产管理

4.6.1　目的和要求

1. 了解固定资产管理在企业中的重要性；
2. 了解信息技术在资产管理中的应用；
3. 掌握固定资产管理的操作流程；
4. 理解资产清理、减值、变动等含义。

4.6.2　实验内容

打开"资产管理—固定资产管理—领用申请—领用申请单(新增)"，领用用途：转固定资产；领用部门：信息中心；发货仓库：资产库，领用人：张峰；发货人：李娜；来源；仓库；备注：已打过申请；资产类别：办公类；物料代码：02；发货仓库：资产库；领用数量：20；单价：5 000；经济用途：经营用。如图 4.20 所示。

图 4.20　资产领用单

启动多级审核，审核。

打开"资产管理—固定资产管理—业务处理—资产领用单转固定资产卡片"，选择相应的资产领用单。点击"行记录生成"，确定，进入如图 4.21 界面。

在固定资产卡片记录区域，点击"卡片编辑"按钮，进入"卡片及变动—修改"界面。

其操作与实验二的固定资产管理中新增卡片类似，设置完成之后，再点击"卡片生成"按钮即可。

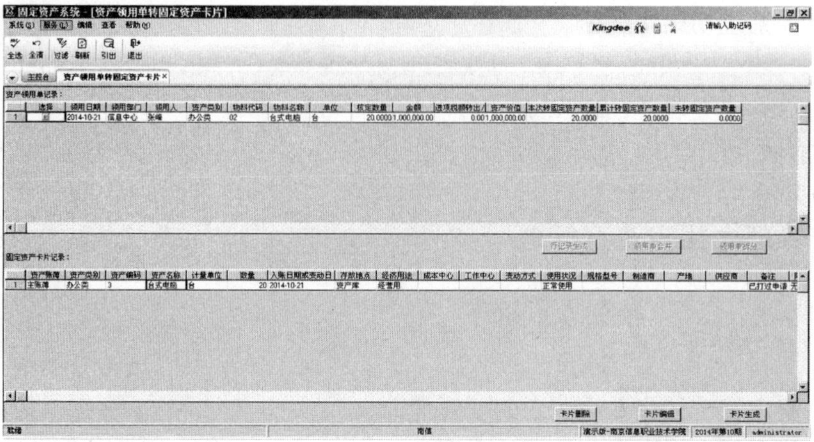

图 4.21　行记录生成

打开"资产管理—固定资产管理—业务处理—变动处理",列出所有的固定资产。选中某一个行记录,可以做资产清理、资产变动、减值准备等操作,如图 4.22 所示。

紧接着会生成一条变动记录,选择"变动记录"按钮。进入卡片及变动,可以查看变动情况,如图 4.23 所示。

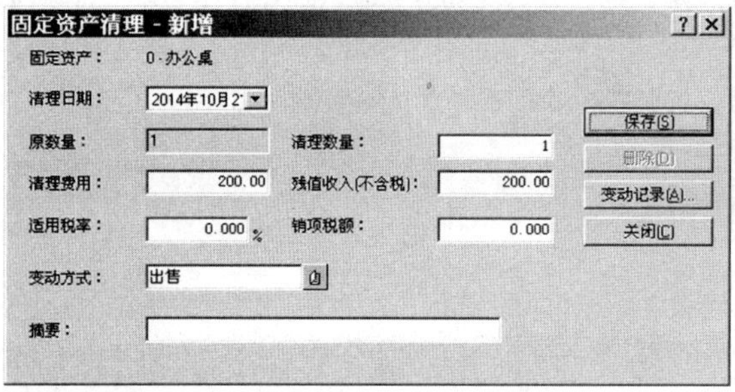

图 4.22　固定资产清理

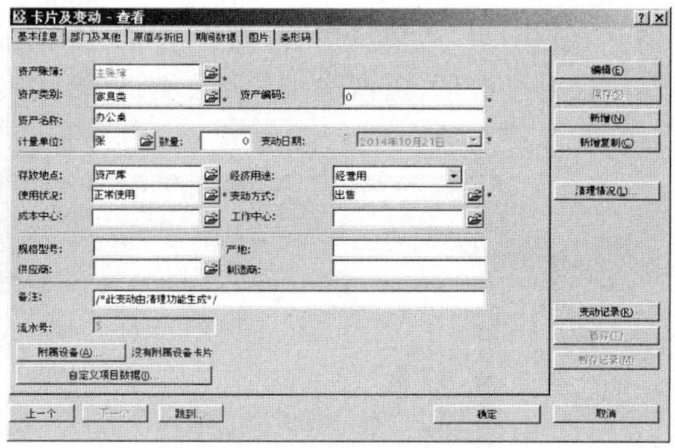

图 4.23　卡片及变动

注意:而资产变动和减值准备不能在固定资产录入的本期操作。

之后可以通过"资产管理—固定资产管理"中的统计报表、管理报表和期末处理中对固定资产的清单、价值变动、处理情况、是否到期、折旧费用进行查询等操作。

本章小结

本章介绍了金蝶 K/3 资产管理系统,然后从新建账套、资产管理的基础资料和参数设置、初始化、资产购置和固定资产管理几个方面详细做了介绍,学习者通过资产管理系统的操作,能更好地体会信息系统在企业管理中的作用及重要性。

第5章

信息系统技术基础

本章学习目标

1. 了解信息系统所用的信息技术；
2. 了解几种操作系统的区别；
3. 掌握数据库的创建、备份与还原技术；
4. 了解信息系统访问数据库的方式；
5. 理解信息系统中几种互联网模式的区别；
6. 了解目前信息系统中出现的新技术；
7. 了解数据仓库与数据挖掘的概念。

理论指导

信息技术是管理信息系统的技术基础，只有把信息技术与管理结合起来，才能真正发挥管理信息系统的作用。

5.1 信息技术

信息技术（Information Technology，简称 IT），是主要用于管理和处理信息所采用的各种技术的总称。它主要是应用计算机科学和通信技术来设计、开发、安装和实施信息系统及应用软件。它也常被称为信息和通信技术（Information and Communications Technology，ICT）。主要包括传感技术、计算机技术和通信技术。

信息技术的研究包括科学、技术、工程以及管理等学科，这些学科在信息的管理、传递和处理中的应用，相关的软件和设备及其相互作用。

信息技术的应用包括计算机硬件和软件、网络和通讯技术、应用软件开发工具等。计算机和互联网普及以来，人们日益普遍地使用计算机来生产、处理、交换和传播各种形式的信息（如书籍、商业文件、报刊、唱片、电影、电视节目、语音、图形、影像等）。

在企业、学校和其他组织中，信息技术体系结构是一个为达成战略目标而采用和发展信息技术的综合结构。它包括管理和技术的成分。其管理成分包括使命、职能与信息需求、系统配置和信息流程；技术成分包括用于实现管理体系结构的信息技术标准、规则等。由于计算机是信息管理的中心，计算机部门通常被称为"信息技术部门"。有些公司称这个部门为"信息服务"(IS)或"管理信息服务"(MIS)。另一些企业选择外包信息技术部门，以获得更好的效益。

信息技术推广应用的显著成效，促使世界各国致力于信息化，而信息化的巨大需求又驱使信息技术高速发展。当前信息技术发展的总趋势是以互联网技术的发展和应用为中心，从典型的技术驱动发展模式向技术驱动与应用驱动相结合的模式转变。

微电子技术和软件技术是信息技术的核心。集成电路的集成度和运算能力、性能价格比继续按每 18 个月翻一番的速度呈几何级数增长，支持信息技术达到前所未有的水平。现在每个芯片上包含上亿个元件，构成了"单片上的系统"(SOC)，模糊了整机与元器件的界限，极大地提高了信息设备的功能，并促使整机向轻、小、薄和低功耗方向发展。软件技术已经从以计算机为中心向以网络为中心转变。软件与集成电路设计的相互渗透使得芯片变成"固化的软件"，进一步巩固了软件的核心地位。软件技术的快速发展使得越来越多的功能通过软件来实现，"硬件软化"成为趋势，出现了"软件无线电""软交换"等技术领域。嵌入式软件的发展使软件走出了传统的计算机领域，促使多种工业产品和民用产品的智能化。软件技术已成为推进信息化的核心技术。

三网融合和宽带化是网络技术发展的大方向。电话网、有线电视网和计算机网的三网融合是指它们都在数字化的基础上，在网络技术上走向一致，在业务内容上相互覆盖。电话网和电视网在技术上都要向互联网技术看齐，其基本特征是采用 IP 协议和分组交换技术；在业务上要从现在的话音为主或单向传输发展成交互式的多媒体数据业务为主。三网融合不能简单地理解为把三个网合成一个网，但它的确打破了原有的行业界限，将引起产业的重组与政策的调整。随着互联网上数据流量的迅猛增加，特别是多媒体信息的增加，对网络带宽的要求日益提高。增大带宽，是相当长时期内网络技术发展的主题。无线宽带接入技术和建立在第三代移动通信技术之上的移动互联网技术，正向信息个人化的目标前进。

互联网的应用开发也是一个持续的热点。一方面电视机、手机、个人数字助理(PDA)等家用电器和个人信息设备都向网络终端设备的方向发展，形成了网络终端设备的多样性和个性化，打破了计算机上网一统天下的局面；另一方面，电子商务、电子政务、远程教育、电子媒体、网上娱乐技术日趋成熟，不断降低对使用者的专业知识要求和经济投入要求；互联网数据中心(IDC)，网门服务等技术的提出和服务体系的形成，构成了对使用互联网日益完善的社会化服务体系，使信息技术日益广泛地进入社会生产、生活各个领域，从而促进了网络经济的形成。

5.2 操作系统

管理信息系统是一个复杂的系统，系统的外部设备很多，对时间的实时性要求也很高。因此，要求操作系统同时具备分时和实时的特点，这给选择操作系统带来了一定的难度。

操作系统(Operating System，简称 OS)是管理和控制计算机硬件与软件资源的计算机程序，是直接运行在"裸机"上的最基本的系统软件，任何其他软件都必须在操作系统的支持下才能运行。

操作系统是用户和计算机的接口，同时也是计算机硬件和其他软件的接口。操作系统的功能包括管理计算机系统的硬件、软件及数据资源，控制程序运行，改善人机界面，为其他应用软件提供支持等，使计算机系统所有资源最大限度地发挥作用，提供了各种形式的用户界面，使用户有一个好的工作环境，为其他软件的开发提供必要的服务和相应的接口。实际上，用户是不用接触操作系统的，操作系统管理着计算机硬件资源，同时按着应用程序的资源请求，为其分配资源，如：划分 CPU 时间，内存空间的开辟，调用打印机等。

操作系统的种类相当多，各种设备安装的操作系统可从简单到复杂，可分为智能卡操作系统、实时操作系统、传感器节点操作系统、嵌入式操作系统、个人计算机操作系统、多处理器操作系统、网络操作系统和大型机操作系统。按应用领域划分主要有三种：桌面操作系统、服务器操作系统和嵌入式操作系统。

5.2.1　桌面操作系统

桌面操作系统主要用于个人计算机上。个人计算机市场从硬件架构上来说主要分为两大阵营，PC 机与 Mac 机，从软件上可主要分为两大类，分别为类 Unix 操作系统和 Windows 操作系统。

(1) Unix 和类 Unix 操作系统：Mac OS X，Linux 发行版（如 Debian，Ubuntu，Linux Mint，openSUSE，Fedora 等）。

(2) 微软公司 Windows 操作系统：Windows 98，Windows XP，Windows Vista，Windows 7，Windows 8，Windows 8.1 等。

5.2.2　服务器操作系统

服务器操作系统一般指的是安装在大型计算机上的操作系统，比如 Web 服务器、应用服务器和数据库服务器等。服务器操作系统主要集中在三大类。

(1) Unix 系列：SUN Solaris，IBM-AIX，HP-UX，Free BSD，OS X Server 等。

(2) Linux 系列：Red Hat Linux，CentOS，Debian，Ubuntu Server 等。

(3) Windows 系列：Windows NT Server，Windows Server 2003，Windows Server 2008，Windows Server 2008 R2 等。

5.2.3　嵌入式操作系统

嵌入式操作系统是应用在嵌入式系统的操作系统。嵌入式系统广泛应用在生活的各个方面，涵盖范围从便携设备到大型固定设施，如数码相机、手机、平板电脑、家用电器、医疗设备、交通灯、航空电子设备和工厂控制设备等，越来越多嵌入式系统安装有实时操作系统。

在嵌入式领域常用的操作系统有嵌入式 Linux、Windows Embedded、VxWorks 等，以及广泛使用在智能手机或平板电脑等消费电子产品的操作系统，如 Android、iOS、Symbian、Windows Phone 和 BlackBerry OS 等。

5.3　数据库技术

数据库技术是信息系统的一个核心技术，是一种计算机辅助管理数据的方法。它研究如何组织和存储数据，如何高效地获取和处理数据。是通过研究数据库的结构、存储、设计、管理以及应用的基本理论和实现方法，并利用这些理论来实现对数据库中的数据进行处理、分析和理解的技术。

数据库技术是现代信息科学与技术的重要组成部分，是计算机数据处理与信息管理系统的核心。数据库技术解决了计算机信息处理过程中大量数据有效地组织和存储的问题，在数据库系统中减少数据存储冗余、实现数据共享、保障数据安全以及高效地检索数据和处理数据，如图 5.1 是一个学生信息系统的结构图。

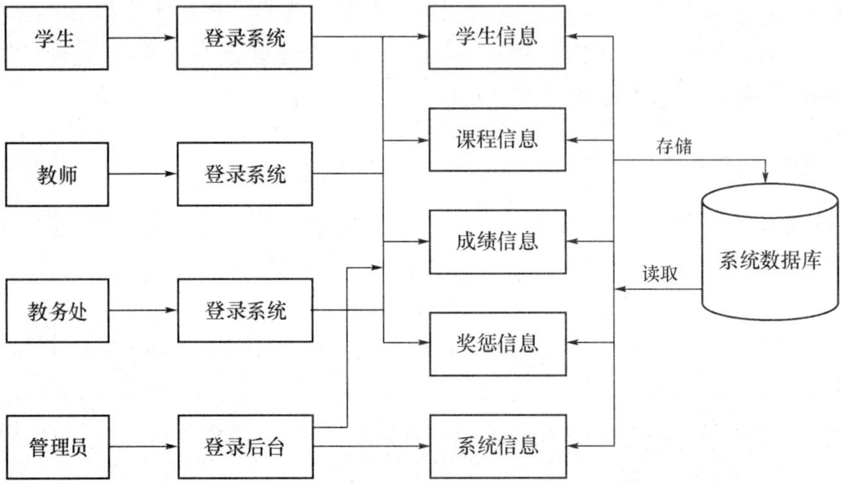

图 5.1　学生信息系统结构图

数据库技术研究和管理的对象是数据，所以数据库技术所涉及的具体内容主要包括：通过对数据的统一组织和管理，按照指定的结构建立相应的数据库和数据仓库；利用数据库管理系统和数据挖掘系统设计出能够实现对数据库中的数据进行添加、修改、删除、处理、分析、理解、报表和打印等多种功能的数据管理和数据挖掘应用系统；并利用应用管理系统最终实现对数据的处理、分析和理解。

5.3.1　数据库的基本概念

1. 数据和数据处理

数据(Data)是用于描述现实世界中各种具体事物或抽象概念的，可存储并具有明确意义的符号，包括数字、文字、图形和声音等。数据处理是指对各种形式的数据进行收集、存储、加工和传播的一系列活动的总和。其目的之一是从大量原始的数据中抽取，推导出对人们有价值的信息以作为行动和决策的依据；目的之二是为了借助计算机技术科学地保存和管理大量复杂的数据，以便人们能够方便而充分地利用这些宝贵的信息资源。

2. 数据库

数据库(Data Base，DB)是存储在计算机辅助存储器中有组织的、可共享的相关数据集合。数据库具有如下特性。

(1) 数据库是具有逻辑关系和确定意义的数据集合。

(2) 数据库是针对明确的应用目标而设计、建立和加载的。每个数据库都具有一组用户,并为这些用户的应用需求服务。

(3) 一个数据库反映了客观事物的某些方面,而且需要与客观事物的状态始终保持一致。

3. 数据库管理系统及其基本功能

数据库管理系统(Data Base Management System,DBMS)是对数据库进行管理的系统软件,它的职能是有效地组织和存储数据,获取和管理数据,接受和完成用户提出的各种数据访问请求。能够支持关系型数据模型的数据库管理系统,称为关系型数据库管理系统(Relational Data Base Management System,RDBMS)。

RDBMS的基本功能包括以下4个方面:

(1) 数据定义功能:RDBMS提供了数据定义语言(Data Definition Language,DDL),利用DDL可以方便地对数据库中的相关内容进行定义。例如,对数据库、表、字段和索引进行定义、创建和修改。

(2) 数据操纵功能:RDBMS提供了数据操纵语言(Data Manipulation Language,DML),利用DML可以实现在数据库中插入、修改和删除数据等基本操作。

(3) 数据查询功能:RDBMS提供了数据查询语言(Data Query Language,DQL),利用DQL可以实现对数据库的数据查询操作。

(4) 数据控制功能:RDBMS提供了数据控制语言(Data Control Language,DCL),利用DCL可以完成数据库运行控制功能,包括并发控制(即处理多个用户同时使用某些数据时可能产生的问题),安全性检查,完整性约束条件的检查和执行,数据库的内部维护(例如索引的自动维护)等。RDBMS的上述许多功能都可以通过结构化查询语言(Structured Query Language,SQL)来实现的,SQL是关系数据库中的一种标准语言,在不同的RDBMS产品中,SQL中的基本语法是相同的。此外,DDL,DML,DQL和DCL都属于SQL。

4. 数据库应用系统及其组成

数据库应用系统又简称为数据库系统,是指拥有数据库技术支持的计算机系统,它可以实现有组织地、动态地存储大量相关数据,提供数据处理和信息资源共享服务的功能。

各类人员主要参与数据库应用系统的需求分析、设计、开发、使用、管理和维护。他们在数据库应用系统的开发,运行及维护等阶段扮演着不同的角色,并起着不同的作用。各类人员主要包括以下几种。

(1) 最终用户。

(2) 系统分析员。

(3) 应用程序员。

(4) 数据库管理员(Data Base Administrator,DBA)。

5.3.2 数据库技术的应用方式

从应用方式来看,数据库技术主要起着两方面的作用。

(1) 信息系统开发作用。利用数据库技术以及互联网技术,并结合具体的编程语言,可以开发一个信息系统,从而解决业务数据的输入和管理问题. 在信息系统开发中,主要利用的是RDBMS的基本功能,即数据定义功能、数据操纵功能、数据查询功能以及数据控制功能。

(2) 数据分析与展示作用。利用RDBMS的数据查询功能对数据库中的数据进行关联组合或逐级汇总分析，并以表格、图形或报表形式将分析结果进行展示，从而解决业务数据的综合利用问题。

数据库的基本操作主要包括创建数据库、打开和关闭数据库以及备份数据库。

5.3.3 数据库的备份与还原

为防止信息系统在运营过程中，出现问题或数据被破坏，要定期（一个星期或一个月）地对系统中的数据进行备份。当有以上情况发生时，要及时对备份过的数据进行恢复，也就是需要对数据库进行还原。

本书以 SQL Server 2005 为例，介绍数据库的备份与还原。

1. 数据库备份

（1）打开 SQL Server 2005，如图 5.2 所示。

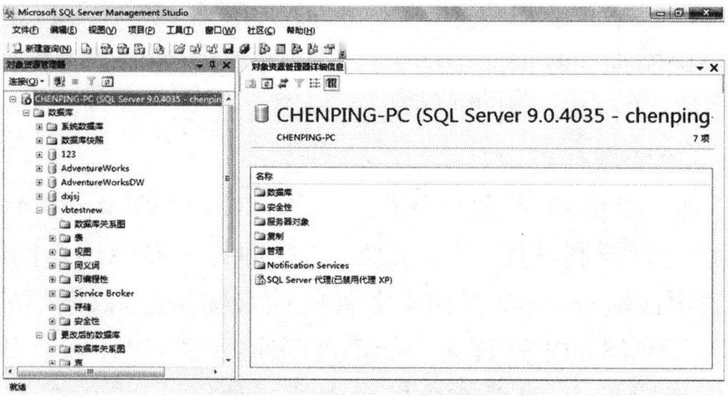

图 5.2　SQL Server 2005 界面

（2）选中要备份的数据，点击右键，选择"任务→备份"。

（3）点击"添加"，选择存放数据库备份文件的地址。

（4）在弹出对话框中，点击图示按钮，选择存放数据库备份文件的地址，如图 5.3 所示。

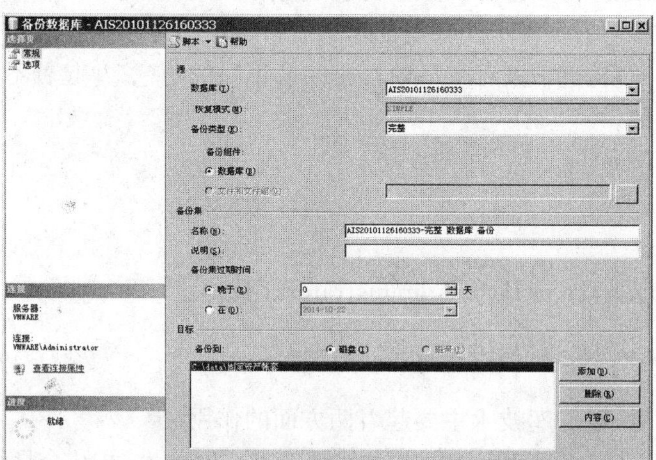

图 5.3　添加数据库文件地址

（5）点击"选项"，进行备份设置，设置完成，点击"确定"，开始备份，如图 5.4 所示。

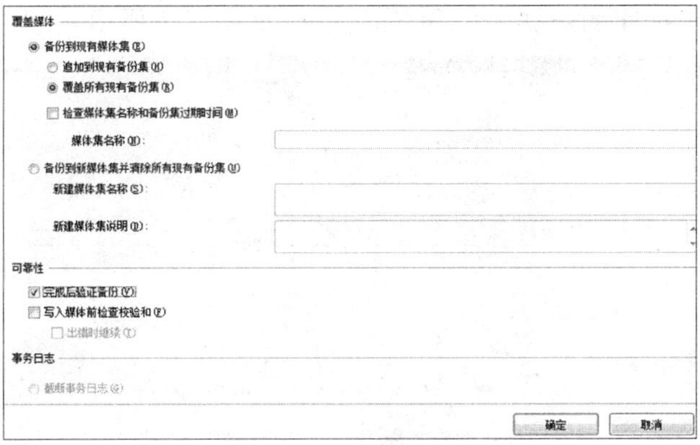

图 5.4　备份选项设置

(6) 点击“确定”按钮。

2. 数据库还原

(1) 打开 SQL Server 2005。

(2) 随便选择一个数据库,点击右键,选择“任务→还原”,如图 5.5 所示。

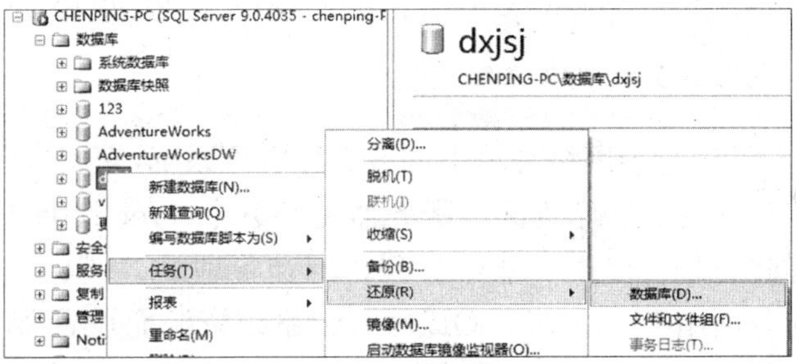

图 5.5　数据库还原

(3) 在弹出对话框中,选择源设备,点击后面的按钮,弹出指定备份对话框,点击添加按钮,选择“.bak 源文件”,找到后,点击确定,如图 5.6 所示。

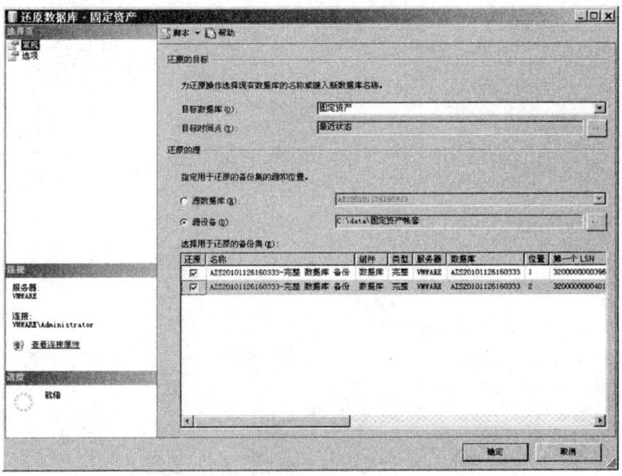

图 5.6　添加还原文件的位置

(4) 选择“选项”,进行还原设置,“覆盖现有数据”前面的小方框打勾;点击“还原为”后面的按钮，要还原该数据库的数据文件和日志文件，如图 5.7 所示。

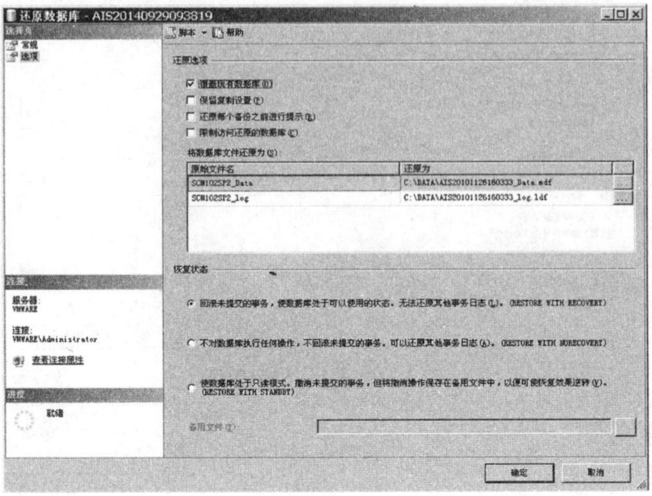

图 5.7　点击“选项”设置

（5）选定好要还原的数据文件和日志文件之后，点击“确定”按钮，完成数据库还原。

5.3.4　SQL Server 2005 数据库配置

SQL Server 2005 是运行于网络环境下的数据库管理系统，它支持网络中不同计算机上的多个用户同时访问和管理数据库资源。服务器是 SQL Server 2005 数据库管理系统的核心，它为客户端提供网络服务，使用户能够远程访问和管理 SQL Server 数据库。配置服务器的过程就是为了充分利用 Microsoft SQL Server 系统资源而设置 Microsoft SQL Server 服务器默认行为的过程。合理地配置服务器，可以加快服务器响应请求的速度、充分利用系统资源、提高系统的工作效率。本节重点讲述如何配置服务器选项。

（1）打开“开始—所有程序—Microsoft SQL Server 2005—配置工具—SQL Server 配置管理器”，如图 5.8 所示。

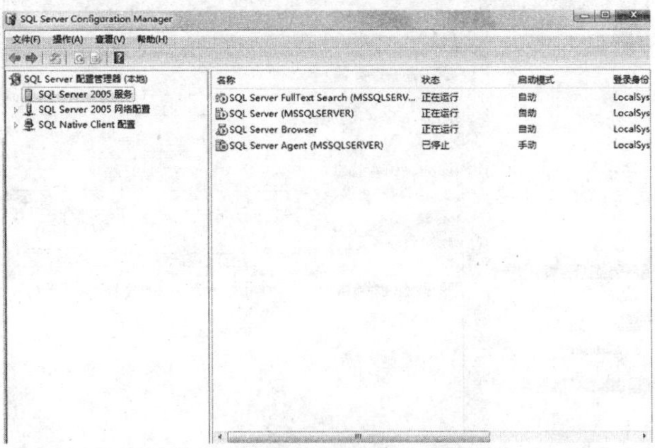

图 5.8　SQL Server 配置管理器

① 点击 SQL Server2005 服务，右击 SQL Server(MSSQLSERVER)，停止服务。

② 点击 SQL Server2005 网络配置—MSSQLSERVER 的协议，设置如图 5.9 所示。

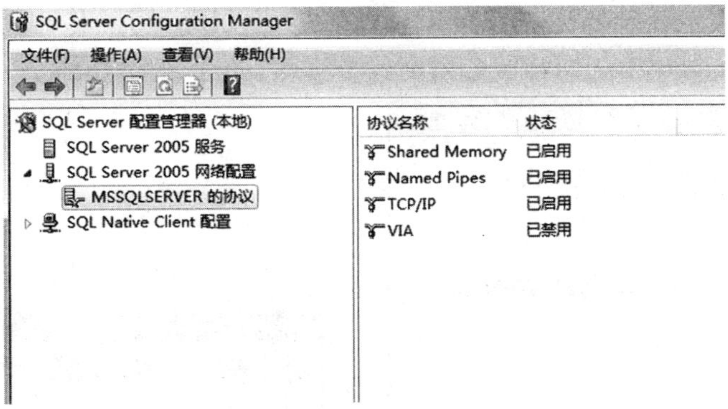

图 5.9　MSSQLSERVER 的协议设置

③ 点击 SQL Native Client 配置—客户端协议如下图所示。

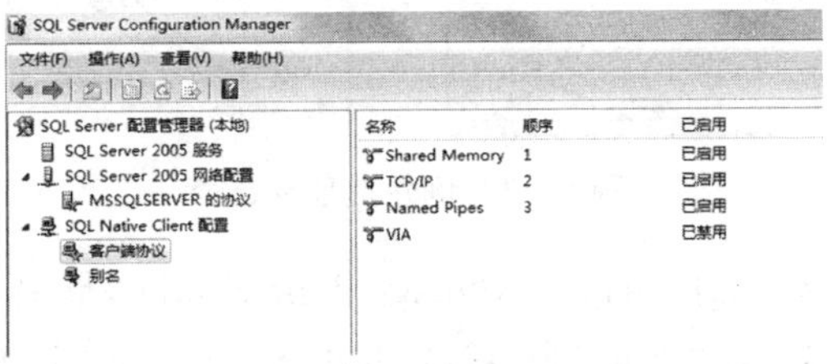

图 5.10　客户端协议设置

(2) 打开"开始—所有程序—Microsoft SQL Server 2005—配置工具—SQL Server 外围应用配置器",如图 5.11 所示。

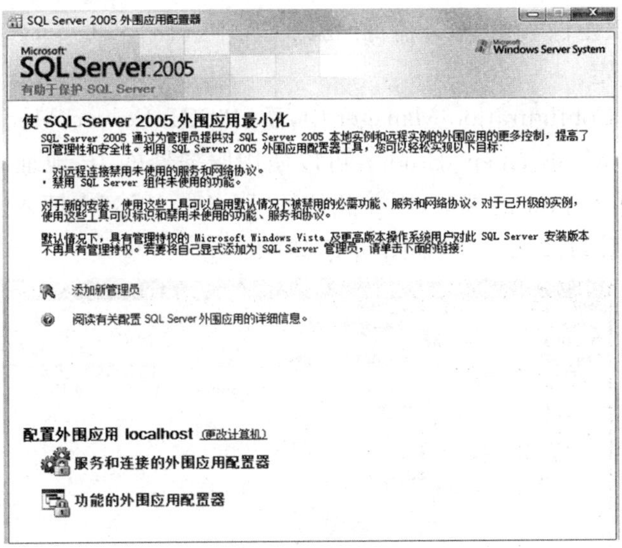

图 5.11　SQL Server 外围应用配置器

点击"服务和连接的外围应用配置器",打开服务和连接的外围应用配置器对话框,展开"MSSQLSERVER"下的"Database Engine",然后点击"远程连接",则右侧设置"本地连接和远程连接"下面的"同时使用 TCP/IP 和 namedpipes"项。然后应用确定。

设置例外 SQL Server 端口。在"控制面板"中打开"Windows 防火墙",选择"例外选项卡”。点击添加端口，给个名称，端口 SQL 默认的是 1433，当然你也可以在“SQL Server Configuration Manager”中的网络服务器配置中修改，如图 5.12 所示。

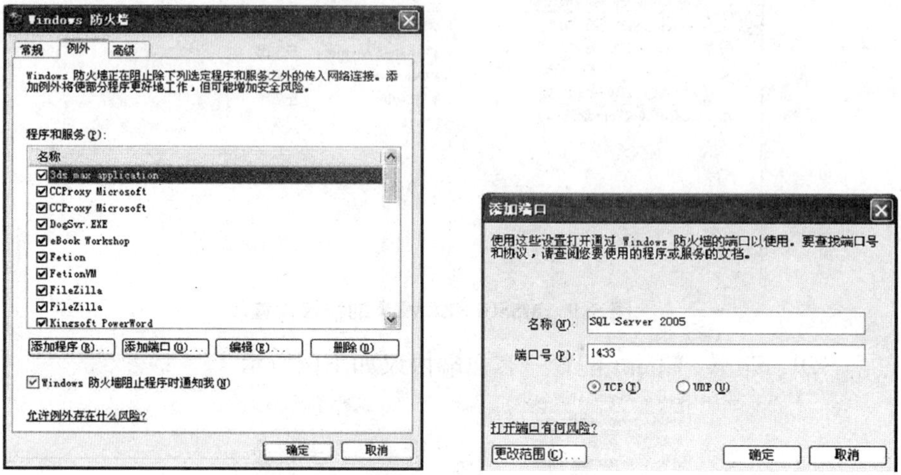

图 5.12　例外选项卡设置

以 Windows 身份进入 SQL Server Management Studio，展开“安全性”→“登录名”，右键新建登录名，填入登录名，在“常规”中，选择 SQL Server 身份验证，并填入密码。在“用户映射中”，为用户在相应的数据库中设置对应的权限，另外在“状态”中，将登录设置“启用”。这样便新建了一个用于网络登录 SQL 服务器的用户账号。

在 SQL Server Management Studio 中，右键点击服务器，选择属性弹出“服务器属性”对话框，点击左侧的“安全性”，在“服务器身份验证”项中选择“SQL Server 和 Windows 身份验证模式”然后点击确定。

在 SQL Server Configuration Manager 中，重启“SQL Server(MSSQLSERVER)”服务。

在 SQL Server Management Studio，可以使用服务器的 IP 地址和网络用户登录。另外，如果更改了 SQL Server 的端口，则在此处的“服务器名称”中填入 IP 后，用逗号隔开加端口号，如：222.195.11.219,418，如图 5.13 所示。

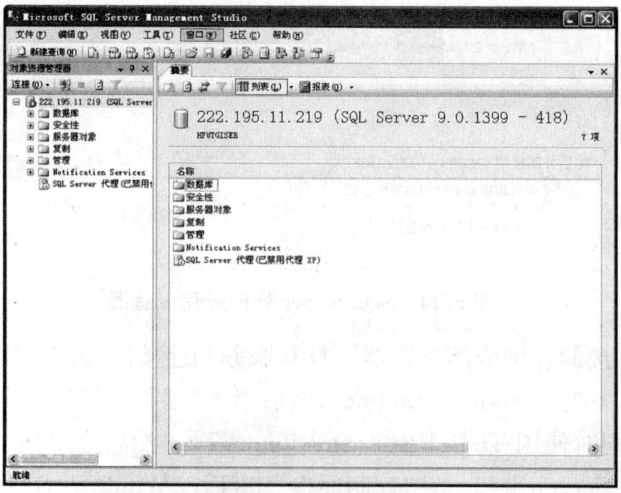

图 5.13　IP 地址设置

5.3.5 学生信息系统中的数据库连接

Visual Basic 与 SQL Server 是微软公司的两款软件开发工具，利用它们可以开发各种数据库应用管理系统，如学生信息管理系统、进销存信息管理系统、图书馆信息管理系统。VB 用于开发系统用户界面和应用逻辑，而 SQL Server 用于开发系统的数据管理。采用数据库管理系统来管理数据，不能像访问文件那样直接读取数据，而是需要借助于某种编程接口才能访问数据库中的数据，如图 5.14 所示。

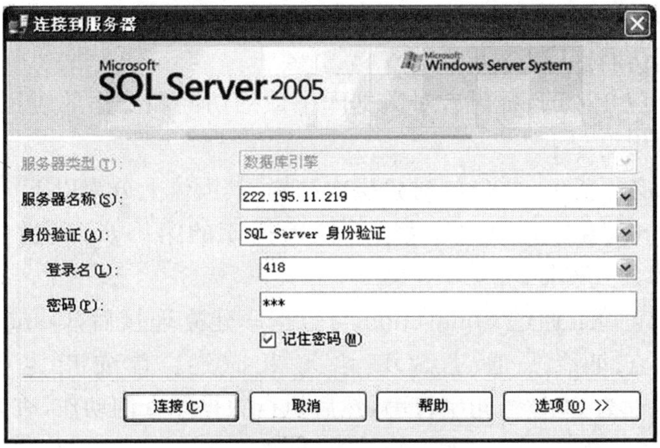

图 5.14 数据库启动界面

1. ODBC 接口

数据库应用程序是通过 SQL Server 2005 应用程序接口向 SQL Server 服务器发送 SQL 语句，实现数据库的访问。因此，要想访问数据库，必须学习使用 SQL Server 应用程序接口。

SQL Server 2005 采用了分层的通信体系结构，把应用程序与底层的网络协议分隔开，用户可以通过数据库对象或 API 应用程序接口访问数据库。

应用程序采用数据库应用程序接口(API)开发。

数据库接口：是应用程序给 SQL Server 发送请求和处理，SQL Server 返回结果的接口。

应用程序接口：数据库 API 定义一个应用程序如何连接到数据库，包括两类数据库 API：ODBC 和 OLE DB。

OLE DB：是一个基于组件对象模型(COM)的数据库访问接口，它支持使用 OLE DB 数据对象接口写的应用程序。

ODBC：是一个标准的访问数据库的编程接口，支持使用 ODBC 数据对象接口写的应用程序或者组件。ODBC 是 Open Data Base Connectivity 的英文简写。它是一种用来在相关或不相关的 DBMS 中存取数据的，用 C 语言实现的标准应用程序数据接口。通过 ODBC API，应用程序可以存取保存在多种不同 DBMS 中的数据，而不论每个 DBMS 使用了何种数据存储格式和编程接口。在使用 ODBC 连接 SQL Server 2005 数据库之前，必须在 ODBC 中配置 SQL Server 数据源。

2. ADO 组件

数据库对象接口 ADO(Active X Data Objects)是一个在简化数据模型中封装的 OLE DB API,使用 ADO 进行开发要比使用 OLE DB 开发的速度快,OLE DB 是使用 ADO 的基础,ADO 可以在 VB,VC,ASP 中使用。

ADO 实际是一种提供访问各种数据类型的连接机制。ADO 设计为一种极简单的格式,通过 ODBC 的方法同数据库接口。可以使用任何一种 ODBC 数据源,即不止适合于 SQLServer、Oracle、Access 等数据库应用程序,也适合于 Excel 表格、文本文件、图形文件和无格式的数据文件。ADO 是基于 OLE DB 之上的技术,因此 ADO 通过其内部的属性和方法提供统一的数据访问接口方法。

ADO 可以编写 OLE DB 提供者对数据库中数据访问和操作的应用程序。其特点是易于使用、性能好、占用内存小。

要使用 ADO,必须清楚 ADO 的对象层次结构,其大体上分为以下 7 个对象层次:

(1) Connection 对象:是 ADO 对象连接数据库的第一步,通过 Connection 与 SQL Server 2005 数据库建立连接。

(2) Command 对象:通过 Connection 与数据库建立连接后,Command 对象承担数据库查询的任务,查询请求通过 SQL 语句来描述。首先指定 Command 对象的 CommandString 属性为 SQL 语句字符串,然后执行数据库查询动作,查询以后,将结果存储在 Recordset 对象中。

(3) Recordset 对象:此对象和 Connection 对象是所有对象最重要的两个对象。在执行数据库查询后,用来存储数据操作返回的结果,即记录集,然后利用程序设计语言来处理 Recordset 对象中的记录。

(4) Fields 对象:Recordset 对象含有由 Field 对象组成的 Fields 集合。每个 Field 对象对应于 Recordset 中的一列。使用 Fields 对象的 Value 属性可设置或返回当前记录的数据。

(5) Error 对象:包含数据提供程序出错时的扩展信息。Error 对象在功能上和 RDO 的 RDOError 对象相似。

(6) Parameter 对象:包含参数化的 Command 对象的某单个参数的信息。该 Command 对象有一个包含其所有 Parameter 对象的 Parameters 集合。Parameter 对象在功能上和 RDO 的 RDOParameter 对象相似。

(7) Property 对象:包含某个 ADO 对象的提供程序定义的特征。没有任何等同于该对象的 RDO,但 ADO 有一个相似的对象。

当然,对于初级用户来说,我们只需要掌握其中的 Connection 对象和 Recordset 对象就可以实现基本的数据库操作,在后面的介绍里面将给出详细的介绍。

在使用 ADO 对象之前,必须先利用 Visual Basic 菜单的“工程”“引用”来引用“Microsoft Data Objects 2.0 Library”,然后 ADO 对象群中的 Connection、Command、Recordset、Field 等对象才会成为可以引用的对象。否则,类似下面的语句:

```
Dim cn As New ADODB.Connection
Dim rst As New ADODB.Recordset
```

都会产生“用户定义类型未定义”的错误。如果没有事先将其引用的话,Visual Basic 将无法辨识它们。

3. 数据库连接

(1) 新建工程后，执行“工程”菜单下的“引用”命令，如图 5.15 所示。

图 5.15　“工程”菜单下的“引用”命令

单击“引用”命令，弹出引用对话框，如图 5.16 所示，在引用清单中选取“Microsoft Activex Data Objects 2.0 Library”项目即可。

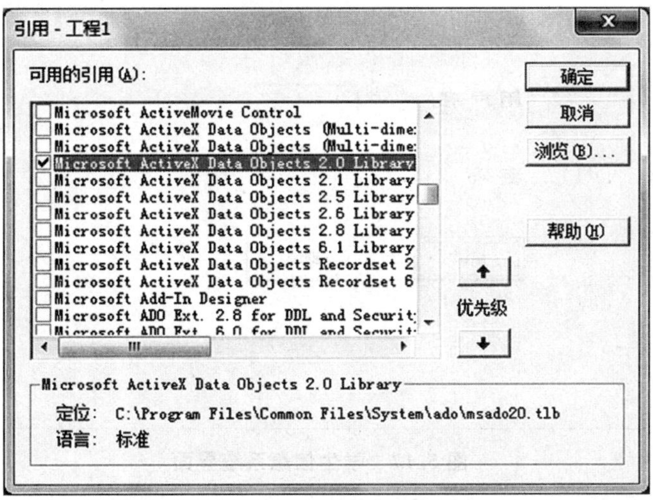

图 5.16　引用对话框

(2) 利用 Connection 对象和数据库建立连接，其方法如下：

首先声明 Connection 对象，既可以先定义一个 Connection 类型的对象变量，然后建立该对象的实例，如：

```
Dim cn AS NEW ADODB.Connection
Set cn=NEW ADODB.Connection
```

又可以在声明的同时创建该对象的实例如：

```
DIM cn AS NEW AODDB.Connection
```

(3) 然后应用 Connection 对象的 open 方法与数据库建立连接，语法如下：

```
Cn.open ConnectionString,userid,password
```

参数说明：

ConnectionString：一个 OLEDB 连接字符串。

Userid：建立数据库连接的用户名。

Password：建立连接的用户名对应的密码。

(4) 通过 Connection 对象的 execute 方法对数据库操作

在建立数据库连接以后，可以通过 Connection 对象的 execute 方法执行在数据库中的记录的查询、修改等操作，操作的返回值是一个记录集。具体方法如下：

Set rs=cn. execute(sql_str)

其中参数 sql_str 是一个字符串，给出要执行的数据库的 SQL 语句或者存储过程等。

(5) 通过 Connection 对象的 close 方法关闭数据库连接

在一次数据库操作结束之后，应该使用 Connection 对象的 close 方法关闭数据库的连接，并将这个对象变量从内存中释放。具体操作方法如下：

Cn. close

接着以"学生信息管理系统"的登录界面为例，主要介绍数据库的连接，如图 5.17 所示。

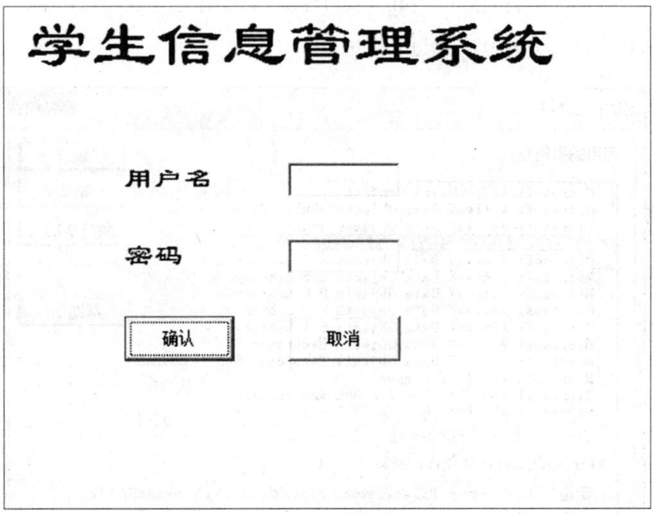

图 5.17　学生信息系统界面

再通过下面几行代码来连接数据库(确定按钮中的单击事件的代码)：

Dim cn As NEW ADODB. Connection'定义 ADO 的 Connection 对象 cn

Dim rst As NEW ADODB. Recordset'定义 Recordset 类型变量 rst

cn. ConnectionString = " Provider = SQLOLEDB. 1 "; IntegratedSecurity = SSPI; PersistSecurityInfo = False; UserID = sa; InitialCatalog = vbtestnew; DataSource =4A2E8E03AB90428

cn. Open'使用 open 方法打开数据库

UserName=Trim(Text1. Text)

mysql="select * frommimawhereusername='"&UserName&"'"'使用 SQL 记录集

rst. Openmysql,cn'用 open 方法打开记录集，保存在记录对象 rst 中

```
Ifrst. EOFThen
MsgBox"没有这个用户,请重新输入用户名!"
cn. Close
Text1. Text=""
Text1. SetFocus
Else
IfTrim(rst("password"))=Trim(Text2. Text)Then'rst. fields(1) =Text2. Text
login. Hide
frmMain. Show
Else
MsgBox"输入密码不正确,请重新输入!",vbOKOnly+vbExclamation,"警告"
cn. Close
Text2. Text=""
Text2. SetFocus
EndIf
EndIf
```

5.3.6　Access 2010 的基本操作

1. 创建数据库

启动 Access 2010 软件,在打开的“文件”选项卡界面选择“可用模板”窗口中的“空数据库”模板选项,在右侧窗口的“文件名”文本框中输入“学生档案. accdb”,单击“创建”按钮如图 5.18 所示,即可新建一个“学生档案”数据库。

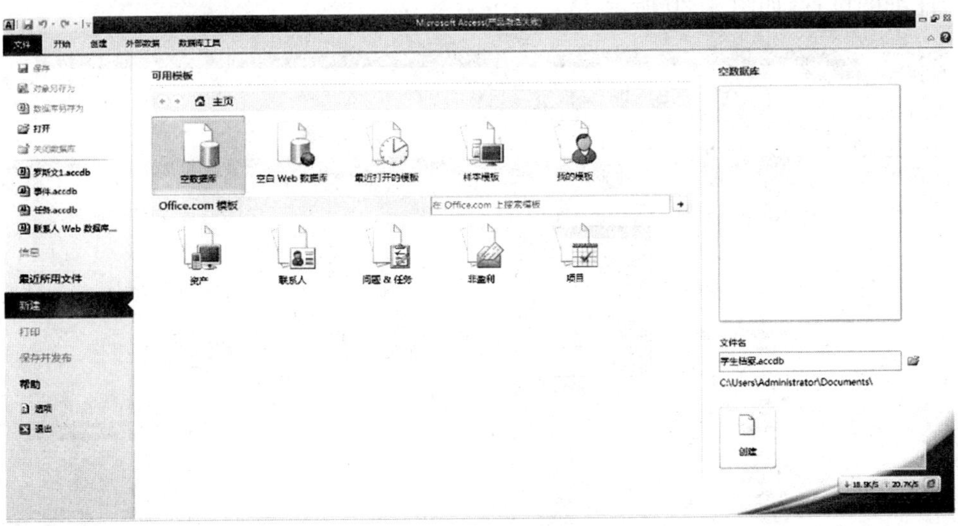

图 5.18　新建数据库

2. 创建表

在“学生档案”数据库中就会自动新建一个表。或者选择“创建”选项卡,在“表格”选项组中单击“表”按钮，也可新建一个表。除此之外还可以使用表设计器创建表，其具体操作步骤如下。

(1) 选择“创建”选项卡，在“表格”选项组中单击“表设计”按钮，即可新建一个表，如图5.19所示。

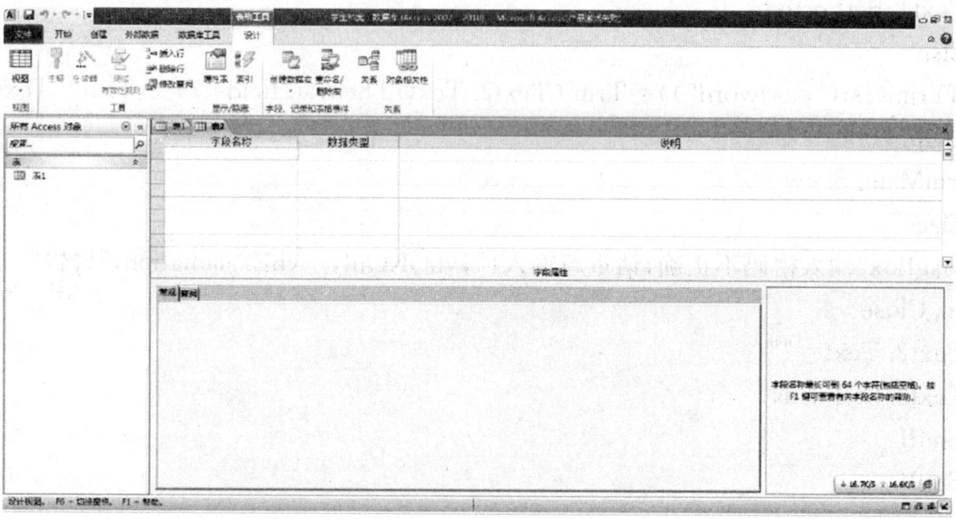

图 5.19 表设计

(2) 将光标定位在“字段名称”列表中，可直接输入字段的名称。

(3) 将光标移动到“数据类型”列表中，单击即可弹出数据类型列表，从中选择数据的类型，默认为“文本”类型。

(4) 输入其他的字段名称，选择相应的数据类型，并且可以在下方窗口的“常规”选项卡中进行详细的设置，如图5.20所示。

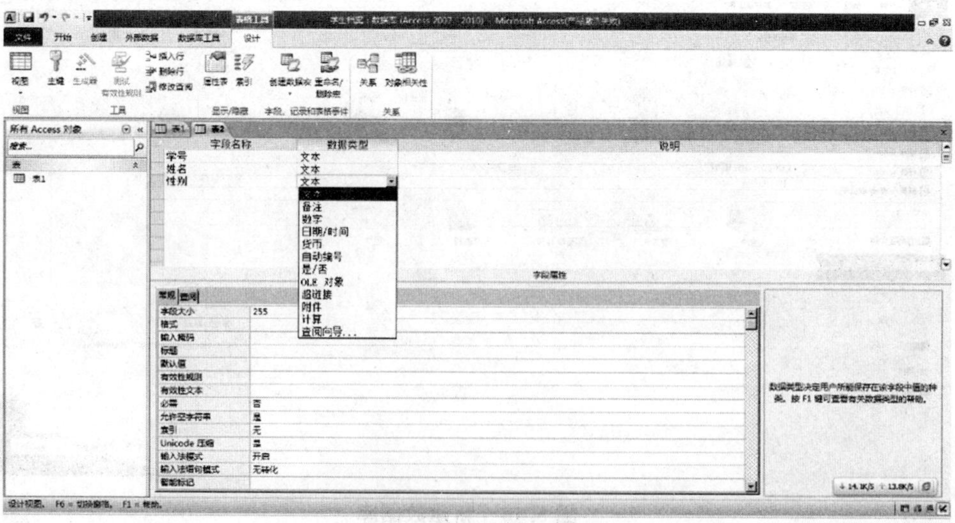

图 5.20 数据类型

(5) 单击快速访问工具栏中的“保存”按钮，弹出“另存为”对话框，在“表名称”文本框中输入表的名称，单击“确定”按钮，如图 5.21 所示。

图 5.21　表名称

（6）弹出提示对话框，提示尚未定义主键，单击“是”按钮，系统会自动设置主键，如图 5.22所示。

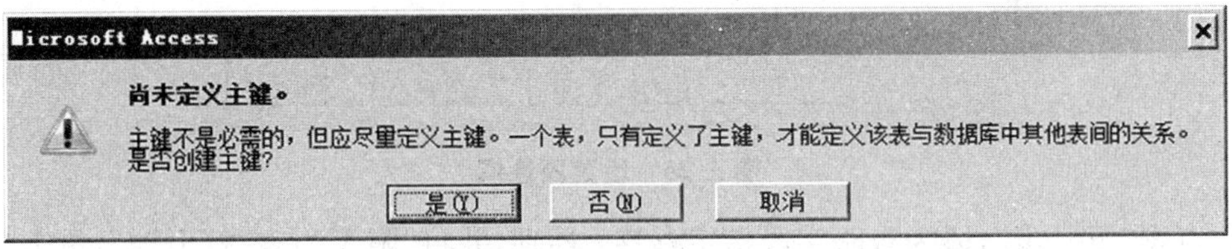

图 5.22　定义主键

也可以在保存之前就定义表的主键，具体操作是：右键单击“学号”字段，弹出一个快捷菜单，选择“主键”之后，即可将学号设置成主键，如图 5.23 所示。

（7）保存后就可以编辑表的内容。

但是在一个数据表中，个别字段有特殊的要求，譬如性别的取值只可能取“男”或者“女”。其设置方法有两种。

第一种方法：选中“性别”字段，在下方“字段属性”区域中“有效性规则”中输入表达式：=′男′ Or ′女′；

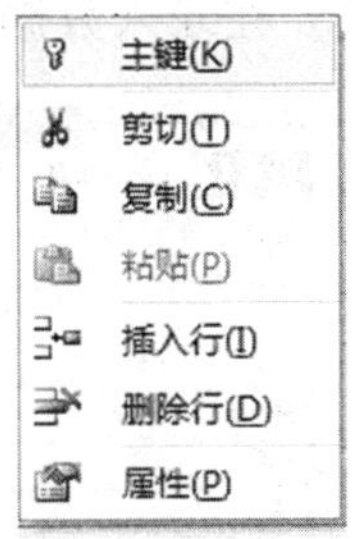

图 5.23　设置主键

第二种方法：

① 点击性别字段的数据类型为“查阅向导”，弹出如图 5.24 界面。

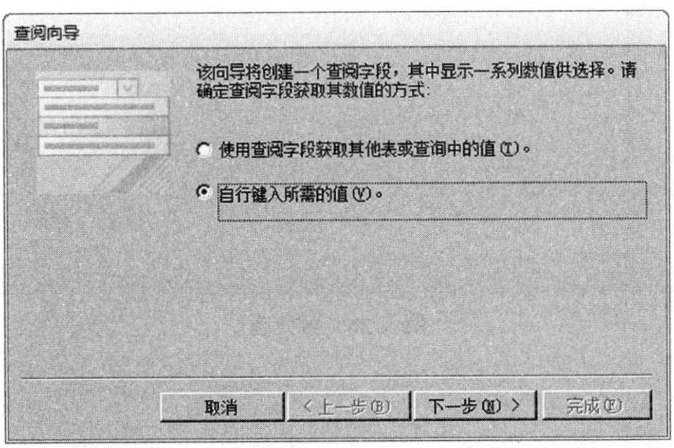

图 5.24　查询向导

② 选择“自行键入所需的值”，点击“下一步”。

③ 在列中输入“男”和“女”，如图 5.25 所示。

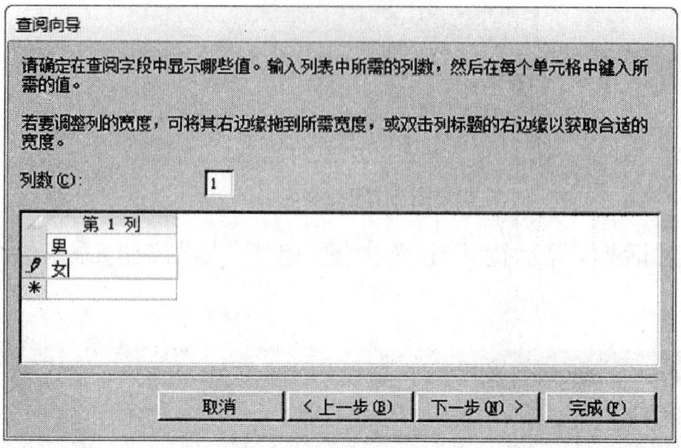

图 5.25　设置属性值

④ 点击“下一步”，请为查阅字段指定标签：性别，并将“限于列表”打上“?”，单击“完成”按钮即可。

⑤ 在录入数据时，其效果如图 5.26 所示。

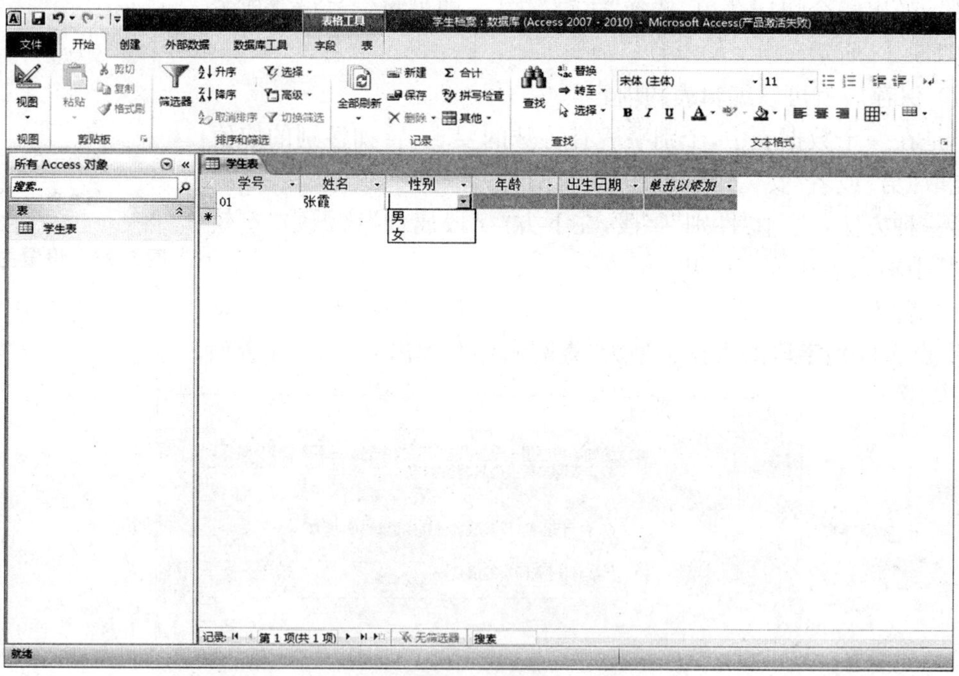

图 5.26　效果图

实战训练

任务：根据上面介绍的操作过程，完成下列数据库和表创建。

(1) 创建一个新的 Access 数据库，取名为“学生档案.mdb”。

(2) 在“学生档案”数据库中建立一个表，取名为“学生基本情况表”，字段信息如表 5.1

所示，其中“性别”字段值从“男”“女”中选取。

“民族”字段值从民族表中选取：字段信息如表 5.2 所示。

记录为：1　汉族

2　回族

3　蒙古族

4　维吾尔族

表 5.1　“学生基本情况表”表结构

字段名	字段数据类型	字段大小	小数位数	主　键
学　号	文　本	5		是
性　别	文　本	4		
性　别	查阅向导(男或女)			
省　份	文本	5		
	出生日期	日期/时间民族		
查阅向导身高	数　字	单精度型	2	
是否团员	是/否			
家庭收入	货　币			
照　片	OLE 对象			
简　历	备　注			

表 5.2　“民族表”结构

字段名	字段数据类型	字段大小	主　键
民族 ID	自动编号		是
民　族	文本	4	

(3) 在“学生基本情况表”中添加相应记录，如图 5.27 所示。

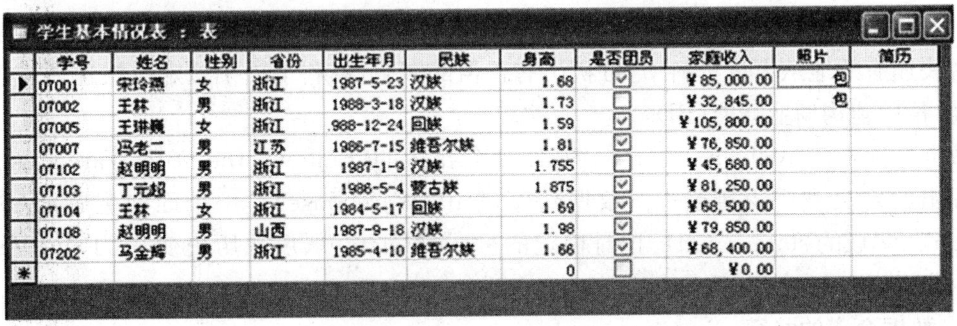
学生基本情况表 : 表

学号	姓名	性别	省份	出生年月	民族	身高	是否团员	家庭收入	照片	简历
07001	宋玲燕	女	浙江	1987-5-23	汉族	1.68	☑	¥85,000.00	包	
07002	王林	男	浙江	1988-3-18	汉族	1.73	☐	¥32,845.00	包	
07005	王琳巍	女	浙江	988-12-24	回族	1.59	☑	¥105,800.00		
07007	冯老二	男	江苏	1986-7-15	维吾尔族	1.81	☑	¥76,850.00		
07102	赵明明	男	浙江	1987-1-9	汉族	1.755	☐	¥45,680.00		
07103	丁元超	男	浙江	1986-5-4	蒙古族	1.875	☑	¥81,250.00		
07104	王林	女	浙江	1984-5-17	回族	1.69	☑	¥68,500.00		
07108	赵明明	男	山西	1987-9-18	汉族	1.98	☑	¥79,850.00		
07202	马金辉	男	浙江	1985-4-10	维吾尔族	1.66	☑	¥68,400.00		
						0	☐	¥0.00		

图 5.27　学生基本情况表

(4) 对“学生基本情况表”作如下修改：

① 将“出生年月”改为“出生日期”，并设置格式为长日期格式。

② 将姓名的字段大小由原来的“4”改为“6”。

③ 将身高固定 2 位小数。

④ 将省份设为默认值“浙江”。

(5) 对“学生基本情况表”作如下修改:

① 在“家庭收入”字段的后面插入一个字段,字段名为“个人主页”,数据类型为“超链接”。

② 删除“是否团员”和“简历”二个字段。

(6) 对“学生基本情况表”中的记录作如下修改:

① 将“宋玲燕”改为“宋玲艳”,并设置其个人主页为“www.163.com”。

② 在最后增加一条记录,内容依次为:

07204　刘小花　女　浙江　1987-5-16　汉族　1.69　65875.00　www.cnool.net

③ 删除学号为“07005”的记录。

5.4 数据仓库和数据挖掘

数据仓库将为高层管理人员的科学决策提供可靠依据。

如某个公司要得出下面的数据:

(1) 去年各个地区各个产品的销售量和销售额。

(2) 2010 年以来各厂商每季度的销售额占有比例的变化情况。

(3) 如果某种产品的销售价格打 9 折,利润将发生怎样的变化?

(4) 今年销售量下降的主要因素(时间、地区、部门、商品)是什么?

5.4.1 数据仓库

1. 数据仓库的定义

数据仓库,由数据仓库之父 W. H. Inmon 于 1990 年提出,主要功能是将组织透过资讯系统的联机交易处理(OLTP)经年累月所累积的大量资料,透过数据仓库理论所特有的资料储存架构,作系统的分析整理,以利于各种分析方法如线上分析处理(OLAP)、数据挖掘(Data Mining)的进行,并进而支持如决策支持系统(DSS)、主管资讯系统(EIS)的创建,帮助决策者快速有效地从大量资料中,分析出有价值的资讯,以利于决策拟定及快速回应外在环境变动,帮助建构商业智能(BI)。

数据仓库之父 WilliamH. Inmon 在 1991 年出版的《Building the Data Warehouse》一书中所提出的定义被广泛接受——数据仓库(Data Warehouse)是一个面向主题的(Subject Oriented)、集成的(Integrated)、相对稳定的(Non-Volatile)、反映历史变化(Time Variant)的数据集合,用于支持管理决策(Decision Making Support)。

2. 数据仓库的特征

(1) 面向主题

操作型数据库的数据组织面向事务处理任务,各个业务系统之间各自分离,而数据仓库中的数据是按照一定的主题域进行组织的。

这里的主题,是指用户使用数据仓库进行决策时所关心的重点方面,如收入、客户、销售渠道等;所谓面向主题,是指数据仓库内的信息是按主题进行组织的,而不是像业务支撑系统那样是按照业务功能进行组织的。

主题是与传统数据库面向应用相对应的,是一个抽象概念,是在较高层次上将企业信息系统中的数据综合、归类并进行分析利用的抽象。每一个主题对应一个宏观的分析领域。数据仓库排除对于决策无用的数据,提供特定主题的简明视图。

(2) 集成的

数据仓库中的数据是在对原有分散的数据库数据抽取、清理的基础上经过系统加工、汇总和整理得到的,必须消除源数据中的不一致性,以保证数据仓库内的信息是关于整个企业的一致的全局信息。

(3) 相对稳定的

数据仓库的数据主要供企业决策分析之用,所涉及的数据操作主要是数据查询,一旦某个数据进入数据仓库以后,一般情况下将被长期保留,也就是数据仓库中一般有大量的查询操作,但修改和删除操作很少,通常只需要定期的加载、刷新。

(4) 反映历史变化

数据仓库中的数据通常包含历史信息,系统记录了企业从过去某一时点(如开始应用数据仓库的时点)到目前的各个阶段的信息,通过这些信息,可以对企业的发展历程和未来趋势做出定量分析和预测。

【案例5.1】

农业、食品和化工集团Agrofert发现,随着企业的快速发展,旗下子公司已经有160多个不同的系统在运行。很难提供统一的报告,而且支持和许可成本也不断上升。如果每新购一个系统就扩大一次基础架构,显然不是一种可以扩展的战略。Agrofert采用SAPERP应用程序作为其部分子公司的共享服务,目的是将其逐渐推广到整个企业,这些应用程序在两个地点的IBM Power Systems服务器上集中管理。公司从混合数据库环境(包括Oracle和Microsoft SQL Server)迁移到IBMDB2,将IBMDB2作为其标准数据库,同时还为关键的业务数据部署集中的存储系统。迁移后,不再需要本地系统,能够极大地降低管理、支持和许可成本;借助IBMDB2可降低许可费用,简化管理并减少员工教育及培训;整合的存储有助于降低成本,而IBMDB2深度压缩将会降低总体存储需求;总成本估计减少20%。

5.4.2 数据挖掘

1. 数据挖掘的定义

数据挖掘(Data Mining, DM)又称数据库中的知识发现(Knowledge Discover in Database, KDD),所谓数据挖掘是指从数据库的大量数据中揭示出隐含的、先前未知的并有潜在价值的信息的非平凡过程。数据挖掘是一种决策支持过程,它主要基于人工智能、机器学习、模式识别、统计学、数据库、可视化技术等,高度自动化地分析企业的数据,做出归纳性的推理,从中挖掘出潜在的模式,帮助决策者调整市场策略,减少风险,做出正确的决策。

2. 数据挖掘的常用方法

利用数据挖掘进行数据分析常用的方法主要有分类、回归分析、聚类、关联规则、特征、变化和偏差分析、Web页挖掘等,它们分别从不同的角度对数据进行挖掘。

(1) 分类。分类是找出数据库中一组数据对象的共同特点并按照分类模式将其划分为不同的类，其目的是通过分类模型，将数据库中的数据项映射到某个给定的类别。它可以应用到客户的分类、客户的属性和特征分析、客户满意度分析、客户的购买趋势预测等，如一个汽车零售商将客户按照对汽车的喜好划分成不同的类，这样营销人员就可以将新型汽车的广告手册直接邮寄到有这种喜好的客户手中，从而大大增加了商业机会。

(2) 回归分析。回归分析方法反映的是事务数据库中属性值在时间上的特征，产生一个将数据项映射到一个实值预测变量的函数，发现变量或属性间的依赖关系，其主要研究问题包括数据序列的趋势特征、数据序列的预测以及数据间的相关关系等。它可以应用到市场营销的各个方面，如客户寻求、保持和预防客户流失活动、产品生命周期分析、销售趋势预测及有针对性的促销活动等。

(3) 聚类。聚类分析是把一组数据按照相似性和差异性分为几个类别，其目的是使得属于同一类别的数据间的相似性尽可能大，不同类别中的数据间的相似性尽可能小。它可以应用到客户群体的分类、客户背景分析、客户购买趋势预测、市场的细分等。

(4) 关联规则。关联规则是描述数据库中数据项之间所存在的关系的规则，即根据一个事务中某些项的出现可导出另一些项在同一事务中也出现，即隐藏在数据间的关联或相互关系。在客户关系管理中，通过对企业的客户数据库里的大量数据进行挖掘，可以从大量的记录中发现有趣的关联关系，找出影响市场营销效果的关键因素，为产品定位、定价与定制客户群，客户寻求、细分与保持，市场营销与推销，营销风险评估和诈骗预测等决策支持提供参考依据。

(5) 特征。特征分析是从数据库中的一组数据中提取出关于这些数据的特征式，这些特征式表达了该数据集的总体特征。如营销人员通过对客户流失因素的特征提取，可以得到导致客户流失的一系列原因和主要特征，利用这些特征可以有效地预防客户的流失。

(6) 变化和偏差分析。偏差包括很大一类潜在有趣的知识，如分类中的反常实例，模式的例外，观察结果对期望的偏差等，其目的是寻找观察结果与参照量之间有意义的差别。在企业危机管理及其预警中，管理者更感兴趣的是那些意外规则。意外规则的挖掘可以应用到各种异常信息的发现、分析、识别、评价和预警等方面。

(7) Web页挖掘。随着Internet的迅速发展及Web的全球普及，Web上的信息量变得无比丰富。通过对Web的挖掘，可以利用Web的海量数据进行分析，收集政治、经济、政策、科技、金融、各种市场、竞争对手、供求信息、客户等有关的信息，集中精力分析和处理那些对企业有重大或潜在重大影响的外部环境信息和内部经营信息，并根据分析结果找出企业管理过程中出现的各种问题和可能引起危机的先兆，对这些信息进行分析和处理，以便识别、分析、评价和管理危机。

3. 数据挖掘的流程

数据挖掘是指一个完整的过程，该过程从大型数据库中挖掘先前未知的、有效的、可实用的信息，并使用这些信息做出决策或丰富我们的知识。数据挖掘环境可示意如图5.28所示。

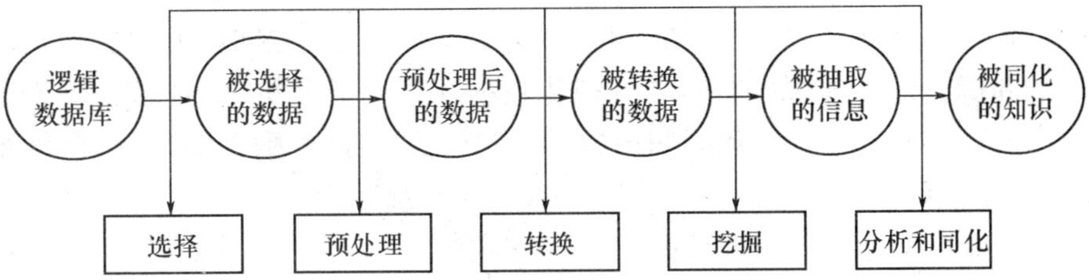

图 5.28 数据挖掘的基本过程和主要步骤

过程中各步骤的大体内容如下：

(1) 确定业务对象

清晰地定义出业务问题，认清数据挖掘的目的是数据挖掘的重要一步。挖掘的最后结构是不可预测的，但要探索的问题应是有预见的，为了数据挖掘而数据挖掘则带有盲目性，是不会成功的。

(2) 数据准备

① 数据的选择

搜索所有与业务对象有关的内部和外部数据信息，并从中选择出适用于数据挖掘应用的数据。

② 数据的预处理

研究数据的质量，为进一步的分析做准备，并确定将要进行的挖掘操作的类型。

③ 数据的转换

将数据转换成一个分析模型。这个分析模型是针对挖掘算法建立的。建立一个真正适合挖掘算法的分析模型是数据挖掘成功的关键。

(3) 数据挖掘

对所得到的经过转换的数据进行挖掘，除了完善从选择合适的挖掘算法外，其余一切工作都能自动地完成。

(4) 结果分析

解释并评估结果。其使用的分析方法一般应视数据挖掘操作而定，通常会用到可视化技术。

(5) 知识的同化

将分析得到的知识集成到业务信息系统的组织结构中去。

4. 数据挖掘需要的人员

数据挖掘过程的分步实现，不同的步骤需要有不同专长的人员，他们大体可以分为三类。

(1) 业务分析人员：要求精通业务，能够解释业务对象，并根据各业务对象确定出用于数据定义和挖掘算法的业务需求。

(2) 数据分析人员：精通数据分析技术，并对统计学有较熟练的掌握，有能力把业务需求转化为数据挖掘的各步操作，并为每步操作选择合适的技术。

(3) 数据管理人员：精通数据管理技术，并从数据库或数据仓库中收集数据。

从上可见，数据挖掘是一个多种专家合作的过程，也是一个在资金上和技术上高投入的过程。这一过程要反复进行，不断地趋近事物的本质，不断地优先问题的解决方案。数据重组和细分添加和拆分记录选取数据样本可视化数据探索聚类分析神经网络、决策树数理统计、时间序列结论、综合解释评价数据知识、数据取样、数据探索、数据调整、模型化评价。

5. 数据挖掘应用

(1) 数据挖掘解决的典型商业问题

数据挖掘技术从一开始就是面向应用的。目前，在很多领域，数据挖掘(Data Mining)都是一个很时髦的词，尤其是在如银行、电信、保险、交通、零售(如超级市场)等商业领域。数据挖掘所能解决的典型商业问题包括：数据库营销(Database Marketing)、客户群体划分(Customer Segmentation & Classification)、背景分析(Profile Analysis)、交叉销售(Cross-selling)等市场分析行为，以及客户流失性分析(Churn Analysis)、客户信用记分(Credit Scoring)、欺诈发现(Fraud Detection)等等。

(2) 数据挖掘在市场营销中的应用

数据挖掘技术在企业市场营销中得到了比较普遍的应用，它是以市场营销学的市场细分原理为基础，其基本假定是“消费者过去的行为是其今后消费倾向的最好说明”。

通过收集、加工和处理涉及消费者消费行为的大量信息，确定特定消费群体或个体的兴趣、消费习惯、消费倾向和消费需求，进而推断出相应消费群体或个体下一步的消费行为，然后以此为基础，对所识别出来的消费群体进行特定内容的定向营销，这与传统的不区分消费者对象特征的大规模营销手段相比，大大节省了营销成本，提高了营销效果，从而为企业带来更多的利润。

商业消费信息来自市场中的各种渠道。例如，每当我们用信用卡消费时，商业企业就可以在信用卡结算过程收集商业消费信息，记录下我们进行消费的时间、地点、感兴趣的商品或服务、愿意接受的价格水平和支付能力等数据；当我们在申办信用卡、办理汽车驾驶执照、填写商品保修单等其他需要填写表格的场合时，我们的个人信息就存入了相应的业务数据库；企业除了自行收集相关业务信息之外，甚至可以从其他公司或机构购买此类信息为自己所用。

这些来自各种渠道的数据信息被组合，应用超级计算机、并行处理、神经元网络、模型化算法和其他信息处理技术手段进行处理，从中得到商家用于向特定消费群体或个体进行定向营销的决策信息。这种数据信息是如何应用的呢？

> 当银行通过对业务数据进行挖掘后，发现一个银行账户持有者突然要求申请双人联合账户时，并且确定该消费者是第一次申请联合账户，银行会推断该用户可能要结婚了，它就会向该用户定向推销用于购买房屋、支付子女学费等长期投资业务，银行甚至可能将该信息卖给专营婚庆商品和服务的公司。

(3) 数据挖掘构筑竞争优势

在市场经济比较发达的国家和地区，许多公司都开始在原有信息系统的基础上通过数据挖掘对业务信息进行深加工，以构筑自己的竞争优势，扩大自己的营业额。美国运通公司(American Express)有一个用于记录信用卡业务的数据库，数据量达到54亿字符，并仍在随着业务进展不断更新。运通公司通过对这些数据进行挖掘，制定了“关联结算

(Relationship Billing)优惠”的促销策略，即如果一个顾客在一个商店用运通卡购买一套时装，那么在同一个商店再买一双鞋，就可以得到比较大的折扣，这样既可以增加商店的销售量，也可以增加运通卡在该商店的使用率。再如，如果居住在伦敦的持卡消费者最近刚刚乘英国航空公司的航班去过巴黎，那么他可能会得到一个周末前往纽约的机票打折优惠卡。

基于数据挖掘的营销，常常可以向消费者发出与其以前的消费行为相关的推销材料。卡夫(Kraft)食品公司建立了一个拥有3 000万客户资料的数据库。该数据库是通过收集对公司发出的优惠券等其他促销手段做出积极反应的客户和销售记录而建立起来的，卡夫公司通过数据挖掘了解特定客户的兴趣和口味，并以此为基础向他们发送特定产品的优惠券，并为他们推荐符合客户口味和健康状况的卡夫产品食谱。美国的读者文摘(Reader's Digest)出版公司运行着一个积累了40年的业务数据库，其中容纳有遍布全球的一亿多个订户的资料，数据库每天24小时连续运行，保证数据不断得到实时的更新，正是基于对客户资料数据库进行数据挖掘的优势，使读者文摘出版公司能够从通俗杂志扩展到专业杂志、书刊和声像制品的出版和发行业务，极大地扩展了自己的业务。

6. 数据挖掘在企业危机管理中的应用

危机管理是以市场竞争中危机的出现为研究起点，分析企业危机产生的原因和过程，研究企业预防危机、应付危机、解决危机的手段和策略，以增强企业的免疫力、应变力和竞争力，使管理者能够及时准确地获取需要的信息，迅速捕捉到企业可能发生危机的一切可能事件和先兆，进而采取有效的规避措施，在危机发生之前对其进行控制，趋利避害，从而使企业能够适应迅速变化的市场环境，保持长久的竞争优势。但是由于危机产生的原因复杂，种类繁多，许多因素难以量化，而且危机管理中带有大量不确定因素的半结构化问题和非结构化问题，很多因素由于没有历史数据和相应的统计资料，很难进行科学的计算和评估，因此需要应用其他技术和方法来加强企业的危机管理工作。

随着计算机技术、网络技术、通讯技术、Internet技术的迅速发展和电子商务、办公自动化、管理信息系统、Internet的普及等，企业业务操作流程日益自动化，企业经营过程中产生了大量的数据，这些数据和由此产生的信息是企业的宝贵财富，它如实地记录着企业经营的本质状况。但是面对如此庞大的数据，传统的数据分析方法，如数据检索、统计分析等只能获得数据的表层信息，不能获得其内在的、深层次的信息，管理者面临着数据丰富而知识贫乏的困境。从这些数据中挖掘出对企业经营决策有用的知识是非常重要的，它在企业危机管理中得到了比较普遍的应用，具体可以应用到以下几个方面。

(1) 利用Web页挖掘搜集外部环境信息

信息是危机管理的关键因素。在危机管理过程中，可以利用Web页挖掘技术对企业外部环境信息进行收集、整理和分析，尽可能地收集政治、经济、政策、科技、金融、各种市场、竞争对手、供求信息、消费者等与企业发展有关的信息，集中精力分析处理那些对企业发展有重大或潜在重大影响的外部环境信息，抓住转瞬即逝的市场机遇，获得企业危机的先兆信息，采取有效措施规避危机，促使企业健康、持续地发展。

(2) 利用数据挖掘分析企业经营信息

利用数据挖掘技术、数据仓库技术和联机分析技术，管理者能够充分利用企业数据仓库中的海量数据进行分析，并根据分析结果找出企业经营过程中出现的各种问题和可能引起危机的先兆,如经营不善、观念滞后、产品失败、战略决策失误、财务危机等内部因素引起企业人、财、物、产、供、销的相对和谐平衡体遭到重大破坏,对企业的生存、发展构成严重威胁的信息,及时做出正确的决策,调整经营战略,以适应不断变化的市场需求。

(3) 利用数据挖掘识别、分析和预防危机

危机管理的精髓在于预防。利用数据挖掘技术对企业经营的各方面的风险、威胁和危险进行识别和分析,如产品质量和责任、环境、健康和人身安全、财务、营销、自然灾害、经营欺诈、人员及计算机故障等,对每一种风险进行分类,并决定如何管理各类风险;准确地预测企业所面临的各种风险,并对每一种风险、威胁和危险的大小及发生概率进行评价,建立各类风险管理的优先次序,以有限的资源、时间和资金来管理最严重的一种或某几类风险;制定危机管理的策略和方法,拟定危机应急计划和危机管理队伍,做好危机预防工作。

(4) 利用数据挖掘技术改善客户关系管理

客户满意度历来就是衡量一个企业服务质量好坏的重要尺度,特别是当客户的反馈意见具有广泛效应的时候更是如此。目前很多企业利用营销中心、新闻组、BBS 以及呼叫中心等收集客户的投诉和意见,并对这些投诉和意见进行分析,以发现客户关系管理中存在的问题,如果有足够多的客户都在抱怨同一个问题,管理者就有理由对其展开调查,为企业及时捕捉到发生危机的一切可能事件和先兆,从而挽救客户关系,避免经营危机。

(5) 利用数据挖掘进行信用风险分析和欺诈甄别

客户信用风险分析和欺诈行为预测对企业的财务安全是非常重要的,使用企业信息系统中数据库的数据,利用数据挖掘中的变化和偏差分析技术进行客户信用风险分析和欺诈行为预测,分析这些风险为什么会发生?哪些因素会导致这些风险?这些风险主要来自于何处?如何预测到可能发生的风险?采取何种措施减少风险的发生?通过评价这些风险的严重性、发生的可能性及控制这些风险的成本,汇总对各种风险的评价结果,进而建立一套信用风险管理的战略和监督体系,设计并完善信用风险管理能力,准确、及时地对各种信用风险进行监视、评价、预警和管理,进而采取有效的规避和监督措施,在信用风险发生之前对其进行预警和控制,趋利避害,做好信用风险的防范工作。

(6) 利用数据挖掘控制危机

危机一旦爆发,来势迅猛,损失严重,因此危机发生以后,要采取有力的措施控制危机。管理者可以利用先进的信息技术如基于 Web 的挖掘技术、各种搜索引擎工具、E-mail 自动处理工具、基于人工智能的信息内容的自动分类、聚类以及基于深层次自然语言理解的知识检索、问答式知识检索系统等快速地获取危机管理所需要的各种信息,以便向客户、社区、新闻界发布有关的危机管理信息,并在各种媒体尤其是公司的网站上公布企业的详细风险防御和危机管理计划,使全体员工能够及时获取危机管理信息及危机最新的进展情况。这样企业的高层管理人员、公关人员、危机管理人员和全体员工就能随时有准备地应付任何复杂情况和危急形势的压力,对出现的危机立即做出反应,使危机的损失降到最低。

危机就是危险和机遇,企业的每一次危机既包含了导致失败的根源,又蕴藏着成功的种子,发现、培育,进而收获潜在的成功机会,就是危机管理的精髓;而错误地估计形势,并令事态进一步恶化,则是不良危机管理的典型特征。企业应加强危机管理工作,利用先进的数据挖掘技术加强企业的危机管理工作,以便准确及时地获取所需要的危机信息,迅速捕捉到企

业可能发生危机的一切事件和征兆，进而采取有效的规避措施，在危机发生之前对其进行控制，趋利避害，从而使企业能够适应迅速变化的市场环境，保持长久的竞争优势，实现可持续发展战略。

5.5　互联网技术

5.5.1　Intranet

随着全球经济活动步伐的加快，企业与客户以及企业内部之间的信息交流越来越频繁，商务活动也越来越重要。为了及时准确地获得信息，掌握市场行情，监控内部生产，许多企业纷纷寻求解决上述问题的途径，过去许多企业尝试过局域网的应用，局域网在企业内部的功能的确很强，但在远程管理、远程信息的获取与交换方面非常弱。Internet 虽然能解决远程管理和远程信息交换问题，但是 Internet 安全系数较低，而且 Internet 上的 IPv4 地址十分有限，费用较高，若将整个企业都连上因特网，显然没有必要。

Intranet 这个词最早出现于 1994 年的美国商业界，意为企业网，又称企业内部网。它是 Internet 技术与局域网相结合的产物，既具备传统企业内部网络的安全性，又具备 Internet 的开放性和灵活性，在提供企业内部应用的同时，又能够提供对外信息的发布，而且其成本低，安装维护方便。因此 Intranet 一出现，便以不可阻挡的势头获得了迅速发展。

1. Intranet 的特点

Intranet 的最大意义在于提供了一套建立企业信息系统完整的、开放的、易于应用和开发的、廉价的构架。开放是指它基于国际通用的 Internet 标准协议建立网络应用，从而使用户的应用可以无差别地运行在各种网络和客户端上，并可以非常容易地共享信息资源并相互衔接；完整是指有关信息交流、发布、共享、安全传输、远程访问等均有成熟的、基于开放标准的产品和技术解决方案，使用户在建立了 Intranet 构架后，就无须顾忌任何具体的底层技术实现了，从而把精力集中于应用的设计。

概括而言，Intranet 具有如下特点：

(1) 基于开放的标准，与平台无关。Intranet 采用开放的标准，如 TCP/IP、HTTP、HTML 等，使系统具有极强的灵活性，可以连接各种不同类型的计算机和网络。

(2) 建设周期短，风险小。Intranet 是在 Internet 长期发展的基础上采用其成熟技术而发展起来的。由于 Internet 的技术已被广泛使用，并得到多方的验证及认可。而使 Internet 拥有一批雄厚的技术力量作为其技术发展支持，因此企业构建 Intranet 的风险小，且建设周期短。

(3) 基于 Web 技术。在 Intranet 中广泛采用基于 Web 技术的客户机/服务器模式，用户可从标准的统一客户端去访问 Intranet 资源，与用户具体的网络环境、联网方式和地理位置无关。

(4) 具有良好的安全性。Intranet 不直接连至 Internet，而是设置防火墙和代理服务器，这样可以根据需要设置不同的安全级，以提高 Intranet 的安全性。

使用 Intranet 的好处和带来的利益是多方面的。例如通过 Intranet 可以极大地降低企业内部信息发布和信息传播的成本，完善企业与客户的交流方式。企业可通过 Intranet 调节和优化其内部的各种资源，重新定义销售渠道，定义企业与客户的交流方式，为客户提供内容丰富的企业信息，接受客户的订单，获取客户的详细资料，听取客户的反馈信息，既可减少产品销售和售后服务成本，又可提高销售效率和产品售后服务质量。另外 Intranet 也为企业内部员工提供了一个协同工作环境，有利于分散在不同地点的工作群体(如项目小组)在项目进行过程中协调同步。

【案例 5.2】

基于 Intranet 的 MIS 体系结构

基于 Intranet 的企业信息系统，简称为企业内联网，近年来发展特别快，不少单位的企业网、校园网等，都是采用这种类型的内部网结构建立的。企业内联网利用 Intranet 的 Web 模型作为标准平台，采用 Internet 的 TCP/IP 作为通信协议，同时运用防火墙技术保证内部网络资源的安全性，在企业内部网络上形成了 3 层结构的客户机/服务器模式，即浏览器、应用服务器、数据库服务器模式，并由此构成了企业 MIS 的基础结构。基于 Intranet 的 MIS 体系结构如图 5.29 所示。

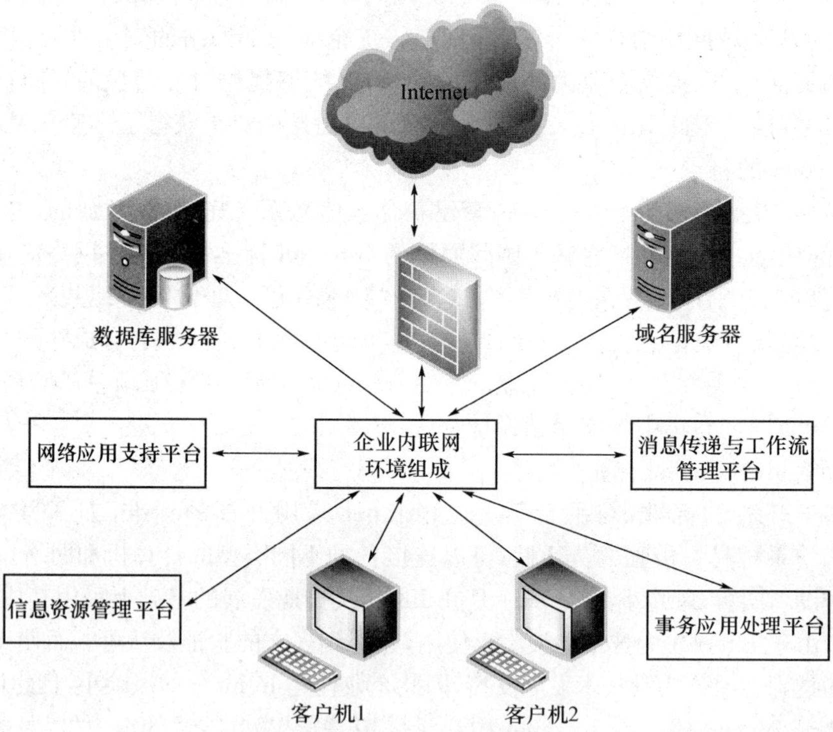

图 5.29　企业内部网的体系结构

(1) 网络应用支持平台采用统一的、标准的 TCP/IP 网络协议，结合网际互联、路由器、网管、防火墙及虚拟专网(VPN)等现代网络核心技术建立起安全、稳固的开放式应用平台，支持上层应用软件的运行，是整个企业信息系统综合环境的基础，也是重要的通信基础设施。它不局限于硬件平台或网络平台，可实现多平台、多协议、多操作系统之间通信。它对应用系统透明，可以保证不同系统之间良好的连接。

(2) 信息资源管理平台

信息资源管理平台是将来自企业内外部的各种业务信息、办公信息、档案信息等“信息部件”，通过企业资源规划分门别类按不同主题组装为“信息产品”的“装配工厂”。它融合应用了 Internet、Web、HTML、图文声像并茂的多媒体开放文档体系结构、数据仓库、交互式对象和中西文全文检索等各项技术，把多个不同操作系统平台上的 Web 服务器、消息传递服务器及工作流服务器组成一个巨大而开放的虚拟资料库(Virtual Library)，在整个企业网中实现文档统一管理，摆脱了传统文档体系孤立、封闭、不易传递信息、不易管理和扩展的局限性，使信息有一个生成、发布、搜索、利用、再创造的循环机制。它不仅能使用户方便地查询到任何所需信息，而且为企业内外部大规模信息的组织、发布提供了有力的手段。

(3) 消息传递和工作流平台

这是独具特色的消息传递和工作流系统。消息传递和工作流平台具有先进的消息传递(Messaging)和分布式目标管理(DOM)、追踪工作流程的用户化事物处理系统(CTM)以及安全可靠的数字签名、身份验证和加密功能，用以发布信息并及时掌握信息具体流向和反馈，提高工作效率。这里提供的是一个功能强大且易于管理的企业集成电子邮件、个人及群组工作表、电子表格及共享信息的应用系统。在此平台上，用户既可以获取信息，也可以发布信息，信息流是全双向并且是多媒体形式的。企业的办公活动不再受时间、空间和地域的限制，可以极大地提高企业工作效率和管理质量。

5.5.2　信息系统开发的互联网模式

近年来，随着计算机技术与网络技术迅猛发展，信息系统开发的互联网模式正经历着巨大的革新。纵观整个发展过程，信息系统经历了 4 种模式：主机模式、文件服务器模式、客户机/服务器模式(Client/Server，C/S)，浏览器/服务器模式(Browser/Server，B/S)。目前使用最多的是 C/S 和 B/S 模式。

1. 主机模式

主机模式是基于多用户的主机，是由一种主机—终端式结构构成的集中式系统平台，适用于大中型管理信息系统。建立主机模式，首先要确定计算机主机，由于通常是选用大型机或超级小型机，因而允许在主机上的系统支持软件也就基本确定了，进而在这种环境下开发出来的应用软件也就与主机牢牢地捆在一起。

它的数据库管理系统、数据处理任务和数据库应用程序全部集中在主机中，数据仅为多用户终端共享，PC 机只是通过仿真终端方式与主机进行数据通信，主机出问题时会导致整个系统的瘫痪。

该模式的特点为，它是一种由硬件平台出发来确定应用系统的封闭式平台环境，投资风险大，应用资源不能得到保护，整个管理信息系统的生命力受到主机厂商及专有系统的严格限制。

2. 文件服务器模式

文件服务器模式基于微机局域网，是由一种文件服务器—网络工作站构成的分散式网络系统平台，适用于中小型管理信息系统。

它由工作站与文件服务器通过局域网连接构成，应用软件和数据库管理软件分散存放在各个工作站上并由它们分别运行，工作站可以有微机、RISC（精简指令系统）工作站承担。文件服务器存放系统共享的数据，提供对工作站进行数据共享访问的管理与文件收发功能，并不提供CPU的协同处理能力，可以由微机、RISC工作站、专用服务器、小型机或大型机来承担。

该模式的缺点是由文件服务器提供的共享数据访问是在工作站与文件服务器之间互传整个数据文件，不能达到数据记录级的互操作，因而网络负担很重。当网络用户增加而超出网络并发响应能力时，会产生数据传输瓶颈，整个网络性能会严重下降。

3. C/S模式

C/S(Client/Server)模式是20世纪80年代逐渐发展起来的一种模式。在这种结构中，网络中的计算机分为两个有机联系的部分：客户机和服务器。

Client和Server常常分别处在相距很远的两台计算机上，客户机由功能一般的计算机来担任，它可以使用服务器中的资源。Client程序的任务是将用户的要求提交给Server程序，再将Server程序返回的结果以特定的形式显示给用户；Server程序的任务是接收客户程序提出的服务请求，进行相应的处理，再将结果返回给客户程序，其模式结构如图5.30。

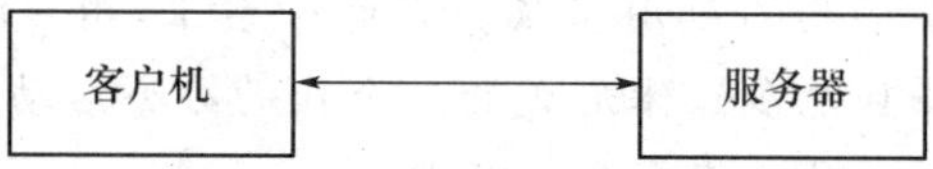

图5.30 C/S模式结构

(1) C/S模式的优点

C/S结构的优点是能充分发挥客户端PC的处理能力，很多工作可以在客户端处理后再提交给服务器。对应的优点就是客户端响应速度快。具体表现在以下两点：

① 应用服务器运行数据负荷较轻。最简单的C/S体系结构的数据库应用由两部分组成，即客户应用程序和数据库服务器程序。二者可分别称为前台程序与后台程序。运行数据库服务器程序的机器，也称为应用服务器。一旦服务器程序被启动，就随时等待响应客户程序发来的请求；客户应用程序运行在用户自己的电脑上，对应于数据库服务器，可称为客户电脑，当需要对数据库中的数据进行任何操作时，客户程序就自动寻找服务器程序，并向其发出请求，服务器程序根据预定的规则作出应答，送回结果，应用服务器运行数据负荷较轻。

② 数据的储存管理功能较为透明。在数据库应用中，数据的储存管理功能是由服务器程序和客户应用程序分别独立进行的，并且通常把那些不同的（不管是已知还是未知的）前台应用所不能违反的规则，在服务器程序中集中实现，例如访问者的权限，编号可以重复，必须有客户才能建立定单这样的规则。所有这些，对于工作在前台程序上的最终用户，是“透明”的，他们无须过问（通常也无法干涉）背后的过程，就可以完成自己的一切工作。在客户服务器架构的应用中，前台程序不是非常“瘦小”，麻烦的事情都交给了服务器和网络。在C/S体系下，数据库不能真正成为公共、专业化的仓库，它受到独立的专门管理。

(2) C/S模式的缺点

随着互联网的飞速发展，移动办公和分布式办公越来越普及，这需要我们的系统具有扩展性。这种方式远程访问需要专门的技术，同时要对系统进行专门的设计来处理分布式的数据。

客户端需要安装专用的客户端软件。首先涉及安装的工作量，其次任何一台电脑出问题，如病毒、硬件损坏，都需要进行安装或维护。特别是有很多分部或专卖店的情况，不是工作量的问题，而是路程的问题。还有，系统软件升级时，每一台客户机需要重新安装，其维护和升级成本非常高。

对客户端的操作系统一般也会有限制。可能适用于Win98，但不能用于Win2000或WindowsXP，或者不适用于微软新的操作系统等等，更不用说Linux、Unix等。

C/S架构的劣势还有高昂的维护成本且投资大。首先，采用C/S架构，要选择适当的数据库平台来实现数据库数据的真正"统一"，使分布于两地的数据同步完全交由数据库系统去管理，但逻辑上两地的操作者要直接访问同一个数据库才能有效实现，有这样一些问题，如果需要建立"实时"的数据同步，就必须在两地间建立实时的通讯连接，保持两地的数据库服务器在线运行，网络管理工作人员既要对服务器维护管理，又要对客户端维护和管理，这需要高昂的投资和复杂的技术支持，维护成本很高，维护任务量大。

其次，传统的C/S结构的软件需要针对不同的操作系统开发不同版本的软件，由于产品的更新换代十分快，代价高和低效率已经不适应工作需要。在JAVA这样的跨平台语言出现之后，B/S架构更是猛烈冲击C/S，并对其形成威胁和挑战。

4. B/S模式

B/S模式(Browser/Server，浏览器/服务器模式)，是Web兴起后的一种网络结构模式。Web浏览器是客户端最主要的应用软件。这种模式统一了客户端，将系统功能实现的核心部分集中到服务器上，简化了系统的开发、维护和使用。客户机上只要安装一个浏览器(Browser)，如Internet Explorer、360安全浏览器、Google Chrome、百度浏览器等，服务器安装Oracle、Sybase、Informix或SQL Server等数据库。浏览器通过Web Server同数据库进行数据交互，如图5.31所示。

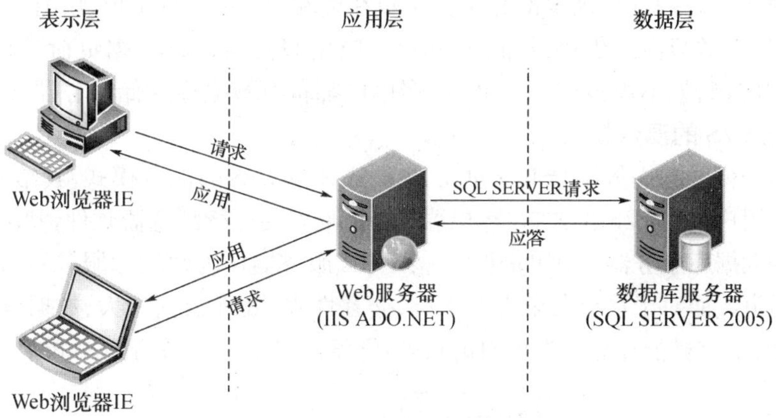

图5.31　B/S系统架构图

(1) B/S最大的优点

就是可以在任何地方进行操作而不用安装任何专门的软件，只要有一台能上网的电脑就能使用，客户端零安装、零维护。系统的扩展非常容易。

B/S模式的使用越来越多，它的程序也能在客户端电脑上进行部分处理，从而大大地减轻了服务器的负担，并增加了交互性，能进行局部实时刷新。

(2) B/S 模式的特点

① 维护和升级方式简单。当前，软件系统的改进和升级越来越频繁，B/S 架构的产品明显体现着更为方便的特性。对一个稍微大一点单位来说，系统管理人员如果需要在几百甚至上千部电脑之间来回奔跑，效率和工作量是可想而知的，但 B/S 架构的软件只需要管理服务器就行了，所有的客户端只是浏览器，根本不需要做任何的维护。无论用户的规模有多大，有多少分支机构都不会增加任何维护升级的工作量，所有的操作只需要针对服务器进行；如果是异地，只需要把服务器连接专网即可，实现远程维护、升级和共享。所以客户机越来越“瘦”，而服务器越来越“胖”是将来信息化发展的主流方向。今后，软件升级和维护会越来越容易，而使用起来会越来越简单，这对用户人力、物力、时间、费用的节省是显而易见的、惊人的。因此，维护和升级革命的方式是“瘦”客户机，“胖”服务器。

② 成本降低，选择更多。大家都知道 Windows 在桌面电脑上几乎一统天下，浏览器成为了标准配置，但在服务器操作系统上 Windows 并不是处于绝对的统治地位。当前的趋势是凡使用 B/S 架构的应用管理软件，只需安装在 Linux 服务器上即可，而且安全性高。所以服务器操作系统的选择是很多的，不管选用那种操作系统都可以让大部分人使用 Windows 作为桌面操作系统电脑不受影响，这就使得最流行免费的 Linux 操作系统快速发展起来，Linux 除了操作系统是免费的以外，连数据库也是免费的，这种选择非常盛行。

比如说很多人每天上“新浪”网，只要安装了浏览器就可以了，并不需要了解“新浪”的服务器用的是什么操作系统，而事实上大部分网站确实没有使用 Windows 操作系统，但用户的电脑本身安装的大部分是 Windows 操作系统。

③ 应用服务器运行数据负荷较重。由于 B/S 架构管理软件只安装在服务器端(Server)上，网络管理人员只需要管理服务器就行了，用户界面主要事务逻辑在服务器(Server)端完全通过 WWW 浏览器实现，极少部分事务逻辑在前端(Browser)实现，所有的客户端只有浏览器，网络管理人员只需要做硬件维护。但是，应用服务器运行数据负荷较重，一旦发生服务器崩溃等问题，后果不堪设想。因此，许多单位都备有数据库存储服务器，以防万一。

5. B/S 与 C/S 的混合模式

将上述两种模式的优势结合起来就形成了 B/S 与 C/S 的混合模式，其结构如图 5.32 所示。面向大量用户采用 B/S 模式，在客户端计算机上安装运行浏览器软件，基础数据集中存放在较高性能的数据库服务器上，中间建立一个 Web 服务器作为数据库服务器与客户机浏览器交互的连接通道。而对于系统安全性要求高、交互性强、处理数据量大、数据查询灵活的场合则使用 C/S 模式，这样能充分发挥各自的长处，开发出安全可靠、灵活高效的软件系统。

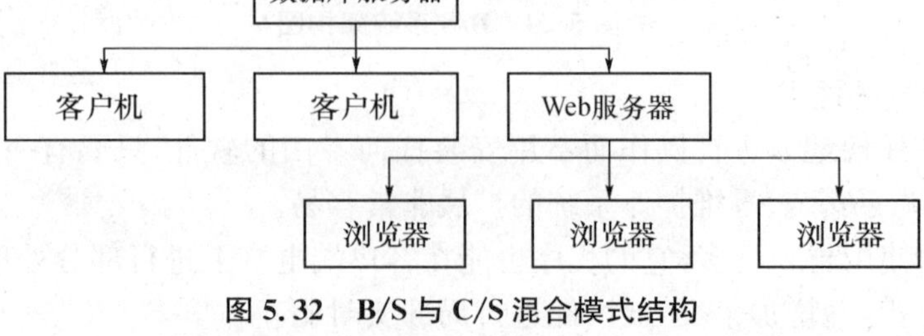

图 5.32　B/S 与 C/S 混合模式结构

5.6　新技术及发展趋势

5.6.1　便携与移动技术

便携技术和移动技术是一对孪生兄弟。这里所说的便携技术是指如何将所需的技术设备方便地随身携带；而移动技术则更为重要，意味着用户能否使用随身携带的技术设备进行工作。例如，PDA 的重量不到一磅，非常容易装进口袋或挎包内，具有很好的便携性能。但是，其可移动性能可能会限制 PDA 的使用。例如可以使用 PDA 安排日程，做一些记录，甚至发送电子邮件，但却不能使用 PDA 生成带有复杂统计图形的电子表格。而如果手表能够成为功能强大的计算机系统，移动技术就将发展到极致。

当然，实现最佳的便携和移动性能，需要完善的无线通信支持。无线通信技术是一个广阔的不断发生变革的领域。随着便携和移动技术的进一步发展，人们期望在未来看到电子现金，可穿戴的计算机，多状态 CPU 和全息存储设备等先进技术。

5.6.2　电子现金

数字经济的实现必须有数字化货币的支持。与人们曾经使用过的黄金和白银相比，在商品和服务交易中使用硬币和纸币支付更为方便，因此硬币和纸币成为全世界经济活动普遍使用的支付工具。而如今，电子现金（也称数字现金）是现金的一种电子化形式。

使用电子现金必须先从电子银行购买（见图 5.33）。购买电子现金可以通过邮寄实际现金，使用借款或者信用卡，或者在电子银行开设账户时要求从余额中划取等不同方式。无论使用哪种方式，电子银行都会以电子方式发送电子现金文件。用户在网上查找自己所需要的商品或服务，并且将和购买金额相应数量的电子货币文件发送给商家。商家使用这些电子货币文件从电子银行将其兑换成现金。

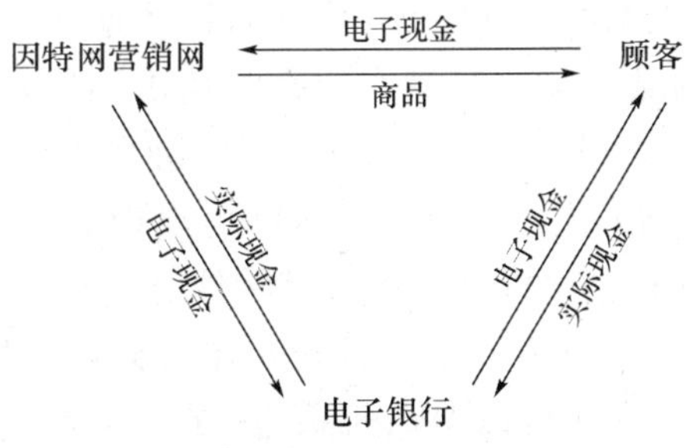

图 5.33　如何在因特网上使用电子现金

电子现金的概念虽然简单，但实施起来却有很多困难。原因很多，其中包括：

(1) 如果用户的系统瘫痪了，并且电子现金文件被清除，这就和丢了钱包一样，电子银行不会把这些文件再放回来。

(2) 电子现金使洗钱更容易。由于电子现金不带有任何个人信息，因此，黑钱能够非常容易地换成电子现金。

(3) 电子现金跨越范围广大的因特网进行传送，容易被窃取。数字信息（含有电子现金的)容易被窃取并且难于跟踪,这可能是电子现金普及应用的最大直接障碍。

尽管存在着种种困难和挑战,电子现金注定要在标准技术中占有一席之地。真正的问题是要花多长时间。

5.6.3 无线领域

我们已经了解了许多无线通信技术,例如蓝牙和无线保真技术等,可以凭借移动电话、打印机、网络集线器,以及计算机等技术设备实现移动无线通信。

下面主要讨论移动电话和射频识别(RFID)。

1. 下一代移动电话技术

对于大多数人来说,移动电话已经成为生活中的必需品。在未来几十年里,移动电话将在存储器(硬盘形式)容量、处理器性能、音乐质量和视频支持等方面进行技术创新。当这些性能和速度提高后,就可以把键盘、显示器、鼠标和打印机无线连接到移动电话上。这时,移动电话实质上成了笔记本计算机。

由于电力足、存储容量大等原因,许多人将选择使用移动电话来听音乐,通过移动电话进行视频,这正在成为现实。许多主要的电视网络提供商正在创作手机剧集,电视上裁剪的大概一分钟长的短剧,可以在手机的小屏幕上观看。一些流行和先进的移动电话支持 HD(高清晰)技术,使 HDTV 节目更形象逼真。

但是移动电话也存在不足,抗病毒移动电话软件的开发还处在初期阶段,还不足以防范黑客非法侵入以及病毒感染。当移动电话变得越来越重要,并且能支持更多复杂的计算机功能的时候,用户面临的挑战仍然是防护。

2. 射频识别技术

射频识别(Radio Frequency IDentification,RFID)是一种无线通信技术,可以通过无线电讯号识别特定目标并读写相关数据,而无需识别系统与特定目标之间建立机械或者光学接触。

无线电的信号是通过调成无线电频率的电磁场,把数据从附着在物品上的标签上传送出去,以自动辨识与追踪该物品。某些标签在识别时从识别器发出的电磁场中就可以得到能量,并不需要电池;也有标签本身拥有电源,并可以主动发出无线电波(调成无线电频率的电磁场)。标签包含了电子存储的信息,数米之内都可以识别。与条形码不同的是,射频标签不需要处在识别器视线之内,也可以嵌入被追踪物体之内。

许多行业都运用了射频识别技术。将标签附着在一辆正在生产中的汽车,厂方便可以追踪此车在生产线上的进度。仓库可以追踪药品的所在。射频标签也可以附于牲畜与宠物上,方便对牲畜与宠物的积极识别(积极识别意思是防止数只牲畜使用同一个身份)。射频识别的身份识别卡可以使员工得以进入建筑锁住的部分,汽车上的射频应答器也可以用来征收收费路段与停车场的费用。

某些射频标签附在衣物、个人财物上,甚至于植入人体之内。由于这项技术可能会在未经本人许可的情况下读取个人信息,这项技术也会有侵犯个人隐私之忧。

射频识别技术使用标签或商标上的条码存储信息,当标签或商标被正确频率的无线电波射到时,信息就被发送或写入。你可能已经熟悉一些 RFID 工具。例如,收费公路上的司机通行车道，当司机在路上行驶时，如果车上装有RFID设备，这些设备将会从账户中自动收费。一些公司为顾客提供具备RFID功能的钥匙圈（称为"快速通行"）。这种"快速通行"钥匙圈存有顾客账户信息。顾客买东西时，只需在读卡机前轻微晃过钥匙圈（与刷信用卡相似）。读卡机就可以和钥匙圈中的RFID芯片进行通信，读取顾客的账户信息并且从账户中收取费用。最常见的RFID工具是无源RFID芯片。无源RFID芯片本身没有电源，并且一直处于无效状态，直到在发射无线电波的读卡机前穿过RFID芯片附近的天线接收读卡机发出无线电波。该芯片以能量形式保存这些电波直到它聚集足够多的能量可以工作为止。然后，芯片将信息发送给读卡机，这个读卡机与存有账户信息和类似信息的某种计算机系统相连。该芯片在发送信息后重新回到无效状态。

(1) RFID的组成部分

最基本的RFID系统由三部分组成：

① 标签(Tag)：由耦合元件及芯片组成，每个标签具有唯一的电子编码，附着在物体上标识目标对象；

② 阅读器(Reader)：读取（有时还可以写入）标签信息的设备，可设计为手持式或固定式；

③ 天线(Antenna)：在标签和读取器间传递射频信号。

电子标签中一般保存有约定格式的电子数据，在实际应用中，电子标签附着在待识别物体的表面。阅读器可无接触地读取并识别电子标签中所保存的电子数据，从而达到自动识别物体的目的。通常阅读器与电脑相连，所读取的标签信息被传送到电脑上进行下一步处理。

(2) RFID的应用

RFID技术的应用很多，其中包括：

① 防偷盗的车：车钥匙里面有一个RFID芯片。将车钥匙插入汽车点火装置时，RFID将与发动机系统中的读卡机进行通信，让车启动。因此，配制车钥匙对盗车者没有任何用处。当然，如果丢了车钥匙，就不得不重新制作一把车钥匙。

② 图书跟踪：RFID芯片取代了条形码。它存储ISBN信息，图书将更容易地被借出和归还。

③ 供应链：目前，几乎每一个供应链过程中的主要参与者都开始委托对方使用RFID芯片给商品贴标签，进行包装、装箱托运等。

④ 护照：可在封面上含有RFID芯片。这种芯片将存有个人护照信息和一个用于生物测定的特征——指纹。

(3) RFID的未来

如今，几乎每一件商品都利用通用产品代码(UPC)进行识别。但是，相似的商品具有相同的UPC代码。例如，两听可乐饮料就具有完全相同的UPC。这使它们难以区分。使用RFID技术，每件商品都具有唯一的电子产品代码(EPC)。EPC包括UPC的设计，但是给每听不同的可口可乐饮料分配了唯一的号码，这个号码和截止日期、供应链活动以及人们所想象到的任何事物连在一起。

例如，如果食品杂货店的每一件商品都可以与结账系统进行无线通信，将不再需要计价付费过程，顾客在购物时，将商品装入袋里并放入手推车中，当从前门走出的时候，RFID系统将与顾客口袋中的信用卡及手推车中的每一件商品进行无线通信，同时准确地从信用卡账户中收取费用。

设想一下洗衣服。假定洗衣机装满了“白色产品”，比如袜子和毛巾。但却无意中扔进去一件红色衬衣。非常幸运的是，每一件衣服都附有包含洗涤说明信息的RFID芯片。洗衣机将和每一件衣服进行无线通信并确定其中一件不属于这个范围，这时，洗衣机将不会工作并且通知用户：你将衣服混合在一起了。

未来RFID能做的事情超乎你的想象。

5.6.4 云计算

云计算(Cloud Computing)的一个典型定义：一种基于Web的服务，目的是让用户只为自己所需要的功能付钱，同时消除传统软件在硬件、软件和专业技能等方面的投资。云计算让用户脱离技术与部署上的复杂性而获得应用。作为一种新兴的共享基础架构方法，云计算将巨大的系统池连接在一起以提供各种IT服务。

1. 基本概念和特点

从狭义上理解，云计算是指IT基础设施的交付和使用模式，指通过网络以按需、易扩展的方式获得所需的资源(硬件、平台、软件)。提供资源的网络被称为“云”。“云”中的资源在使用者看来是可以无限扩展的，并且可以随时获取，按需使用，随时扩展，按使用付费。这种特性经常被称为像使用水、电一样使用IT基础设施。

从广义上讲，云计算是指服务的交付和使用模式，指通过网络以按需、易扩展的方式获得所需的服务。这种服务可以是IT和软件、互联网相关的，也可以是任意其他的服务。

资源池“云”中是一些可以自我维护和管理的虚拟计算资源，通常是一些大型服务器集群，包括计算服务器、存储服务器、宽带资源等。云计算将所有的计算资源集中起来，并由软件实现自动管理，无须人为参与。这使得应用提供者无须为烦琐的细节而烦恼，能够更加专注于自己的业务，有利于创新和降低成本。

云计算是并行计算(Parallel Computing)、分布式计算(Distributed Computing)和网格计算(Grid Computing)的发展，或者说是这些计算机科学概念的商业实现。云计算是虚拟化(Virtualization)、效用计算(Utility Computing)、IaaS(基础设施即服务)、PaaS(平台即服务)、SaaS(软件即服务)等概念混合演进并跃升的结果。

云计算具有以下特点：

(1) 超大规模。“云”具有相当的规模，谷歌云计算已经拥有100多万台服务器，亚马逊(Amazon)、IBM、微软、雅虎等的“云”均拥有几十万台服务器。企业私有云一般拥有数百上千台服务器。“云”能赋予用户前所未有的计算能力。

(2) 虚拟化。云计算支持用户在任意位置、使用各种终端获取应用服务，所请求的资源来自“云”，而不是固定的有形的实体。应用在“云”中某处运行，但实际上用户无须了解也不用担心应用运行的具体位置。只需要一台笔记本或者一部手机，就可以通过网络服务来实现我们需要的一切，甚至包括超级计算这样的任务。

(3) 高可靠性。“云”使用了数据多副本容错、计算结点同构可互换等措施来保障服务的高可靠性，使用云计算比使用本地计算机可靠。

(4) 通用性。云计算不针对特定的应用，在“云”的支撑下可以构造出千变万化的应用，同一个“云”可以同时支撑不同的应用运行。

(5) 高可扩展性。“云”的规模可以动态伸缩，满足应用和用户规模增长的需要。

(6) 按需服务。“云”是一个庞大的资源池，按需购买；云可以像自来水、电、煤气那样计费。

(7) 极其廉价。由于“云”的特殊容错措施、可以采用极其廉价的结点来构成云，“云”的自动化集中式管理使大量企业无须负担日益高昂的数据中心管理成本，“云”的通用性使资源的利用率较之传统系统大幅提升，因此用户可以充分享受“云”的低成本优势。

2. 云计算时代

区别于 PC 时代，在云计算时代，“云”会替我们做存储和计算的工作。“云”就是计算机群，每一个群包括了几十万、甚至上百万台计算机。“云”的好处还在于，其中的计算机可以随时更新，保证“云”长生不老。谷歌就有好几个这样的“云”，其他 IT 巨头，如微软、雅虎、亚马逊也有或正在建设这样的“云”。届时，我们只需要一台能上网的计算机，不需关心存储或计算发生在哪朵“云”上，但一旦有需要，我们可以在任何地点用任何设备，如计算机、手机等，快速地计算和找到这些资料。我们再也不用担心资料丢失。

3. 云计算的形式

(1) SaaS(软件即服务)。这种类型的云计算通过浏览器把程序传给成千上万的用户。在用户看来，这样会省去在服务器和软件授权上的开支；从供应商角度来看，这样只需要维持一个程序就够了，能够减少成本。SaaS 在人力资源管理程序和 ERP 中比较常用。

消费者使用应用程序，但并不掌控操作系统、硬件或运作的网络基础架构。是一种服务观念的基础，软件服务供应商，以租赁的概念提供客户服务，而非购买，比较常见的模式是提供一组账号密码。

(2) 效用计算(Utility Computing)。这种想法很早就有了，但是直到最近才在亚马逊、Sun、IBM 和其他提供存储服务和虚拟服务器的公司中得到应用。这种云计算是为 IT 行业创造虚拟的数据中心使得其能够把内存、I/O 设备、存储和计算能力集中起来成为一个虚拟的资源池来为整个网络提供服务。

(3) 基础架构即服务(IaaS)。消费者使用“基础计算资源”，如处理能力、存储空间、网络组件或中间件。消费者能掌控操作系统、存储空间、已部署的应用程序及网络组件(如防火墙、负载平衡器等)，但并不掌控云基础架构。

(4) 平台即服务(PaaS)，另一种 SaaS。这种形式的云计算把开发环境作为一种服务来提供。用户可以使用中间商的设备来开发自己的程序并通过互联网和其服务器传到用户手中。消费者使用主机操作应用程序。消费者掌控运作应用程序的环境(也拥有主机部分掌控权)，但并不掌控操作系统、硬件或运作的网络基础架构。平台通常是应用程序基础架构。

案例讨论

【案例 5.3】

Speed Pass 的创意早在 1996 年就被提出来了,但到现在才开始被应用。Speed Pass 公司生产一种叫做钥匙标签的短塑料圆筒,内装有射频识别收发器(RFID)。钥匙标签非常轻,而且很小,可以放在钥匙环上,能够在短距离内与接收装置进行无线传送。

钥匙标签是由美孚石油公司(现被埃克森美孚公司合并)开发研制的,本意是为汽车加油时取代信用卡的功能。钥匙标签的使用者无须像使用信用卡那样等待核准,他只需将钥匙标签在加油泵前晃动一下,其账单信息就会传送并被记录下来。钥匙标签并非在所有地区都能用,但如果你所在地区可用的话,即可免费获得一个 Speed Pass 的收发器。

在美国新泽西州,你还能得到一个 Speed Pass 汽车标签(Car Tag)。汽车标签是安装在汽车后车窗里面的一种装置。与钥匙标签一样,汽车标签也是利用 Speed Pass 技术。目前它可以用于美孚和埃克森的加油泵,但只限于新泽西州。汽车标签的优点就在于不需要人晃动标签。当人开的车离加油泵足够近时,汽车标签就会将其账单信息传送给加油泵,不过人还是需要下车来加油。

Speed Pass 技术用于收银机上。使用这种技术,顾客不仅不再需要等候信用卡核准,而且省去了在收条上签字。麦当劳正在芝加哥市区 400 处分店时试用了 Speed Pass 技术。如果被证明可行,那么很快消费者就可以用钥匙标签或者汽车标签来购买麦当劳汉堡、炸薯条和可乐了。不仅如此,如果麦当劳采用的话,其他的零售商一定也会采用这种技术的。

目前美国大约有 500 万 Speed Pass 的用户,而且用户的数量每天都在增加。消费者使用 Speed Pass 是因为喜爱它的便捷。这会促使更多的零售商使用这种技术来吸引顾客。

Speed Pass 通过在每项交易内抽取一定的手续费来获利,类似于信用卡公司的做法。在某种意义上说,Speed Pass 起到了一种忠诚程序的作用,因为它可以促使消费者继续到提供 Speed Pass 服务的商店去购物。但是它与传统的忠诚程序不同,因为它不提供任何的免费票或者其他什么奖励。Speed Pass 给顾客的奖励仅仅是它的便捷,或许这就足够让 Speed Pass 获得市场成功了。

【案例 5.4】

佛罗里达州鞋业零售商 Peltz Shoes 在公司旗下四家商店的每只鞋盒上粘贴无源 EPC Gen2 RFID 标签,并采用一台 RFID 推车管理库存。据公司称,这套信息系统大约帮助 Peltz Shoes 节省了 1 500 个人工小时,但这还只是部分收益,据 Peltz Shoes 拥有者 Gary Peltz 称,在过去 12 个月,这家公司总共执行了 5 次完整的库存盘点,每家商店大约有 30 000 双鞋子,而 RFID 系统采用之前,公司平均每年只能盘点库存一次。精确的库存管理确保了顾客(不论在实体商店或是网上)可以购买到他们想要的鞋子。

Peltz 称要在卖场上一排排堆满各种款式的男女鞋盒中找到所需的一款十分费时。此外,Peltz Shoes 过去一直希望对每只鞋盒贴上一张标签,上面打印鞋子的品牌、款式、颜色、尺寸价格和标注鞋子其他信息的条码,更好地识别鞋盒。

为解决这些问题,公司与标签厂家 Monarch 合作,开发了一款 RFID 阅读器推车,推车采用 Alien Technology RFID 阅读器,并在推车一只高度达 7 英尺的杆上安装多支天线,使阅读器可以读取最上层货架上的鞋盒。当椎车推经卖场一排货架时,阅读器读取每张标签的ID码,推车屏幕显示所有读取到ID号列表。阅读器通过Wi-Fi(Wireless Fidelity,无线相容性认征)连接将这些信息转送到Peltz开发的软件系统,软件系统接收、编译标签数据,再将信息发送到商店库存管理软件系统。

当新鞋运来时,员工已收到UPC码和商品介绍。接收员工接着利用一台Zebra Technology打印机(每家商店分配一台)生成一张RFID标签,正面打印相关信息和条码化UPC和SKU码。员工将标签粘贴在鞋盒,这条记录也存储在管理系统里,从而将数据与标签的ID码相对应。

当商店执行库存盘点时,员工采用推车读取店内所有标签了解每家商店的精确库存,Peltz Shoes也可以更准确地补充库存,确保公司网站所有列出的产品都有存货。对于在线顾客,这套系统可提供库存的实时清单。

虽然,目前很难量化投资回报,Peltz估计公司已经在应用的第一年收回回报。标签价格为每张11美分,公司每年需要花费$4 000—$5 000,但Peltz称商品销售额的提高很容易就可以抵消这部分支出,而且顾客满意度也得到了提高。

【思考讨论】

1. Speed Pass公司已经拥有了500万的用户,获得了相当不错的首创者优势。此外,他们正着手推行他们的持续革新战略以保持这个优势。你认为Speed Pass的领先优势能保持多久?

2. 你认为Speed Pass技术相比信用卡来说存在安全隐患吗?使用信用卡时,签名可以起到确认的作用。使用Speed Pass技术应该如何解决安全隐患问题?

3. 尽可能多地使用你认为合适的波特五力模型中的要素来评价Speed Pass技术。例如,如果你要考虑替代产品的威胁,什么样的替代产品或者服务将会对Speed Pass构成威胁?这种威胁严重吗?如果严重的话,怎样才能克服?

4. 案例1指出Speed Pass目前没有计划将推行忠诚程序添加到它的战略中,你同意他们的做法吗?如果同意,说明原因;如果不同意,你能想出一种方法来帮助应用Speed Pass的商家推行忠诚程序吗?

5. 中国采用了哪些类似的Speed Pass技术?是如何使用的?效果与服务如何?

6. 你能设想一种RFID的应用吗?

7. Peltz Shoes采用了什么信息技术?它与原有的库存管理系统是什么关系?

8. 新技术为Peltz Shoes带来了哪些收益?在Peltz Shoes使用RFID技术的过程中,可能会出现哪些问题?

实战训练

(1) 了解所在院校的图书管理系统、教务系统等信息系统,是否使用了网上办公系统等,这些系统使用了哪一种数据库管理系统。

(2) 了解一家典型企业的信息化情况,是否使用ERP系统或进销存管理系统、财务管理系统等,并了解这些系统的采用了哪种互联网模式。

(3) 通过百度搜索引擎,下载美萍进销存信息系统,浏览其操作界面,判断它使用的是哪一种网络模式。

(4) 通过网络搜索目前有哪些公司提供了云计算类型的信息系统，并挑选一个系统进行试用，谈谈你对云计算技术的认识。

本章小结

本章主要介绍了信息系统中所使用的信息技术，具体包括操作系统的使用及各种操作系统在使用上的区别；数据库的基本概念、应用方式、备份与还原，两种类型的数据库软件SQL Server 2005、Access 2010 的操作和使用方法；信息系统开发的几种互联网模式；目前信息系统中应用的新技术；并简单介绍了数据仓库和数据挖掘的基本概念。

本章习题

1. 使用 SQL Server 2005 或 Access 2010 设计一个学生数据库，在学生数据库中包含学生表、课程表和成绩表，三张表的结构如下：

表 5.3　学生表

属性	类型	约束
学号	文本，长度 10	主键
姓名	文本，长度 15	
性别	文本，2	取值“男”或“女”
年龄	整型	
出生日期	日期类型	

表 5.4　课程表

属性	类型	约束
课号	文本，长度 8	主键
课名	文本，长度 20	
学分	整型	

表 5.5　成绩表

属性	类型	约束
学号	文本，长度 10	主键
课号	文本，长度 8	外键
成绩	小数类型	外键

2. 简述信息系统的互联网模式的优缺点。

3. 举例说明电子现金在实际生活中的应用。

4. 设想一下未来射频识别技术的应用。

第 6 章

企业资源计划

本章学习目标

1. 理解 ERP 的基本概念、含义、发展以及核心思想；
2. 掌握供应链管理系统的相关知识；
3. 了解客户关系管理系统的基本概念和信息化模块；
4. 了解办公自动化的基本知识；
5. 掌握基于云计算的今目标 OA 系统使用方法，理解系统中每一模块的作用。

理论指导

6.1 ERP 的概念

企业资源计划或称企业资源规划，简称 ERP(Enterprise Resource Planning)，是由美国著名管理咨询公司 Gartner Group Inc 于 1990 年提出来的。Gartner Group 公司给出的 ERP 定义的主要内容是：ERP 是用于描述下一代制造业和制造资源计划(MRPⅡ)软件。这种软件的概念，迅速为全世界商业企业所接受，现已经发展成为现代企业管理理论之一。企业资源计划系统，是指建立在资讯技术基础上，以系统化的管理思想，为企业决策层及员工提供决策运行手段的管理平台。企业资源计划也是实施企业流程再造的重要工具之一，是一个属于大型制造业使用的公司资源管理系统。世界 500 强企业中有 80%的企业都在用 ERP 软件作为其决策的工具和管理日常工作流程，其功效可见一斑。下面我们通过一个例子，来理解 ERP 的概念。

家庭请客吃饭

一天中午，丈夫在外给家里打电话。

丈夫:“亲爱的老婆,晚上我想带几个同事回家吃饭可以吗?”(订货意向)

妻子:“当然可以,来几个人? 几点来? 想吃什么菜?”

丈夫:“6个人,我们7点左右回来,准备些酒、烤鸭、番茄炒蛋、凉菜、蛋花汤……你看可以吗?”(商务沟通)

妻子:“没问题,我会准备好的。”(订单确认)“我得记下需要做的菜单。”(订单记录)

妻子:“具体要准备的菜,鸭、酒、番茄、鸡蛋、调料……”(BOM物料清单)

妻子:“做这么多菜,需要1只鸭,5瓶酒,4个番茄。”(BOM展开)

妻子:“炒蛋需要6个鸡蛋,蛋花汤需要4个鸡蛋。”(共用物料)

妻子:“我得打开冰箱看一看菜够不够。”(库存查询)

妻子:“怎么只剩下2个鸡蛋了? 我得去菜市场买点。”(缺料)

来到自由市场,妻子:“请问鸡蛋怎么卖?”(采购询价)

小贩:“1个1元,半打5元,1打9.5元。”

妻子:“我只需要8个,但这次买1打。”(经济批量采购)

妻子:“这有一个坏的,换一个。”(验收,退料,换料)

回到家中,妻子:“我得先做一下准备工作,先洗菜、切菜、炒菜……”(工艺路线)

妻子:“再把燃气灶、微波炉、电饭煲等清洗一下……”(工作中心,设备维护)

妻子:“发现拔鸭毛太费时间了……”(瓶颈工序,关键工艺路线)

妻子:“用微波炉自己做烤鸭可能就来不及……”(产能不足)

妻子:“还是到楼下的餐厅里买现成的吧。”(产品委外)

妻子:“都6:30了,烤鸭咋还没送来,得电话问一下。喂,我是李太,怎么订的烤鸭还没送来?”(采购委外单跟催)

餐厅主管:“不好意思,送货的人已经走了,可能是堵车吧,马上就会到的……”(确认采购在途)

门铃响了……

送外卖的:“李太,您要的烤鸭。请在单上签一个字。”(验收入库、转应付账款)

我们可以将上面的请客吃饭的情景,用图6.1表示。

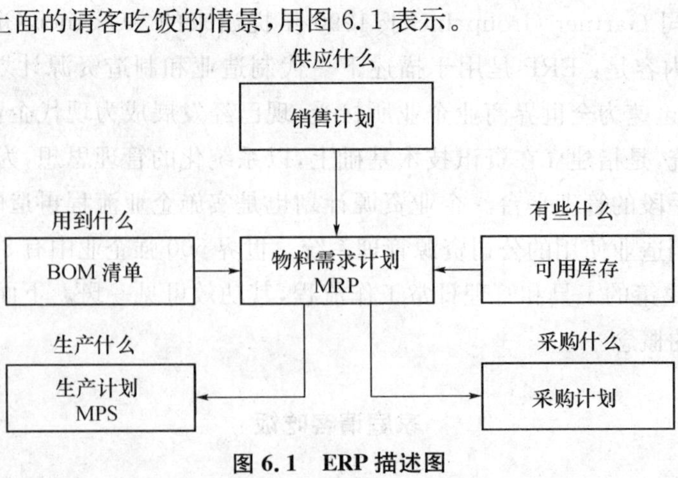

图6.1 ERP描述图

ERP 的核心就是解决企业三大计划即销售计划、采购计划、生产计划的平衡。

简单说，ERP 是 MRPⅡ的下一代企业信息系统。其主要内涵是："打破企业壁垒，把信息集成的范围扩大到企业的上下游，管理整个供应链，实现供应链的制造"。

ERP 是整合了企业管理理念、业务流程、基础数据、人力物力、计算机硬件和软件于一体的企业资源管理系统。ERP 是先进的企业管理模式，是提高企业经济效益的解决方案。其主要宗旨是对企业所拥有的人、财、物、信息、时间和空间等资源进行综合平衡和优化管理，协调企业各管理部门，围绕市场导向开展业务活动，提高企业的核心竞争力，从而取得最好的经济效益。所以，ERP 首先是一个软件，同时是一个管理工具。它是 IT 技术与管理思想的融合体，也就是先进的管理思想借助电脑，来达成企业的管理目标。

由上面的介绍可知 ERP 的含义包括如下几方面：

首先 ERP 是一种先进的管理思想，是一整套企业管理系统体系标准，其实质是在"制造资源计划"（MRPⅡ，Manufacturing Resources Planning）基础上进一步发展而成的面向供应链的管理思想。

其次 ERP 是一个软件产品，是综合应用了客户机/服务器体系、关系数据库结构、面向对象技术、图形用户界面、第四代语言、网络通讯等信息技术成果，以 ERP 管理思想为灵魂的软件产品。

同时 ERP 也是一套管理系统。它整合了企业管理理念、业务流程、基础数据、人力物力、计算机硬件和软件于一体的企业资源管理系统。

简单地说，ERP 就是信息技术在管理领域上的一种应用，把管理的东西用软件固化下来，就变成了一种现代化的管理手段。

6.2 ERP 的发展轨迹

自 18 世纪产业革命以来，手工业作坊向工厂生产的方向发展，出现了制造业。随之而来，所有企业几乎无一例外地追求着基本相似的营运目标，即实现企业资源（包括资金、设备、人力等）的合理有效的利用，以期企业利润最大化。这一基本目标的追求使制造业的管理者面临一系列的挑战：生产计划的合理性、成本的有效控制、设备的充分利用、作业的均衡安排、库存的合理管理、财务状况的及时分析等等。日趋激烈的市场竞争环境使上述挑战对企业具有生死存亡的意义。

于是，应付上述挑战的各种理论和实践也就应运而生。在这些理论和实践中，首先提出而且被人们研究最多的是库存管理的方法和理论。这期间的研究主要是寻求解决库存优化问题的数学模型，而没有认识到库存管理本质上是一个大量信息的处理问题。直至 20 世纪 50 年代中期，计算机的商业化应用开辟了企业管理信息处理的新纪元。这对企业管理所采用的方法产生了深远的影响。而在库存控制和生产计划管理方面，这种影响比其他任何方面都更为明显。

1957 年，美国 27 位生产与库存控制工作者创建了美国生产与库存控制协会（American Production and Inventory Control Association，简称 APICS），旨在研究、交流与宣传生产与库存控制的原理与技术。1960 年前后，由 APICS 的物料需求计划（Material Requirements

Planning,简称MRP)委员会主席Joseph Orlicky等人第一次运用MRP原理,开发了一套以库存控制为核心的微机软件系统。APICS的成立与第一套MRP软件的面世,标志着现代企业管理软件的发展开始起步。经过近四十年的发展,目前企业管理软件产业欣欣向荣,至20世纪90年代,在世界范围内涌现出几百家专门从事企业管理软件开发与经销的公司,形成了百花齐放的局面。纵观企业管理软件的发展过程,我们将会看到,企业管理软件的每一步发展均与社会经济发展阶段以及企业所处竞争环境的变化息息相关,主要可以划分为以下几个阶段。

6.2.1 订货点法

订货点法又称订购点法,始于20世纪30年代。订货点法指的是:对于某种物料或产品,由于生产或销售的原因而逐渐减少,当库存量降低到某一预先设定的点时,即开始发出订货单(采购单或加工单)来补充库存,直至库存量降低到安全库存时,发出的订单所订购的物料(产品)刚好到达仓库,补充前一时期的消耗,此一订货的数值点,即称为订货点。

订货点法也称为安全库存法。从订货单发出到所订货物收到这一段时间称为订货提前期。

订货点的基本公式是:

订货点=单位时区的需求量×订货提前期+安全库存量

如果某项物料的需求量为每周100件,提前期为6周,并保持2周的安全库存量,那么,该项物料的订货点可如下计算:

$$100\times6+200=800$$

当某项物料的现有库存和已发出的订货之和低于订货点时,则必须进行新的订货,以保持足够的库存来支持新的需求,如图6.2所示。

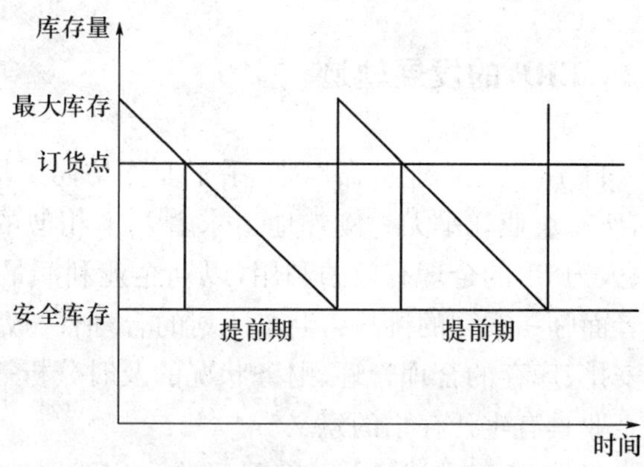

图6.2 库存和时间的关系

订货点法本身具有一定的局限性。例如,某种物料库存量虽然降低到了订货点,但是可能在近一段时间企业没有收到新的订单,所以近期内没有新需求产生,暂时可以不用考虑补货。故此订货点法也会造成一些较多的库存积压和资金占用。

6.2.2 物料需求计划MRP

订货点法的假设条件是:对各种物料的需求是相互独立的;物料需求是连续发生的;提前期是已知的和固定的;库存消耗之后,应被重新填满。由于这些假设条件在现实中很难成立,从而难以解决“何时订货”这一库存管理中的核心问题。

1965年美国IBM公司的约瑟夫·奥利基博士提出通过采用物料需求计划(Material Requirements Planning,MRP)系统,企业可以真正地实现在正确的时间、正确的地点得到正确数量的正确物料的管理目标，并且提出了主生产计划(Master Production Schedule，MPS)的概念。

约瑟夫·奥利基博士认为可将物料需求区分为独立需求和相关需求。独立需求是指需求量和需求时间，有企业外部的需求来决定，如客户订购的产品、科研试制需要的样品、售后服务维修需要的备品备件等；相关需求是指根据物料之间的结构组成关系，由独立需求的物料所产生的需求，例如半成品、零部件、原材料等的需求。独立需求来自企业外部，可通过预测和顾客订货来确定；相关需求发生在制造过程中，需要通过计算得到。

其工作过程如图 6.3 所示。

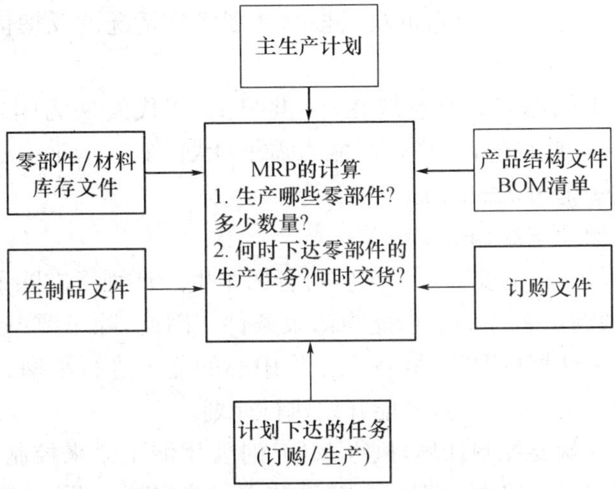

图 6.3　开环 MRP 的工作过程图

MRP 是计算机技术对物料计划和生产管理最初的形式。基于将要完成的产品、当前的库存状况、已经分配出去的物料和在途物料等信息，MRP 可以快捷、准确地生成物料采购作业计划和生产作业计划。这样，物料管理和计划管理中的错误就会大大减少，管理效率大大提高。这个阶段称为开环的 MRP 阶段，其结构原理如图 6.4 所示。

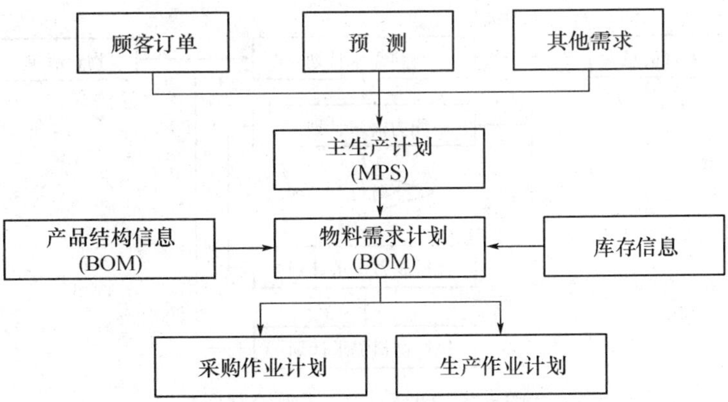

图 6.4　结构原理

开环 MRP 的局限性：

(1) 已有了主生产计划，并且主生产计划是可行的。

(2) 生产能力是可行的，即生产设备和人力能保证生产计划的实现。

(3) 物料采购计划是可行的,即供货能力和运输能力能保证完成物料的采购计划。

(4) MRP 的运行结果还需要人工介入进行判断,不具反馈调节功能。

6.2.3 闭环 MRP

20 世纪 60 年代的开环 MRP 能根据有关数据计算出相关物料需求的准确时间与数量,但它还不够完善,其主要缺陷是没有考虑到生产企业现有的生产能力和采购的有关条件的约束。因此,计算出来的物料需求的日期有可能因设备和工时的不足而没有能力生产,或者因原料的不足而无法生产。同时,它也缺乏根据计划实施情况的反馈信息对计划进行调整的功能。

正是为了解决以上问题,MRP 系统在 20 世纪 70 年代发展为闭环 MRP 系统。闭环 MRP 系统除了物料需求计划外,还将生产能力需求计划、车间作业计划和采购作业计划也全部纳入 MRP,形成一个封闭的系统。

1. 闭环 MRP 的原理与结构

MRP 系统的正常运行,需要有一个现实可行的主生产计划。它除了要反映市场需求和合同订单以外,还必须满足企业的生产能力约束条件。因此,除了要编制资源需求计划外,我们还要制定能力需求计划(CRP),同各个工作中心的能力进行平衡。只有在采取了措施做到能力与资源均满足负荷需求时,才能开始执行计划。

而要保证实现计划就要控制计划,执行 MRP 时要用派工单来控制加工的优先级,用采购单来控制采购的优先级。这样,基本 MRP 系统进一步发展,把能力需求计划和执行及控制计划的功能也包括进来,形成一个环形回路,称为闭环 MRP,如图 6.5 所示。

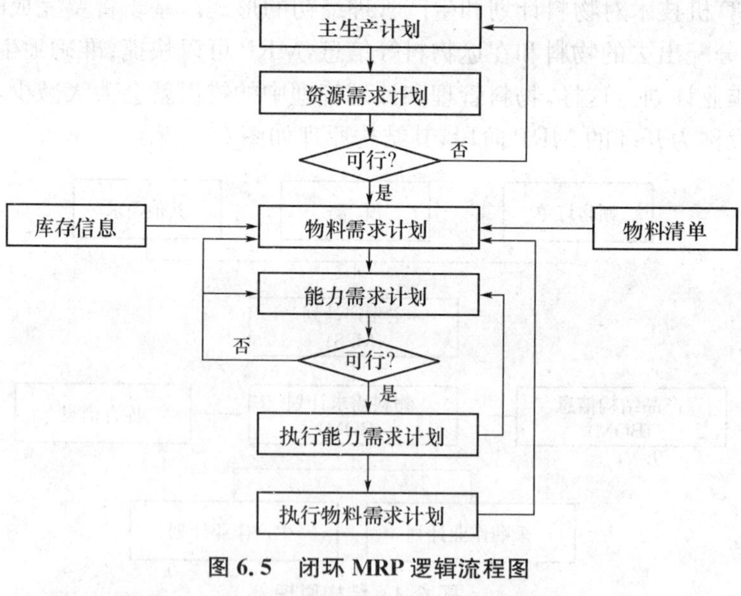

图 6.5 闭环 MRP 逻辑流程图

因此,闭环 MRP 则成为一个完整的生产计划与控制系统。

2. 能力需求计划(Capacity Requirement Planning,CRP)

(1) 资源需求计划与能力需求计划

在闭环 MRP 系统中,把关键工作中心的负荷平衡称为资源需求计划,或称为粗能力计划,它的计划对象为独立需求件,主要面向的是主生产计划;把全部工作中心的负荷平衡称为能力需求计划,或称为详细能力计划,而它的计划对象为相关需求件,主要面向的是车间。由于 MRP 和 MPS 之间存在内在的联系,所以资源需求计划与能力需求计划之间也是一脉相承的,而后者正是在前者的基础上进行计算的。

(2) 能力需求计划的依据

① 工作中心:它是各种生产或加工能力单元和成本计算单元的统称。对工作中心,统一用工时来量化其能力的大小。

② 工作日历:是用于编制计划的特殊形式的日历,它是由普通日历除去每周双休日、假日、停工和其他不生产的日子,并将日期表示为顺序形式而形成的。

③ 工艺路线:是一种反映制造某项"物料"加工方法及加工次序的文件。它说明加工和装配的工序顺序,每道工序使用的工作中心,各项时间定额,外协工序的时间和费用等。

④ 由 MRP 输出的零部件作业计划。

(3) 能力需求计划的计算逻辑

闭环 MRP 的基本目标是满足客户和市场的需求,因此在编制计划时,总是先不考虑能力约束而优先保证计划需求,然后再进行能力计划。经过多次反复运算,调整核实,才转入下一个阶段。能力需求计划的运算过程就是把物料需求计划订单换算成能力需求数量,生成能力需求报表。这个过程可用图 6.6 来表示。

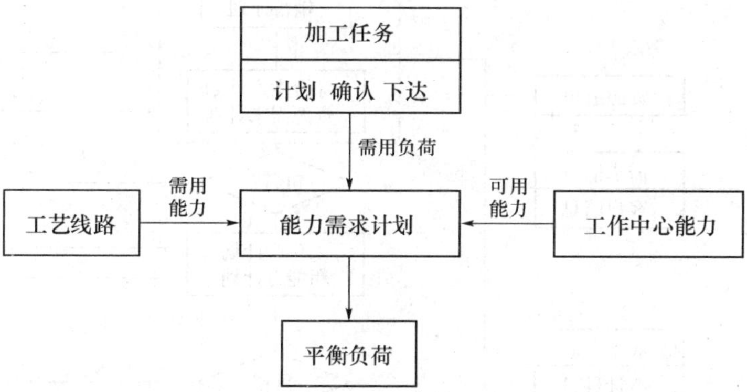

图 6.6　能力需求报表生成过程

当然,在计划时段中也有可能出现能力需求超负荷或低负荷的情况。闭环 MRP 能力计划通常是通过报表的形式(常用工具是直方图)向计划人员报告,但是并不进行能力负荷的自动平衡,这个工作由计划人员人工完成。

3. 现场作业控制

各工作中心能力与负荷需求基本平衡后,接下来的一步就要集中解决如何具体地组织生产活动,使各种资源既能合理利用又能按期完成各项订单任务,并将客观生产活动进行的状况及时反馈到系统中,以便根据实际情况进行调整与控制,这就是现场作业控制。它的工作内容一般包括以下四个方面:

(1) 车间订单下达:订单下达是核实 MRP 生成的计划订单,并转换为下达订单。

(2) 作业排序:它是指从工作中心的角度控制加工工件的作业顺序或作业优先级。

(3) 投入产出控制:它是一种监控作业流(正在作业的车间订单)通过工作中心的技术方

法。利用投入/产出报告,可以分析生产中存在的问题,采取相应的措施。

(4) 作业信息反馈:它主要是跟踪作业订单在制造过程中的运动,收集各种资源消耗的实际数据,更新库存余额并完成 MRP 的闭环。

6.2.4 制造资源计划 MRPⅡ

闭环 MRP 系统的出现,使生产活动方面的各种子系统得到了统一。但这还不够,因为在企业的管理中,生产管理只是一个方面,它所涉及的仅仅是物流,而与物流密切相关的还有资金流。这在许多企业中是由财会人员另行管理的,这就造成了数据的重复录入与存储,甚至造成数据的不一致性。

于是,在 20 世纪 80 年代,人们把生产、财务、销售、工程技术、采购等各个子系统集成为一个一体化的系统,并称为制造资源计划(Manufacturing Resource Planning)系统,英文缩写还是 MRP,为了区别物流需求计划(亦缩写为 MRP)而记为 MRPⅡ。

MRPⅡ的基本思想就是把企业作为一个有机整体,从整体最优的角度出发,通过运用科学方法对企业各种制造资源和产、供、销、财各个环节进行有效地计划、组织和控制,使它们得以协调发展,并充分地发挥作用。MRPⅡ的逻辑流程图如图 6.7 所示。

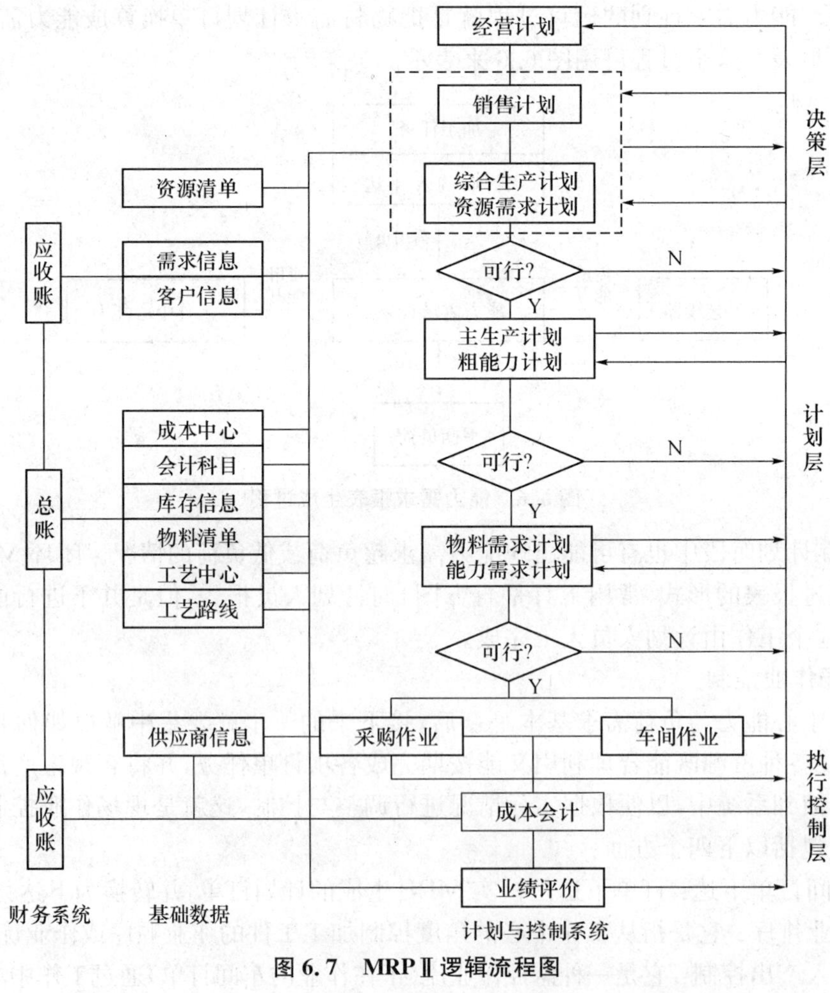

图 6.7 MRPⅡ逻辑流程图

在流程图的右侧是计划与控制的流程，它包括了决策层、计划层和控制执行层，可以理解为经营计划管理的流程；中间是基础数据，要储存在计算机系统的数据库中，并且反复调用。这些数据信息的集成，把企业各个部门的业务沟通起来，可以理解为计算机数据库系统；左侧是主要的财务系统，这里只列出应收账、总账和应付账。各个连线表明信息的流向及相互之间的集成关系。

MRPⅡ管理模式的特点：

MRPⅡ的特点可以从以下几个方面来说明，每一项特点都含有管理模式的变革和人员素质或行为变革两方面，这些特点是相辅相成的。

（1）计划的一贯性与可行性

MRPⅡ是一种计划主导型管理模式，计划层次从宏观到微观、从战略到技术、由粗到细逐层优化，但始终保证与企业经营战略目标一致。它把通常的三级计划管理统一起来，计划编制工作集中在厂级职能部门，车间班组只能执行计划、调度和反馈信息。计划下达前反复验证和平衡生产能力，并根据反馈信息及时调整，处理好供需矛盾，保证计划的一贯性、有效性和可执行性。

（2）管理的系统性

MRPⅡ是一项系统工程，它把企业所有与生产经营直接相关部门的工作联结成一个整体，各部门都从系统整体出发做好本职工作，每个员工都知道自己的工作质量同其他职能的关系。这只有在“一个计划”下才能成为系统，条块分割、各行其是的局面应被团队精神所取代。

（3）数据共享性

MRPⅡ是一种制造企业管理信息系统，企业各部门都依据同一数据信息进行管理，任何一种数据变动都能及时地反映给所有部门，做到数据共享。在统一的数据库支持下，按照规范化的处理程序进行管理和决策。改变了过去那种信息不通、情况不明、盲目决策、相互矛盾的现象。

（4）动态应变性

MRPⅡ是一个闭环系统，它要求跟踪、控制和反馈瞬息万变的实际情况，管理人员可随时根据企业内外环境条件的变化迅速作出反应，及时调整决策，保证生产正常进行。它可以及时掌握各种动态信息，保持较短的生产周期，因而有较强的应变能力。

（5）模拟预见性

MRPⅡ具有模拟功能。它可以解决“如果怎样……将会怎样”的问题，可以预见在相当长的计划期内可能发生的问题，事先采取措施消除隐患，而不是等问题已经发生了再花几倍的精力去处理。这将使管理人员从忙碌的事务堆里解脱出来，致力于实质性的分析研究，提供多个可行方案供领导决策。

（6）物流、资金流的统一

MRPⅡ包含了成本会计和财务功能，可以由生产活动直接产生财务数据，把实物形态的物料流动直接转换为价值形态的资金流动，保证生产和财务数据一致。财务部门及时得到资金信息用于控制成本，通过资金流动状况反映物料和经营情况，随时分析企业的经济效益，参与决策，指导和控制经营和生产活动。

以上几个方面的特点表明，MRPⅡ是一个比较完整的生产经营管理计划体系，是实现制造业企业整体效益的有效管理模式。

6.2.5 企业资源计划

进入20世纪90年代，随着市场竞争的进一步加剧，企业竞争空间与范围的进一步扩大，20世纪80年代MRPⅡ主要面向企业内部资源全面计划管理的思想逐步发展为90年代怎样有效利用和管理整体资源的管理思想，ERP(Enterprise Resource Planning)——企业资源计划也就随之产生。ERP是在MRP-Ⅱ的基础上扩展了管理范围，给出了新的结构。

1. ERP与MRPⅡ的主要区别

(1) 在资源管理范围方面的差别

MRPⅡ主要侧重对企业内部人、财、物等资源的管理，ERP系统在MRPⅡ的基础上扩展了管理范围，它把客户需求和企业内部的制造活动、以及供应商的制造资源整合在一起，形成企业一个完整的供应链并对供应链上所有环节如订单、采购、库存、计划、生产制造、质量控制、运输、分销、服务与维护、财务管理、人事管理、实验室管理、项目管理、配方管理等进行有效管理。

(2) 在生产方式管理方面的差别

MRPⅡ系统把企业归类为几种典型的生产方式进行管理，如重复制造、批量生产、按订单生产、按订单装配、按库存生产等，对每一种类型都有一套管理标准。而在80年代末、90年代初期，为了紧跟市场的变化，多品种、小批量生产以及看板式生产等则是企业主要采用的生产方式，由单一的生产方式向混合型生产发展，ERP则能很好地支持和管理混合型制造环境，满足了企业的这种多角化经营需求。

(3) 在管理功能方面的差别

ERP除了MRPⅡ系统的制造、分销、财务管理功能外，还增加了支持整个供应链上物料流通体系中供、产、需各个环节之间的运输管理和仓库管理；支持生产保障体系的质量管理、实验室管理、设备维修和备品备件管理；支持对工作流(业务处理流程)的管理。

(4) 在事务处理控制方面的差别

MRPⅡ是通过计划的及时滚动来控制整个生产过程，它的实时性较差，一般只能实现事中控制。而ERP系统支持在线分析处理OLAP(Online Analytical Processing)、售后服务即质量反馈，强调企业的事前控制能力，它可以将设计、制造、销售、运输等通过集成来并行地进行各种相关的作业，为企业提供了对质量、适应变化、客户满意、绩效等关键问题的实时分析能力。

此外，在MRPⅡ中，财务系统只是一个信息的归结者，它的功能是将供、产、销中的数量信息转变为价值信息，是物流的价值反映。而ERP系统则将财务计划和价值控制功能集成到了整个供应链上。

(5) 在跨国(或地区)经营事务处理方面的差别

现在企业的发展，使得企业内部各个组织单元之间、企业与外部的业务单元之间的协调变得越来越多和越来越重要，ERP系统应用完整的组织架构，从而可以支持跨国经营的多国家地区、多工厂、多语种、多币制应用需求。

(6) 在计算机信息处理技术方面的差别

随着IT技术的飞速发展,网络通信技术的应用,使得ERP系统得以实现对整个供应链信息进行集成管理。ERP系统采用客户/服务器(C/S)体系结构和分布式数据处理技术,支持Internet/Intranet/Extranet、电子商务(E-business、E-commerce)、电子数据交换(EDI)。此外,还能实现在不同平台上的互操作。

2. ERP的主要功能模块

对于制造企业来说,ERP的核心功能仍然是MRP,同时,它又在MRP功能基础上增加了对企业外部资源——供应链的管理,ERP系统管理的范围覆盖了企业财务、销售、采购、客户关系、人力资源、生产制造、资源管理、工程项目、商业智能及电子商务等业务。

6.3 ERP的核心管理思想

ERP的核心管理思想就是实现对整个供应链的有效管理,主要体现在以下几个方面。

1. 对整个供应链资源进行管理

现代企业的竞争已经不是单一企业与单一企业间的竞争,而是一个企业供应链与另一个企业的供应链之间的竞争,即企业不但要依靠自己的资源,还必须把经营过程中的有关各方如供应商、制造工厂、分销网络、客户等纳入一个紧密的供应链中,才能在市场上获得竞争优势。ERP系统正是适应了这一市场竞争的需要,实现了对整个企业供应链的管理。

2. 体现准时制、精益生产的思想

准时制(Just In Time,JIT)生产是起源于日本丰田汽车公司的一种称为"看板"生产管理的方法。在JIT生产方式倡导以前,丰田公司均采取福特式的"总动员生产方式",即一半时间人员和设备、流水线等待零件,另一半时间等零件一运到,全体人员总动员,紧急生产产品。这种方式造成了生产过程中的物流不合理现象,尤以库存积压和短缺为特征,生产线或者不开机,或者开机后就大量生产,这种模式导致了严重的资源浪费。丰田公司的JIT采取的是多品种少批量、短周期的生产方式,实现了消除库存,优化生产物流,减少浪费的目的。

准时制生产方式基本思想可概括为"在需要的时候,按需要的量生产所需的产品",也就是通过生产的计划和控制及库存的管理,追求一种无库存,或库存达到最小的生产系统。准时生产方式的核心是追求一种无库存的生产系统,或使库存达到最小的生产系统。为此而开发了包括"看板"在内的一系列具体方法,并逐渐形成了一套独具特色的生产经营体系。

JIT作为提高生产管理效率的一种思想和方法,在现代企业管理中占有十分重要的地位,为企业生产运作管理提供了理想目标和判断依据,成为精细化生产管理的精髓。在企业信息化中,JIT为计算机系统的开发和流程管理提供了面向需求的管理思想,为流程优化和业务衔接活动设计提供了依据和标准,对企业级信息系统的发展和应用具有非常重要的指导意义和促进作用。

精益生产(Lean Production,LP)又称精良生产,其中"精"表示精良、精确、精美,"益"表示利益、效益等等。精益生产就是及时制造,消灭故障,消除一切浪费,向零缺陷、零库存进军。它是美国麻省理工学院在一项名为"国际汽车计划"的研究项目中提出来的。他们在做了大量的调查和对比后,认为日本丰田汽车公司的生产方式是最适用于现代制造企业的一种生产组织管理方式，称之为精益生产，以针对美国大量生产方式过于臃肿的弊病。精益生产综合了大量生产与单件生产方式的优点，力求在大量生产中实现多品种和高质量产品的低成本生产。

JIT和LP基本思想简单，容易理解。但是实现却不容易。因为实施JIT和LP几乎要涉及企业的每一部门，渗透到企业每一项活动之中。日本丰田公司从看到美国的"超级市场"开始，就有了准时生产的思想，但还是经过了20多年坚持不懈的努力，才达到比较完善的地步。因为JIT是一项综合的管理技术，它涉及产品设计、生产计划的编制，机器的改造，设备的重新布置，工序的周期化，设备的预防维修，生产组织和劳动组织的调整，人员的培训等各方面的工作。

任何一个环节不改进，JIT和LP就推行不下去，JIT或LP是生产管理上的一次革命。急功近利，要求立竿见影，短期内就大见成效的思想是不符合JIT和LP不断改进的思想的。

3. 敏捷制造的思想

20世纪90年代，信息技术突飞猛进，信息化的浪潮汹涌而来，许多国家制订了旨在提高自己国家在未来世界中的竞争地位、培养竞争优势的先进的制造计划。在这一浪潮中，美国走在了世界的前列，给美国制造业改变生产方式提供了强有力的支持，美国想凭借这一优势重造在制造领域的领先地位。在这种背景下，一种面向对世纪的新型生产方式——敏捷制造(Agile Manufacturing，AM)的设想诞生了。

敏捷制造的核心思想是：要提高企业对市场变化的快速反应能力，满足顾客的要求，除了充分利用企业内部资源外，还可以充分利用其他企业乃至社会的资源来组织生产。

敏捷制造认为，新产品投放市场的速度是当今最重要的竞争优势。推出新产品最快的办法是利用不同公司的资源和公司内部的各种资源。这就需要企业内部组织的柔性化和企业间组织的动态联盟。虚拟公司是最为理想的一种形式。虚拟公司就像专门完成特定计划的一家公司一样，只要市场机会存在，虚拟公司就存在；市场机会消失了，虚拟公司也随之解体。能够经常形成虚拟公司的能力将成为企业一种强有力的竞争武器。

敏捷制造是在具有创新精神的组织和管理结构、先进制造技术(以信息技术和柔性智能技术为主导)、有技术有知识的管理人员三大类资源支柱支撑下得以实施的，也就是将柔性生产技术、有技术有知识的劳动力与能够促进企业内部和企业之间合作的灵活管理集中在一起，通过所建立的共同基础结构，对迅速改变的市场需求和市场进度做出快速反应。敏捷制造比起其他制造方式具有更灵敏、更快捷的反应能力。

敏捷制造的信息化需求：

(1) 信息需求

信息革命促使了市场全球化，使现代企业呈现集团化、多元化和动态联盟的发展趋势：企业跨越不同的地域，产品涉及多个领域。这些企业需要及时了解各地分公司的生产经营状况，同一企业不同部门、不同地区的员工之间也需要及时共享大量企业信息，企业和用户之间以及企业与其合作伙伴之间也存在着大量的信息交流。只有了解企业信息的需求，才能有效管理组织这些信息，选择合作伙伴，实现敏捷化制造。企业信息涉及有关产品设计、计划、生产资源、组织等类型的数据，不仅数据量大，数据类型和结构复杂，而且数据间存在复杂的语义联系，数据载体也是多介质的。制造业中信息按其需求可分为两部分：产品制造信息、企业服务信息。其中产品制造信息包括产品信息和工艺信息。企业服务信息包括产品市场信息(产品基本价格、批量价格、价格的有效期和交货期)、企业生产能力信息(主要设备、特殊设备、大型设备)、企业产品开发能力信息等。

(2) 网络服务需求

对制造业企业来说,网络应用服务的需求主要集中在以下几个方面:

① 希望上网发布企业信息,如企业介绍、产品介绍等。

② 能有行业性的专业网站提供行业信息、行业动态等。

③ 能在网上了解有关的政策法规,为企业活动提供依据。

④ 能在网上跟踪行业技术信息,为企业开发适合市场需求的新产品。

⑤ 与用户进行网上信息的交流,及时反馈用户意见,组织网上用户的培训与产品使用问题的解决等。

⑥ 与协作生产企业进行网上的信息交流和商务活动,提高工作效率。

⑦ 开展网上的商务活动,如产品销售、产品的虚拟展示等。

⑧ 数字化产品模型共享,建立一个虚拟三维产品的"图书馆",让各企业分享,减少巨大的重复性CAD造型工作。

4. 企业流程再造(Business Process Reengineering,BPR)

企业流程再造(Business Process Reengineering,BPR)是20世纪90年代初,哈默(Michael Hammer)与钱皮(James Champy)提出的。它的核心思想是对企业的业务流程进行根本性的重新思考并彻底改革,以获得企业在成本、质量、服务和速度等方面业绩的飞跃性改善。

也就是说,"从头改变,重新设计"。为了能够适应新的世界竞争环境,企业必须摒弃已成惯例的运营模式和工作方法,以工作流程为中心,重新设计企业的经营、管理及运营方式。

企业再造包括企业战略再造、企业文化再造、市场营销再造、企业组织再造、企业生产流程再造和质量控制系统再造,如图6.8所示。

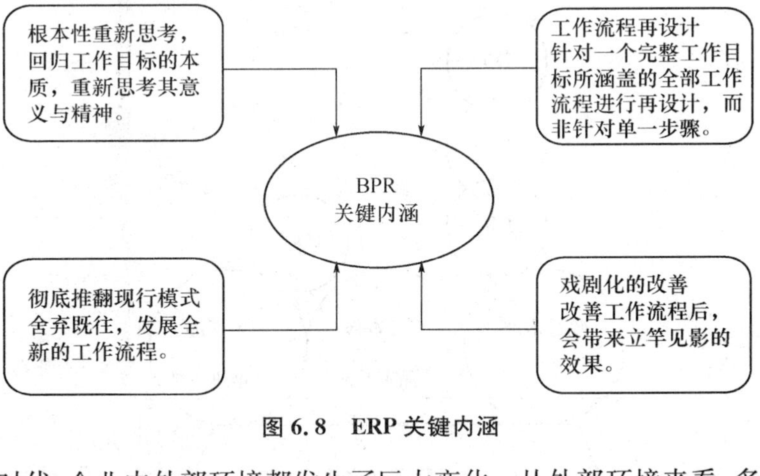

图6.8 ERP关键内涵

进入信息时代,企业内外部环境都发生了巨大变化。从外部环境来看,多样化和个性化的顾客需求日趋凸显,传统低效的企业流程已难以适应日益激烈的市场竞争;从内部环境来看,信息技术应用,使得一些信息设备、自动化装置充当了企业活动的承担者。因此,要提高企业竞争力和信息化应用效果，就必需对企业流程进行再设计和再思考，即进行企业流程再造。下面介绍一下海尔企业再造的案例。

【案例 6.1】

海尔面对的挑战

1998 年，海尔已经实现了销售收入超 100 亿元。海尔开始考虑实施国际化战略。但是，海尔同国际大公司之间还存在很大的差距。这种差距集中表现在海尔的客户满意度、速度和差错率不优秀，企业员工对市场压力的感知程度不高。

海尔的再造方案

在企业再造前，海尔是传统的事业本部制结构，集团下设六个产品本部，每个本部下设若干个产品事业部，各事业部独立负责相关的采购、研发、人力资源、财务、销售等工作。1999 年，海尔在全集团范围内对原来的业务流程进行了重新设计和再造，并以“市场链”为纽带对再造后的业务流程进行整合。

(1) 同步业务流程结构：“三个大圈、六个小圈、两块基石”。

海尔的再造方案，将原来各事业部的财务、采购、销售业务分离出来，实行全集团统一采购、营销和结算。将集团原来的职能管理部门整合为创新定单支持流程 3R(R&D——研发、HR——人力资源开发、CR——客户管理)，和保证定单实施完成的基础支持流程 3T(TCM——全面预算、TPM——全面设备管理、TQM——全面质量管理)。

(2) 流程运转的主动力：“市场链”。推动整体业务流程运转的主动力不再是过去的行政指令，而是把市场经济中的利益调节机制引入企业内部，将业务关系转变为平等的买卖关系、服务关系和契约关系，将外部市场定单转变为一系列的内部市场定单。

(3) 流程运作的平台：海尔文化和 OEC(日事日毕，日清日高)管理模式，如图 6.9 所示。

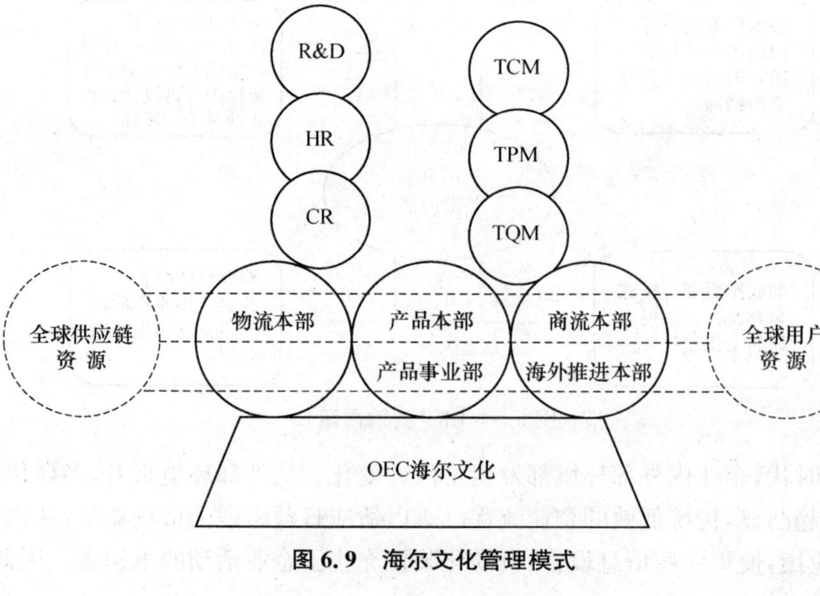

图 6.9　海尔文化管理模式

海尔再造的成效

(1) 交货时间降低了32%。

(2) 到货及时率从95%提高到98%。

(3) 出口创汇增长103%。

(4) 利税增长25.9%。

(5) 应付账款周转天数降低54.79%。

(6) 直接效益为3.45亿元。

海尔再造对我们的启示

(1) 再造的时机:企业经营管理水平上台阶。

(2) 再造的核心:将纵向一体化结构转变为平行的网络流程结构。

(3) 再造的目标:以顾客满意度最大化为目标。

(4) 再造的动力:发挥每一个员工的积极性和主动性。

(5) 再造的保证:领导全力推进、企业文化渗透。

5. 事先计划与事中控制

ERP系统中的计划体系主要包括:主生产计划、物料需求计划、能力计划、采购计划、销售执行计划、利润计划、财务预算和人力资源计划等,而且这些计划功能与价值控制功能已完全集成到整个供应链系统中。

另一方面,ERP系统通过定义事务处理(Transaction)相关的会计核算科目与核算方式,以便在事务处理发生的同时自动生成会计核算分录,保证了资金流与物流的同步记录和数据的一致性。从而实现了根据财务资金现状,可以追溯资金的来龙去脉,并进一步追溯所发生的相关业务活动,改变了资金信息滞后于物料信息的状况,便于实现事中控制和实时做出决策。

此外,计划、事务处理、控制与决策功能都在整个供应链的业务处理流程中实现,要求在每个流程业务处理过程中最大限度地发挥每个人的工作潜能与责任心,流程与流程之间则强调人与人之间的合作精神,以便在有机组织中充分发挥每个的主观能动性与潜能。实现企业管理从“高耸式”组织结构向“扁平式”组织机构的转变,提高企业对市场动态变化的反应速度。

总之,借助IT技术的飞速发展与应用,ERP系统得以将很多先进的管理思想变成现实中可实施应用的计算机软件系统。

6.4 供应链管理系统

1. 供应链管理的概念

供应链管理就是指在采购原材料,制成中间产品以及最终产品,最后由销售网络把产品送到消费者手中的过程中所形成的,将供应商、制造商、分销商、零售商和最终用户连成一个整体功能的网链结构。

具体来说供应链的定义可以总结如下:所谓供应链管理,是一种集成的管理思想和方法,它执行供应链中从供应商到最终用户的物流的计划和控制等职能,整合并优化了供应商、制造商、零售商的业务效率,使商品以正确的数量、正确的品质、在正确的地点、正确的时间、以最佳的成本进行开发、生产和销售。

供应链是由供应商、制造商、批发商、零售商、消费者以及物流配送和售后服务提供者所组成的复杂网络。该网络把原材料转换为最终产品,并把其交付到顾客手里。

供应链不仅包含制造商、供应商,而且也包括运输企业、仓储企业、零售商以及顾客。例如图 6.10 所示。

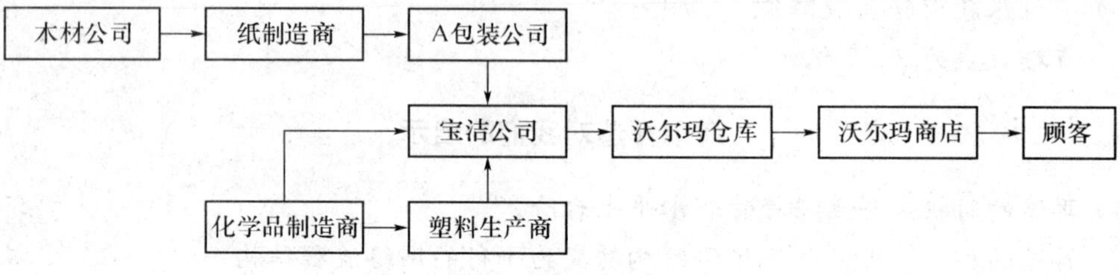

图 6.10　供应链简图

供应链主要包括以下三部分:

(1) 上游部分:从外部供应商那里获取资源。

(2) 内部部分:制造、组装和包装等。

(3) 下游部分:分销或散发产品,通常由外部分销商实施。

2. 供应链的"三流"

一条供应链是动态的,它包括在不同阶段之间流动的物料流、信息流、和资金流。其中物流和资金流是单向的,信息流是双向的。其流向如图 6.11 所示。

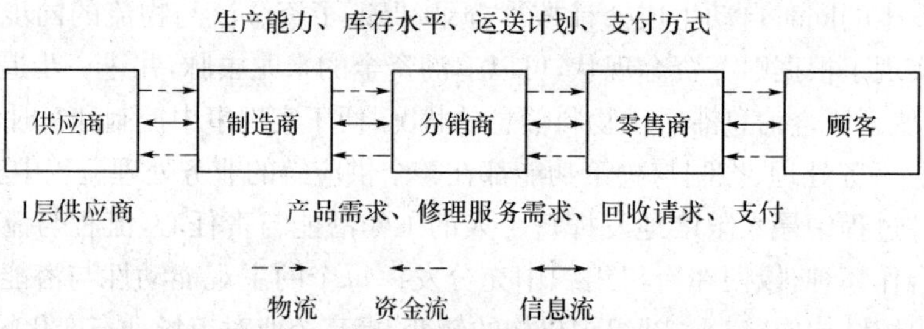

图 6.11　供应链的三流图

供应链不仅是一条链接供应商到用户的物料链、信息链、资金链,而且是一条增值链,物料在供应链上因加工、包装、运输等过程而增加其价值,给相关的企业带来收益。

3. 供应链管理中的常见问题

【案例 6.2】

宝洁公司(P&G)在研究尿不湿的市场需求时发现,该产品的零售数量是相当稳定的,波动性并不大。

但在考察分销中心向她的订货情况时,吃惊地发现波动性明显增大了,其分销中心说,他们是根据汇总的销售商的订货需求量向她订货的。她进一步研究后发现,零售商往往根据对历史销量及现实销售情况的预测,确定一个较客观的订货量,但为了保证这个订货量是及时可得的,并且能够适应顾客需求增量的变化,他们通常会将预测订货量作一定放大后向批发商订货,批发商出于同样的考虑,也会在汇总零售商订货量的基础上再作一定的放大后向销售中心订货。这样,虽然顾客需求量并没有大的波动,但经过零售商和批发商的订货放大后,订货量就一级一级地放大了。在考察向其供应商,如 3M 公司的订货情况时,她也惊奇地发现订货的变化更大,而且越往供应链上游其订货偏差越大。

这就是营销活动中的需求变异放大现象,人们通俗地称之为"牛鞭效应"。

牛鞭效应是指供应链上的信息流从最终客户向原始供应商端传递时,由于无法有效地实现信息的共享,导致了需求信息扭曲而逐渐放大的现象,如图 6.12 所示。

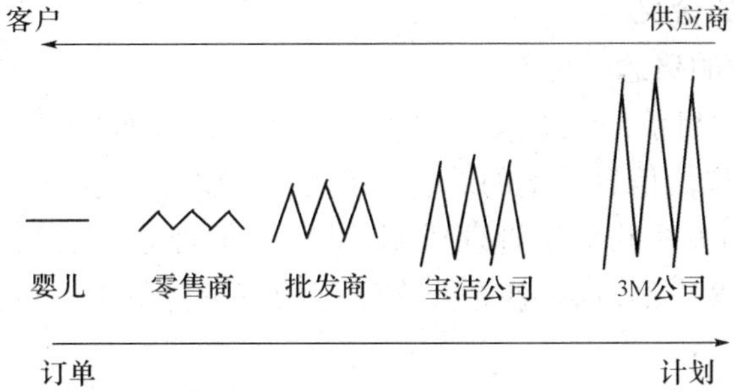

图 6.12 牛鞭效应图例

4. 供应链管理的基本思想

就是用系统的观点和方法,对整个供应链上的企业进行管理,以协调供应链上各企业的活动,加强链上各企业的合作,避免和减少链上各企业协作的延误或浪费,以达到整个供应链的优化,最终使供应链上各企业都受益。

5. 供应链管理的目标

就是将顾客所需的正确的产品(Right Product)能够在正确的时间(Right Time)、按照正确的数量(Right Quantity)、正确的质量(Right Quality)和正确的状态(Right Status)送到正确的地点(Right Place),即 6R,并使成本最小。

6.5 客户关系管理

6.5.1 客户关系管理系统概述

1. 起源

客户关系管理(Customer Relationship Management,CRM)的理念由来已久,它起源于上千年前的中国。那时走街串巷的小商贩就是客户关系管理的高手,他们可以记住方圆几十里内许多客户的需求与偏好,为客户及时送上称心如意的商品。信息技术的发展和应用,使我们能够以古老中国商人的智慧在更短的时间内为更多的客户提供及时而优质的服务,处理更多的客户信息。在市场经济条件下,越来越多的企业把关注的目光由过去聚焦在产品上而逐渐转移到客户上,认识到客户资源是实现企业利润的唯一来源,是衡量企业核心竞争能力最重要的指标。企业如果没有客户资源,其产品就不能实现交换,那么企业的一切活动都将是无效活动。客户关系越来越被企业广泛重视。

最早使客户关系管理的理念得以发展的是 20 世纪 80 年代初提出的“接触管理”(Contact Management),即专门收集整理客户与公司联系的所有信息。到 1990 年,“接触管理”则演变成为包括电话服务中心与支持资料分析的客户关怀(Customer Care)。

经历了近 20 年的不断发展,特别是 Internet 技术的迅速发展,客户关系管理不断演变发展并趋向成熟,最终形成了一套完整的管理理论体系。客户关系管理的产生,是市场需求和管理理念更新的需要,是企业管理模式和企业核心竞争力提升的要求,是信息技术与互联网技术推动的结果。

2. 客户关系管理的含义

(1) 客户关系管理的概念

关于 CRM 的定义,目前还没有统一的表述。综合各方面,较为完整的描述是:CRM 是经营理念、管理思想和现代信息技术的综合。它是一种以客户为中心的经营战略,是一种旨在改善企业与客户之间关系的新型管理机制,是一套集理念、流程、技术为一体的整体解决方案,从而实现企业与客户的双赢,使企业在激烈的市场竞争中赢得优势。

(2) CRM 的含义

从 CRM 的定义可以看出,CRM 包含理念、流程、技术三个层次,体现的是以客户为中心的经营理念。只有通过改进对客户的服务水平,提高客户的满意度与忠诚度,才能提高企业的核心竞争力。如何实现以客户为中心的理念呢?那就要从流程和技术上提供保证机制。企业的组织机构要按照以客户为中心的理念适当调整,对业务流程要进行重组,从而在具体业务运作流程上贯彻 CRM 的理念。在技术手段上建立一个 CRM 软件平台,将 CRM 的理念转化为软件的各种业务功能,从技术上保证企业流程的正常运作,同时,与流程层一起确保以客户为中心的理念的实现。三者构成了 CRM 的完整内容,缺一不可,而且三个层次必须相互支撑、协调工作才有可能保证以客户为中心的理念实施成功。

(3) CRM 的作用

提高效率。CRM 建立了客户与企业打交道的统一平台,建立了销售、营销与客户服务等所有关联的共享客户信息,从而提高了企业员工的办事效率,使企业内部的管理更为有效;通过实时共享的客户信息的分析,捕捉一些稍纵即逝的营销、销售、服务机遇,及时把握新的市场机会。

提高客户的增值潜力。CRM 可以根据销售和服务历史,深入分析客户,向客户提供个性化和更专业化的服务,提高客户的满意度和忠诚度,保留更多有价值的老客户,更好地吸引新客户;使高价值客户向更高价值客户转化,低价值客户向高价值客户转化,无价值客户转向有价值客户,提升整个客户资源的价值,最终实现企业和客户的双赢。

有效促进企业经营战略的转变。很多企业都清楚,要想在激烈的市场竞争中生存下去,并实现可持续发展,以客户为中心是唯一正确的经营战略。但在具体的经营实践中,又不知如何才能做好。借助 CRM,可以实现以产品为中心转向以客户为中心的经营战略转变,这是 CRM 为企业带来的最高价值。

6.5.2 客户关系管理系统介绍

一般来说,企业级的 CRM 系统至少要有销售管理、营销管理、客户服务与支持三部分组成。如图 6.13 所示。

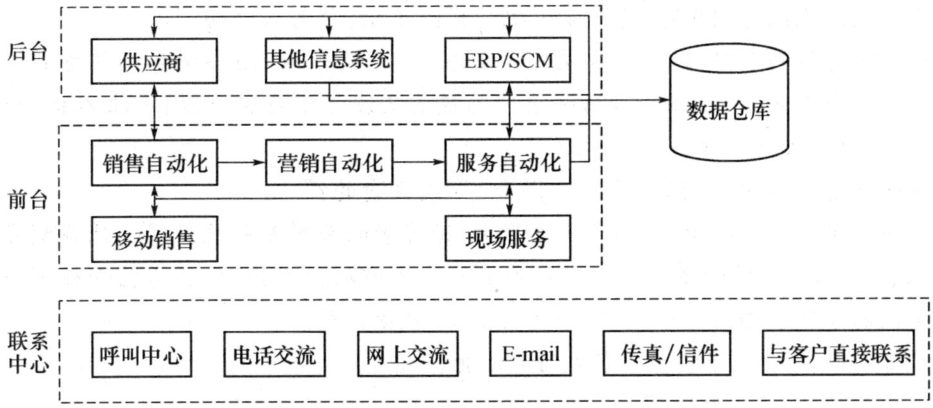

图 6.13　CRM 系统结构

1. 销售管理

销售管理能帮助销售人员、销售管理人员把每天所从事的各种销售活动用自动化的处理过程代替原有的手工运作过程，这样减少了许多错误和重复性的工作，提高了工作效率。由于客户信息资源的共享，打破了目前普遍存在于企业的“销售单干”现象，企业不会因为某个销售人员的离去而失去重要的销售信息和客户资源，规范了销售流程；销售管理支持多种销售方式，为销售人员提供各种销售工具，使得销售人员无论何时何地都能及时获得有关产品、定价、交货等方面的信息，确保销售人员总能把握最新的销售信息，从而促进企业整体销售业绩的提高。

销售管理一般包括日历和日程安排、联系和账户管理、商业机会和传递渠道管理、销售预测、建议的产生和管理、产品定价、费用报告等。

2. 营销管理

营销管理能够为营销部门提供客户分析和市场信息，策划营销活动和行动步骤，实时地跟踪活动的效果。执行和管理各种营销活动，更有效地开拓市场。营销管理作为对销售管理的补充，为营销活动提供了强大的能力支持，无论是以网络为基础的营销活动还是传统的营销活动，均可提供计划的编制和执行、计划结果的分析、目标客户清单的产生和管理预算和预测、营销资料管理、“营销百科全书”（关于产品、定价、竞争信息等的知识库）、对有需求客户的跟踪和管理等。

3. 客户服务与支持

客户服务与支持主要是通过呼叫中心和互联网实现的，并与销售、营销功能比较好地结合起来，为企业提供更多的销售机会。客户服务与支持的主要内容包括：客户关怀、纠纷、订单跟踪、现场服务管理、问题及其解决方法的数据库、维修安排与调度、服务协议和合同管理、服务请求管理、联系活动管理等。

【案例 6.3】

CRM 的小故事

一场招聘中，主考官出了一道实践题目：把梳子卖给和尚。众多应聘者认为这是开玩笑，最后只剩下甲、乙、丙三个人。主持人交代：“以 10 日为限，向我报告销售情况。”

十天一到。主试者问甲："卖出多少把?"答："1把。""怎么卖的?"

甲讲述了历尽的辛苦，游说和尚应当买把梳子，无甚效果，还惨遭和尚的责骂。好在下山途中遇到一个小和尚一边晒太阳，一边使劲挠着头皮。甲灵机一动，递上木梳，小和尚用后满心欢喜，于是买下一把。

主试者问乙："卖出多少把?"答："10把。""怎么卖的?"

乙说他去了一座名山古寺，由于山高风大，进香者的头发都被吹乱了。他找到寺院的住持说："蓬头垢面是对佛的不敬。应在每座庙的香案前放把木梳，供善男信女梳理鬓发。"住持采纳了他的建议。那山有十座庙，于是买下了10把木梳。

主试者问丙："卖出多少把?"答："1 000把。"

主试者惊问："怎么卖的?"

丙说他到一个颇具盛名、香火极旺的深山宝刹，朝圣者、施主络绎不绝。

丙对住持说："凡来进香参观者，多有一颗虔诚之心，宝刹应有所回赠，以做纪念，保佑其平安吉祥，鼓励其多做善事。我有一批木梳，您的书法超群，可刻上'积善梳'三个字，便可做赠品。"住持大喜，立即买下1 000把木梳。得到"积善梳"的施主与香客也很是高兴，一传十、十传百，朝圣者更多，香火更旺。

成本分析

然而故事并没有结束。一挑战者丁，找到主持人说："卖给和尚1 000把梳子算什么。我可以让和尚源源不断地买我的梳子，至少也得上千万吧。以一年为限。"许多人都认为他在开玩笑。

他还是找到了那个住持，问他："您这边每天大概能赠出多少把梳子呢?"

住持回答："差不多50把。"

他继续问："您觉得这与您所获得的香火钱相比是不是也是不小的成本呢?"

住持回答："是的，虽然是赠，但是也要钱啊。佛门本来就没有什么钱。"

他又问："您有没有想过收费呢?"

住持回答："怎么收费?"

他说："到您这来的人有达官贵人，也有平民百姓。总之是什么样的人都有吧。您可以在梳子上下点工夫，让您的梳子在价格上有了价值的区别，卖给不同的人。您再准备几把梳子，取名为'开光梳'，千金不卖，只赠送有缘人，然后把其他梳子命名为'智慧梳''姻缘梳''流年梳''功名梳'。一方面您的收入增加了，另一方面您的寺庙的档次也就体现出来了。"

住持一听，觉得有点道理，于是就说："好，这事就交给你来办吧。"

市场活动

丁很快就请了几个记者来宣传了一下这家寺院，然后制做了一批梳子，举行了一个盛大的"开光梳"仪式。当地的政府要人、各界明星都来了。当天就卖出了10 000把梳子。寺院的名气一下子上去了。

丁又请人给这个寺院杜撰了一些历史故事。很快，这个寺院成了当地的历史文物。来的香客越来越多。梳子的销量越来越好。人们也不在乎掏钱买把梳子。丁又出了一个策略：有的梳子掏钱也不卖，有的梳子必须掏钱才卖。

这样过了一段时间，寺院挣了不少钱。住持很佩服丁。这个时候，丁找到住持说：“您有没有发现前来的香客您都没有记录。据我观察，有的香客都来了好几次了。您是不是应该对经常来的香客提供一些纪念性的梳子呢?”

住持一听，觉得也是，于是很快就让小和尚开始记录前来拜佛的香客。很快，小和尚发现，前来的人太多了，毛笔根本记不住。住持又找到丁，问他有什么办法。

丁说：“我可以给您解决这个问题，但是从今以后您必须听我的。我保证您的住持能够当的比现在还风光，寺院的香客更多。”住持想了一想，还是相信了他。

引入CRM

丁购买了一些电脑，在寺院内很隐蔽地架构了一个局域网，连接到外部的Internet。并安装了一套CRM系统。又设置了硬件设备。在梳子里面植入了FIRD芯片。只要香客一进入寺院，关于这个香客的详细记录就全部在CRM系统里面展现出来。

挖掘客户价值，数据库营销

丁开始用CRM来分析来寺院香客的详细资料。经常有香客刚来到寺院，就被突然告之今天是他生日。香客们非常感动。香火钱更多了。

从那以后，香客们逢年过节的时候总能收到寺院寄的小礼品。梳子已经成为人们心中的神圣的物品。只要去那家寺院的至少要为自己和家人带几把梳子，给远方的亲人、朋友带几把梳子。一旦梳子用坏了，就自然想到了那家寺院。

分析发现竞争对手——反击

过了段时间。丁通过CRM发现，有些香客来得少了。一打听，原来不远处也有一家寺院采取了同样的赠送梳的方式。相当的一部分香客去了那家寺院。住持开始着急。恰逢国外一位重要人物来到本地。于是丁通过各种渠道请这位重要人物来到了这家寺院。其中有一把制作精美的开光梳送给了这位国外友人。国内外很多记者记录了这一时刻。寺院的知名度再次提升。丁制作了几把类似送国外友人的开光梳，不过是微型的，出售给前来的香客。让这些人挂在脖子上、钥匙扣上做纪念。这个寺院一下子名声大震。旁边的那家小寺院一下子就没有了香客。

销售过程远程控制

寺院扩建了一些，香客太多了。住持又招了一些小和尚。主持告诉了这些和尚怎么样接待香客，什么样的人香客该出售或赠送什么样的梳子。刚好这个时候，国外请这个住持去讲学，主持不放心寺院里新来的小和尚，想让丁来帮他教小和尚，丁给了住持一台笔记本电脑说：“每天抽时间上网就可以指点您的小和尚了。”

于是，住持虽然在国外，但是通过CRM系统依然能知道寺院的运营情况，及时地指点小和尚。

客户分类专人管理

当地的香客80%都到这家寺院来了。住持发现，虽然对香客进行信息分类管理，但是由于接待香客的和尚素质不一样，经常出现出售错了梳子。住持找到了丁。

丁根据CRM里的跟进记录以及每个和尚接待香客的数量、次数、被香客投诉的次数将现在的和尚进行了分类，不同的和尚接待不同的香客。香客发现这些和尚们更能了解他们的心思了，满意度大大提高了。

绩效考核

住持一直有个心病，就是寺院中有很多的和尚偷赖，但又赶不走。又向丁求救。

丁对所有的和尚说："每个人必须要把自己所做的什么记录在CRM里，否则就请离开寺院。"和尚们很听话地照做了。丁通过统计分析很快就发现了偷懒的和尚。住持把那些和尚赶下山去了。寺院运营紧凑。

销售预测

寺院运营很不错。丁每个月都能通过CRM的漏斗来预测下一阶段能卖出多少梳子。寺院蒸蒸日上。

一年过去了，丁不知道卖出了多少把梳子。他已经成了寺院的股东之一。他所挣的钱已经很多了。

6.6 办公自动化系统基本概念

办公自动化系统(Office Automation System，OAS)是面向行政机关、事业单位和企业办公机构等组织，主要进行日常办公事务的处理。由于不同应用单位处理的办公事务不同，因而管理信息系统逻辑模型也不尽相同，但基本处理对象都是管理办公事务信息，所要应用的系统要具有很高的实时性和数据处理能力。

办公自动化系统的特点是办公自动化和无纸化，其特点与其他各类管理信息系统有很大不同。办公自动化系统主要采用局域网，打印、传真、印刷等办公自动化技术，以提高办公事务效率。

6.6.1 办公自动化系统定义与发展历程

办公自动化系统是指引进现代化的管理方法和科技手段，应用先进的IT技术及设备，部分或全部替代办公室人员的手工信息处理，实现办公自动化或半自动化的人机办公信息系统。OAS目前是组织中应用十分广泛的一类信息系统。

OAS已经历了三个阶段发展历程：

(1) 第一代办公自动化系统，是从20世纪80年代中期起步的。它是以个人电脑、办公套件(如常用的微软的Office套件和国产的WPS Office套件)应用为主要标志，实现数据统计和文档写作的电子化。

(2) 第二代 OAS 是以网络技术和协同工作技术为主要特征，实现工作流程自动化，实现收发文从传统的手工方式向工作流自动化方式的飞跃。例如电子邮件。

(3) 第三代 OAS 强调以知识管理为中心，并提供丰富的学习功能与知识共享机能，确保每一个使用者都能够随时随地根据需要向专家学习、向企事业现有知识库学习，使员工在办公自动化系统中的地位从被动向主动转变，从而使 OAS 在充分利用已有的信息资源，提升每个员工创造能力的同时，也大大提高了组织整体创新和应变能力。

6.6.2　典型 OAS 的功能

一般的办公自动化系统包括以下几个功能模块。

公文管理：包括公文的收发起草、传阅签批、催办下发、归档、查询统计等这些基本功能，初步实现公文处理的网络化、自动化和无纸化。

督察管理：在整个办公过程中通过立项催办、调查归档、反馈等程序来监督和评价整个系统运行的办公效果。

信息管理：能够及时在网络门户上发布各种消息、通知、大事记和电子公告等各种公共信息，保障内部信息的及时流动和与外部环境的沟通、联系。

档案管理：针对办公环境内部档案的收集整理、保管、统计和提供利用查询的工作项目。

会议管理：工作时通知与会人员和会议日期，安排管理会议室，协调会议事项等，都能够在网络的环境中来实现，达到方便快捷的效果。

日程活动安排：把领导或组织每月、每周、每天的主要活动纳入到计划当中，并下发给相关的组织单位或部门及个人通知。

政策法规库：这是一个内部的数据库系统，用来保存办公活动中的各项政策法规、和信息数据，以实现内部信息的存储、流通和共享。

内部论坛：面向内部员工们所提供的一个资源共享、内部通信交流以及信息娱乐的电子网络场所。

人员与权限管理：对办公自动化中的工作人员进行统一管理和设限，主要包括工作人员在办公系统中的权限分配、口令授权等。

6.6.3　基于云计算的今目标 OA 系统

近几年来，今目标管理软件也开始逐渐深入各个中小企业的管理实践之中，受到越来越多中小企业的欢迎。究其根本的原因就是今目标管理轻型、清晰的管理方式契合了各个中小企业的特点，让社会企业能够快速、有效地进行管理。注册成为今目标用户，就可以免费使用今目标的全部应用，最多可添加 5 000 个账号，没有使用时间限制，无需支付任何费用。今目标采用了国际领先的 SaaS 模式，通过互联网交付软件，用户只需租用一个账户，就可联网使用。这种模式为软件送达上百家企业提供了可能，同时打破了信息化软件居高不下的现实。SaaS 模式采用租赁方式，企业不用再花费巨资购买软件，只需要按月支付一定的费用。由一次性购买变成分期支付，不仅减少了企业的风险，同时降低了导入门槛。企业不用再像对待传统软件那样，花费巨资购买一套系统，然后承担着失败的风险，而 SaaS 模式下用户随时可以退出。最后还帮助企业保有了宝贵的现金流，一次性支付50万元和10年支付50万元对企业来说有着天壤之别。

在今目标平台中包含客户、考勤、主线、公告、备忘、邮箱、沟通、项目、知识等功能模块。

案例讨论

【案例6.4】

沃尔玛公司供应链管理

"让顾客满意"是沃尔玛公司的首要目标，顾客满意是保证未来成功与成长的最好投资，这是沃尔玛数十年如一日坚持的经营理念。为此，沃尔玛为顾客提供"高品质服务"和"无条件退款"的承诺绝非一句漂亮的口号。在美国只要是从沃尔玛购买的商品，无需任何理由，甚至没有收据，沃尔玛都无条件受理退款。沃尔玛每周都有对顾客期望和反映的调查，管理人员根据计算机信息收集信息，以及通过直接调查收集到的顾客期望即时更新商品的组合，组织采购，改进商品陈列拜访，营造舒适的购物环境。

沃尔玛能够做到及时地将消费者的意见反馈给厂商，并帮助厂商对产品进行改进和完善。过去，商业零售企业只是作为中间人，将商品从生产厂商传递到消费者手里，反过来再将消费者的意见通过电话或书面形式反馈到厂商那里。看起来沃尔玛并没有独到之处，但是结果却差异很大。原因在于，沃尔玛能够参与到上游厂商的生产计划和控制中去，因此能够将消费者的意见迅速反映到生产中，而不是简单地充当二传手或者电话话筒。

供应商是沃尔玛唇齿相依的战略伙伴。早在20世纪80年代，沃尔玛采取了一项政策，要求从交易中排除制造商的销售代理，直接向制造商订货，同时将采购价格降低2%～6%，大约相当于销售代理的佣金数额，如果制造商不同意，沃尔玛就拒绝与其合作。沃尔玛的做法造成和供应商关系紧张，一些供应商为此还在新闻界展开了一场谴责沃尔玛的宣传活动。直到20世纪80年代末期，技术革新提供了更多督促制造商降低成本、削减价格的手段，供应商开始全面改善与沃尔玛的关系，通过网络和数据交换系统，沃尔玛与供应商共享信息，从而建立伙伴关系。沃尔玛与供应商努力建立关系的另一做法是在店内安排适当的空间，有时还在店内安排制造商自行设计布置自己商品的展示区，以在店内营造更具吸引力和更专业化的购物环境。

沃尔玛还有一个非常好的系统，可以使得供应商直接进入到沃尔玛的系统，这个系统叫做零售链接。任何一个供应商可以进入这个系统当中来了解他们的产品卖得怎么样，昨天、今天、上一周、上个月和去年卖得怎么样。他们可以知道这种商品卖了多少，而且他们可以在24小时之内就进行更新。供货商们可以在沃尔玛公司的每一个店当中，及时了解到有关情况。

另外，沃尔玛不仅仅是等待上游厂商供货、组织配送，而且也直接参与到上游厂商的生产计划中去，与上游厂商共同商讨和指定产品计划、供货周期，甚至帮助上游厂商进行新产品研发和质量控制方面的工作。这就意味着沃尔玛总是能够最早得到市场上最希望看到的商品，当别的零售商正在等待供货商的产品目录或者商谈合同时，沃尔玛的货架上已经开始热销这款产品了。

沃尔玛的前任总裁大卫·格拉斯曾说过："配送设施是沃尔玛成功的关键之一，如果说我们什么比别人干得好的话，那就是配送中心。"沃尔玛第一间配送中心于1970年建立，占地

6 000 m^2，负责供货给4个州的32间商场，集中处理公司所销商品的40%。在整个物流中，配送中心起中枢作用，将供应商向其提供的产品运往各商场。从工厂到上架，实行“无缝链接”平化过渡。供应商只需将产品提供给配送中心，无须自己向各商场分发。这样，沃尔玛的运输、配送以及对于订单与购买的处理等所有的过程，都是一个完整的网络当中的一部分，可以大大降低成本。

随着公司的不断发展壮大，配送中心的数量也不断增加。现在沃尔玛的配送中心，分别服务于美国18个州约2 500间商场，配送中心约占地100 000 m^2。整个公司销售商品85%由这些配送中心供应，而其竞争对手只有约50%～65%的商品集中配送。如今，沃尔玛在美国拥有100%的物流系统，配送中心已是其中一小部分，沃尔玛完整的物流系统不仅包括配送中心，还有更为复杂的资料输入采购系统、自动补货系统等。

供应链的协调运行是建立在各个环节主体间高质量的信息传递与共享的基础上。沃尔玛投资4亿美元发射了一颗商用卫星，实现了全球联网。沃尔玛在全球4 000多家门店通过全球网络可在1小时之内对每种商品的库存、上架、销售量全部盘点一遍，所以在沃尔玛的门店，不会发生缺货情况。20世纪80年代末，沃尔玛开始利用电子数据交换系统(EDI)与供应商建立了自动订货系统。该系统又称为无纸贸易系统，通过网络系统，向供应商提供商业文件、发出采购指令，获取数据和装运清单等，同时也让供应商及时准确把握其产品的销售情况。沃尔玛还利用更先进的快速反应系统代替采购指令，真正实现了自动订货。该系统利用条码扫描和卫星通信，与供应商每日交换商品销售、运输和订货信息。凭借先进的电子信息手段，沃尔玛做到了商店的销售与配送保持同步，配送中心与供应商运转一致。

【思考讨论】

1. 请总结沃尔玛供应链管理的成功之处。
2. 沃尔玛是如何强化供应链战略伙伴关系的?
3. 信息共享在沃尔玛的供应链管理中起了什么作用? 沃尔玛为强化供应链信息管理采取了哪些措施? 其效果怎样?
4. 根据你对沃尔玛的物流体系的了解，你认为现代物流系统应包括哪些内容?

【案例6.5】

伊利集团的OA系统

内蒙古伊利实业集团股份有限公司，是中国唯一一家同时服务于奥运会和世博会的大型民族企业。伊利集团始终以强劲的实力领跑中国乳业，并以极其稳健的增长态势成为持续发展的乳品行业代表。

目前，伊利集团拥有液态奶、冷饮、奶粉、酸奶和原奶五大事业部，所属企业近百个，旗下有纯牛奶、乳饮料、雪糕、冰淇淋、奶粉、奶茶粉、酸奶、奶酪等1 000多个产品品种。伊利雪糕、冰淇淋、产销量已连续18年居全国第一，伊利超高温灭菌奶产销量连续多年在全国遥遥领先，伊利奶粉、奶茶粉产销量自2011年起即跃居全国第一位。

未来，伊利致力于“成为世界一流的健康食品集团”的愿景，不断进取，坚持以世界领先的标准要求自己，以全球化视野、国际化胸怀、竭诚满足不同区域消费者的健康需求，成就消费者的健康生活。

伊利集团作为北京2008年奥运会唯一乳制品赞助商，想着力通过此次奥运盛会，提高企业知名度和品牌价值。为了能够创造更大价值，伊利集团高层领导清楚地看到必须借助信息化管理才能让中国的乳业航母继续远航。由于伊利集团组织体系非常庞大，且地域分散。从而导致信息传递不畅、资料共享困难；企业信息孤岛现象严重；各种文件报表重复打印，造成资源极大浪费。由于伊利集团地域分散，领导经常要去全国各地的分公司，这样导致各种审批经常产生滞后。为此，伊利集团急需一个能够解决企业内部信息共享、沟通顺畅、审批及时的信息化办公平台来解决各种管理上的瓶颈问题。

伊利集团目前已拥有多套现代化的业务管理系统，如供应链系统、档案系统、人力资源系统、财务系统等，集团领导希望能够将多套系统在协同办公平台上进行有效的整合，实现真正的办公协同和软件协调，同时彻底改变以前手工操作的效率低下、出错率高和查询不便的问题，并借助协调办公平台解决企业员工沟通交流不畅问题。

【思考讨论】

请你根据伊利的需求，给该公司选一种 OA 办公系统。该系统应该包括哪些功能模块？

实战训练

实践一　个人设置、日志、备忘

1. 目的与要求

（1）了解今目标系统的登录方式；

（2）通过使用今目标系统理解云计算技术的含义；

（3）掌握日志和备忘在实际工作中的意义和作用。

2. 实践内容

（1）登录

今目标的三种登录方式，分别是 PC 客户端、浏览器端及手机客户端。三种方式可以单独使用，也可以配合使用。管理员与普通用户的登录方式相同，每个人使用各自的账号及密码登录。

在浏览器中输入网址：http：//www.jingoal.com，单击网页右上角的登录，输入给定的用户名和密码，点击登录，即可进入“管理信息系统”课程首页，也可以下载客户端，安装之后，输入用户名和密码，即可登录。

（2）个人设置

进入到企业工作平台后，为保证您的账户安全，应首先进行密码更改。为了方便后续登录和使用，还可以进行手机及邮箱的绑定设置，如图 6.14。

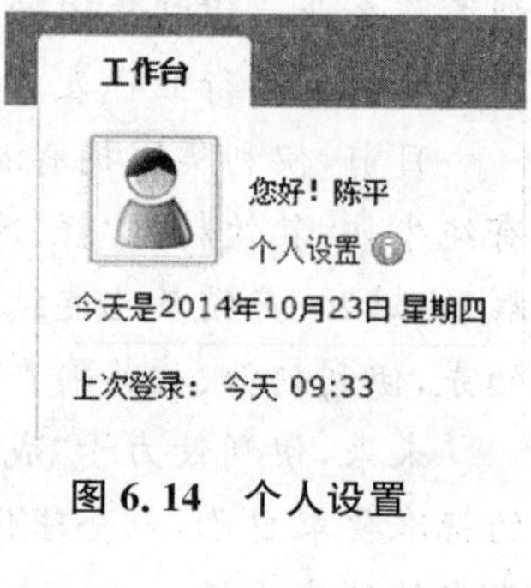

图 6.14　个人设置

（3）日志

日志不仅可以帮助员工养成良好的工作习惯，同时也是替代口头汇报工作方式的一种实用工具。完整的一篇日志包括 今日计划、工作记录和工作小结，如图 6.15 所示。

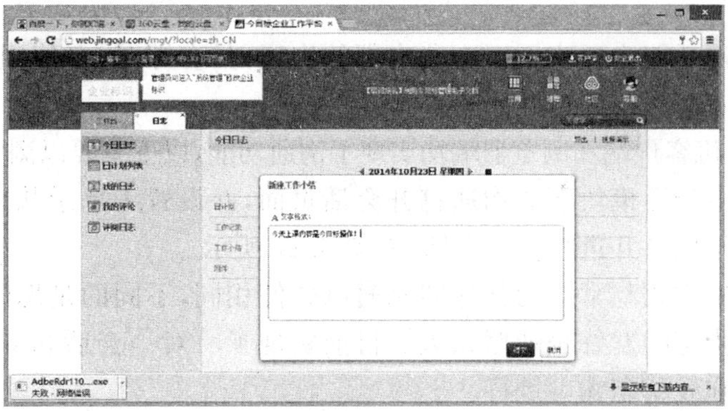

图 6.15　日志

工作开始之前先明确一天的工作内容，这样可以避免被无关工作分散精力，影响目标的达成。

开始工作后可以分时段的记录下工作内容，工作中遇到的问题以及想法，这样有助于帮助我们回顾工作是如何完成的，同时也方便管理者了解情况。

一天工作结束之前，利用小结整理一下工作中的经验和教训，日积月累形成自己的资源库，在年终进行工作总结时也可以作为参照。

秉承日事日毕的原则，当天的工作日志隔天后将不允许进行编辑。如果有需要，可以通过“补充日志”进行追加。

(4) 备忘

工作中你可能需要随时记录下自己的一些想法，同时也想将这些想法共享给其他人了解，也许还会希望在某一个时间可以提醒到自己或者他人。可使用“备忘”功能。

你可以给自己建立备忘，同时也可以将备忘共享给平台中的其他人。设置共享后，系统会给共享人自动推送一条系统消息，提醒对方及时进行查看，如图 6.16 所示。

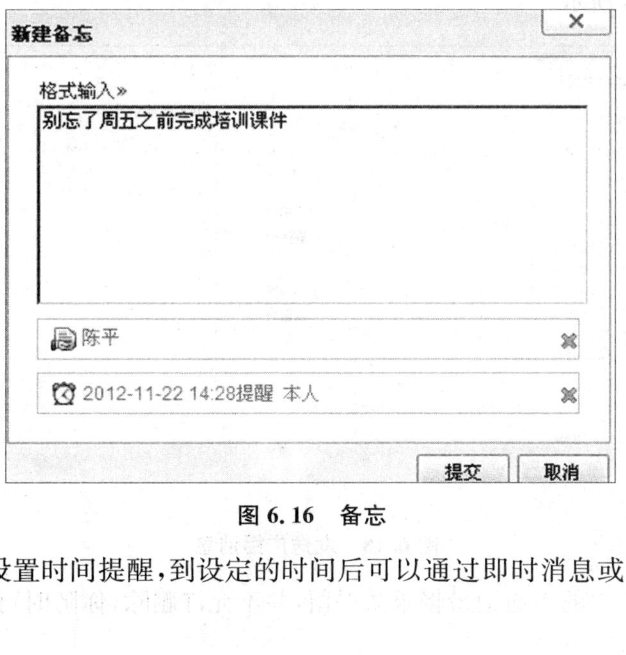

图 6.16　备忘

对备忘还可以设置时间提醒，到设定的时间后可以通过即时消息或 E-mail 的方式提醒你以及共享人。

(5) 沟通

今目标中的沟通功能主要应用于企业内部的沟通，具有即时、多使用方式、沟通记录永久保留等特点。

桌面客户端、手机客户端和浏览器端均实现了沟通功能，以下主要以浏览器端进行介绍。

通过今目标平台沟通模块下的沟通打开会话页面，并设置为登录状态。只有在登录后才可以看到组织结构成员并进行在线会话，如图 6.17 所示。

在线会话的使用方式与常用的其他即时通讯软件相同，不同的是您的沟通对象只限于企业内部同事以及指定的友好企业联系人。目前实现了一对一会话和多人会话，其中多人会话需要参与人是在线状态才可进行。

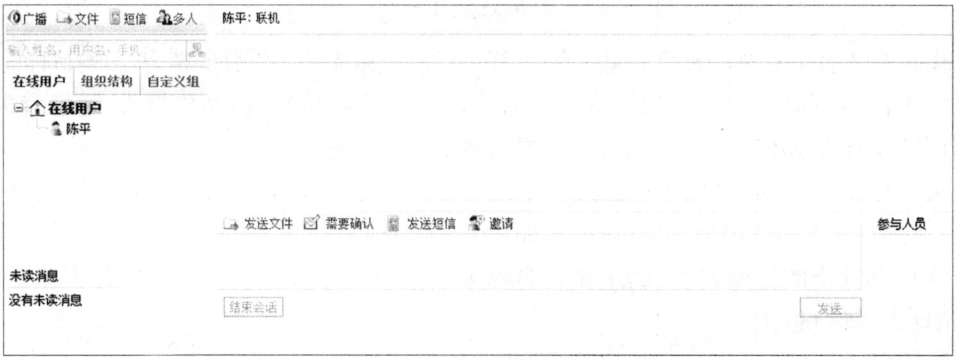

图 6.17 沟通

广播消息是一种消息的发送形式。与在线会话相比，广播消息不需要接收人是在线状态，可以任意选择企业内部的联系人或部门作为广播接收人。对于重要的广播消息可以设置为要求对方回复确认，对方收到后需要给发送人一个回执，否则会一直提醒接收人有一条未读消息，如图 6.18 所示。

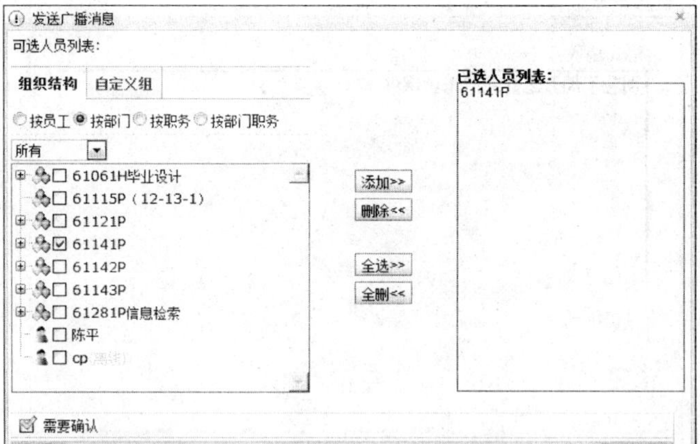

图 6.18 发送广播消息

使用今目标所产生的沟通记录将永久保留，并不允许删除，你随时可以通过“我的沟通”来查看历史沟通记录。

默认情况下自己只能查看与自己相关的沟通记录，在具有“部门沟通记录查看权”的情况下，还可以查询职权范围内其他人的沟通内容。

实践二　文档、审批、主线

1. 目的与要求

（1）掌握企业网盘的使用方法及在企业中的应用；

（2）掌握审批的操作流程，及在实际工作中的作用；

（3）了解主线的作用，掌握主线的创建方法。

2. 实践内容

（1）文档

企业中的工作文档往往分散在不同的地点、不同的人员手中。由于缺少系统化的管理，这些资源往往得不到有效的利用。使用今目标中的文档可以对工作中产生的电子文档进行管理，所有上传到今目标平台中的文档都会汇集在文档模块下，平台中提供了多项查询条件供企业对这些文档查找和利用。

文档模块下共包括三部分功能：系统文档、最近的文档和企业网盘。

你可以按人员、按部门或者按项目建立网盘，并可以对每个网盘单独添加不同的成员以及赋予不同的操作权限。

具有企业网盘管理权的情况下可以建立网盘，通过我的网盘旁边的“功能设置”进入，选择“新建”。

建立网盘时需要选择这个网盘中的参与人，也就是可以看到这个网盘的人员，同时对他们的权限进行设置，通过权限来控制在网盘中的操作，如图6.19所示。

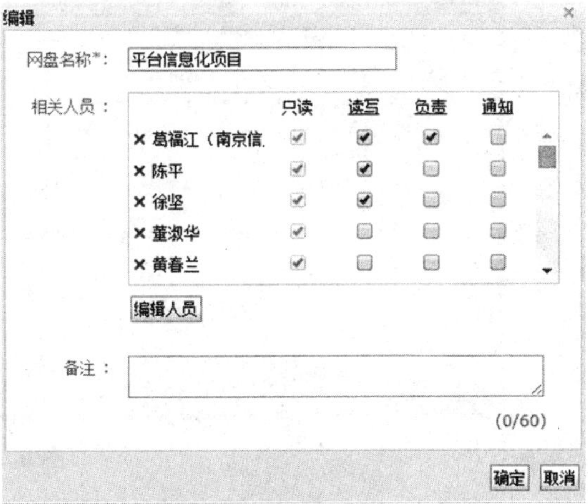

图6.19　权限设置

关于企业网盘的权限说明如下：

只读：对网盘中的文件只能下载查看，不能往网盘中上传文件和删除文件。

读写：除可阅读文件外，还可以向文件中上传文件和删除文件。

负责：可以对所负责的网盘进行管理，包括删除网盘以及对网盘中的成员进行删减和调整权限。

通知：通知不是权限，勾选后会向当事人发送一条通知消息。

网盘管理权：该权限需要在职务权限中赋予，拥有此权限后可以创建网盘，并且对所有已建立的网盘都可以进行删除和编辑的操作。

如何上传文件？

进入到已建立的网盘，在该网盘中具有读写权的情况下可以通过“上传文件”按钮来上传文件。也可以建立文件夹，在文件夹中上传文件。

(2) 审批

企业中传统的审批是采用手工签核的方式，申请人需要拿着各种文件、单据往返于多个部门等候签字盖章。遇到签核人外出，一份申请可能要搁置十天半月才能结案，管理者出差归来，往往有一堆的单据需要签核处理，效率十分低下。

今目标中的审批是网络化的审批工具，可以满足企业多项审批需求，并且过程简单，不过度依赖流程，能够有效地提升工作效率。

企业中的任何人都可以建立申请。你可以直接选择申请类型建立自由审批，也可以选择已经设置好的审批流程，在申请类型中目前只能使用系统中给出的类型。

申请内容需要由申请人手工输入，与传统的表单式审批相比更具有灵活性。如果企业中有规范的电子表单，也可以通过附件上传到申请中。

在不使用审批流程的情况下，需要由申请人来指定审批人，并且只能指定第一级的审批人，下一级的审批人需要由第一个审批人在给出“同意”意见后再进行选择。

使用了审批流程的情况下，系统会将该流程涉及审批人自动显示出来，当第一级签核结束后会自动转到下一级审批人签核。但需要注意的是，当审批流程中的级别设置为某一职务时，系统会将隶属于该职务下所有人员显示出来，需要申请人或者审批人从中选择需要进行审批的人员，如图 6.20 所示。

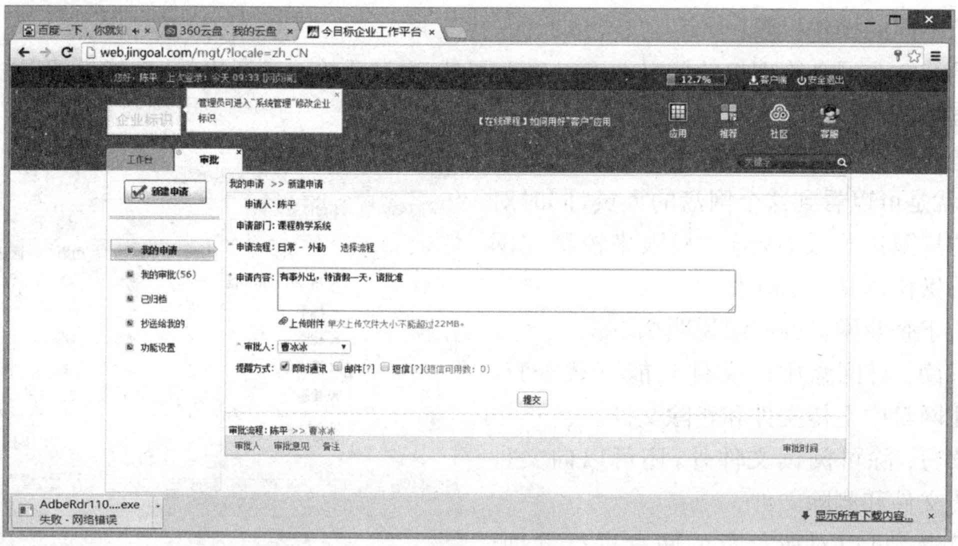

图 6.20　审批

申请提交后，系统会给审批人推送一条消息，告知对方目前有待审批的申请。申请人可以随时打开申请查看审批进度。

审批申请提交后将不能撤回和删除，如需要修改则需要审批人选择“不同意”后返回到申请人处进行修改和再次提交。

审批人收到系统提醒后，进入到“我的审批”中对待处理的申请进行审批。在给出“同意”意见后，可以继续选择审批人。如不继续选择审批人，则此申请完成，返回到申请人处；如选择不同意，该申请也会退回到申请人处。

（3）主线

主线是今目标中的独有功能，通过主线可以将今目标平台上分散在不同参与人，不同功能模块下的信息统一汇集在一条主线下，在团队成员之间进行信息共享，让参与人了解到事情发展的来龙去脉。

情景一：有些工作内容只发生在某个人或某些人之间，作为非直接参与人无法很直观地了解到事情的进展情况。

情景二：处理同一件工作使用到了多个功能模块，例如：邮件、沟通、审批……这些信息分散保存，无法将同属于一件事情的信息汇总到一起。

首先通过“添加主线”建立一个主题，并选择加入到此主线中的参与人，主线中后续引用的内容对参与人都是可见的，见图 6.21。

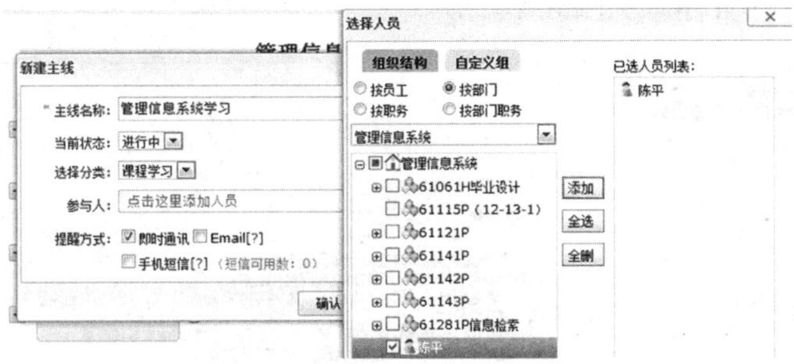

图 6.21　选择人员

如需要提醒到参与人，则提交主线前应勾选“通知参与人”。主线创建后，接下来建立工作框。工作框可以建立多个，见图 6.22。

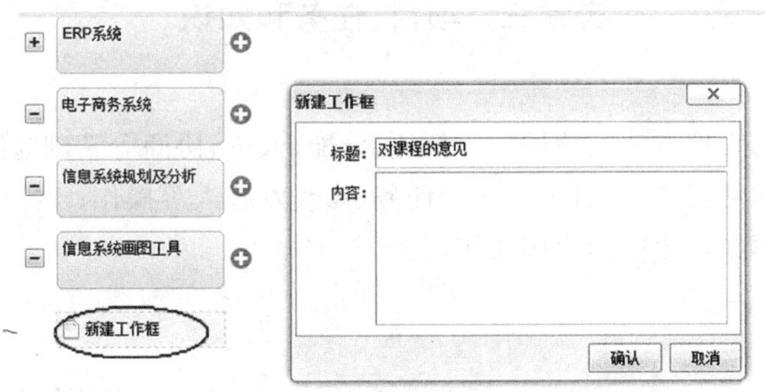

图 6.22　创建工作框

工作框建立后，通过点击工作框的展开可引用的模块图标，将自己平台上的内容以及自己职权范围内可见的内容引用到当前的主线中，主线所有的参与人都可以引用内容，见图 6.23。

图 6.23　资源界面

需要注意的是，引用时要先选中一个工作框，这样被引用的内容才会出现在该工作框下。目前可引用的模块中备忘和文档是允许新建的，也就是你可以在主线下直接新建备忘或从本地上传一个文档到主线中。

对于被引用的内容可以进行编辑和删除，参与人可以进行回复并提醒到相关人，以此实现了信息共享和交流的目的，见图 6.24。

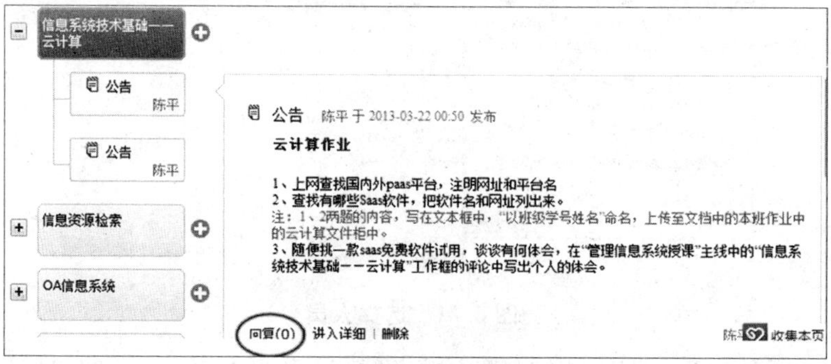

图 6.24　信息交流

实践三　项目、任务和知识

1. 目的与要求

(1) 掌握项目的管理方法及使用——新建、分配、人员、协商等基础的操作；

(2) 掌握任务的使用——派任务、接受任务、修改发起人等操作；

(3) 了解知识库在企业中的应用及作用。

2. 实践内容

(1) 项目

建立项目需要具有"新建项目权"，所以只要用户的职务中具有此权限都可以建立项目。管理员可以根据企业实际需要将此权限赋予给对应的职务即可。

① 新建项目

各项目负责人都具有创建项目的权限。创建过程：

a. 选择"项目"。

b. 点击"新建项目"。

c. 进入如图界面填写项目名称、项目编号(MIS00X)、项目描述、开始时间、完成时间、进度、负责人(默认为创建人)、参与人，见图 6.25、6.26。

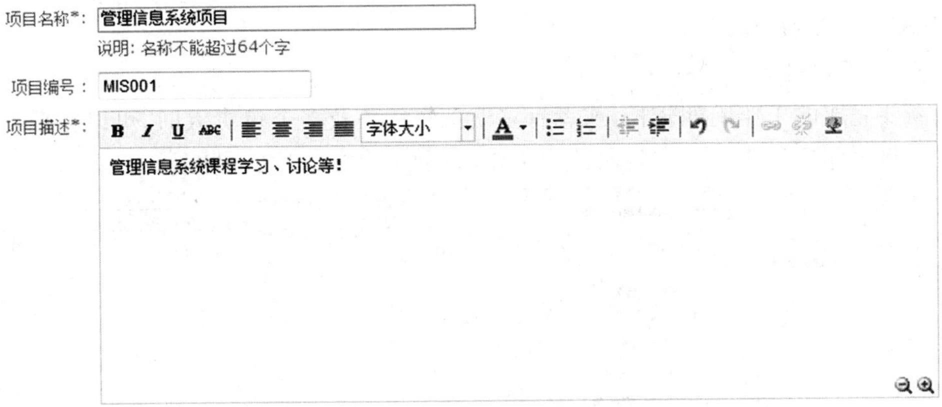

图 6.25　编辑项目内容

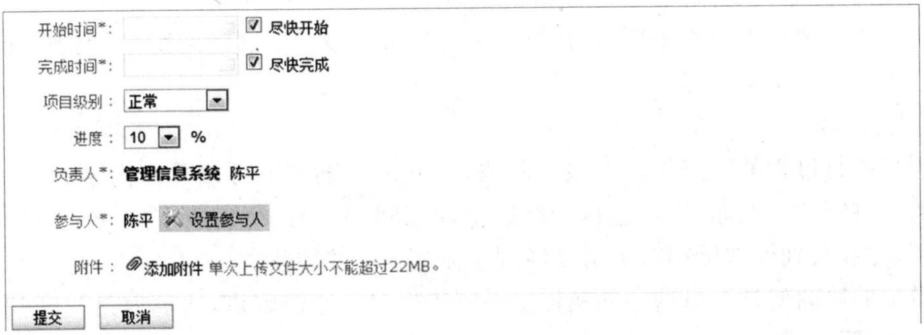

图 6.26　设置项目管理条目

注: 参与人可选一个或多个本班同学。

d. 提交后,系统将会给所有的参与人发送一条系统提醒。

e. 建好项目后,如果项目中有人员变动。可以点击打开本项目,选择“人员”选项卡,可删除或添加参与人。

② 分配项目

如果你只是项目的创建人而不是负责人,可以通过“分配项目”来重新指定负责人,见图 6.27。

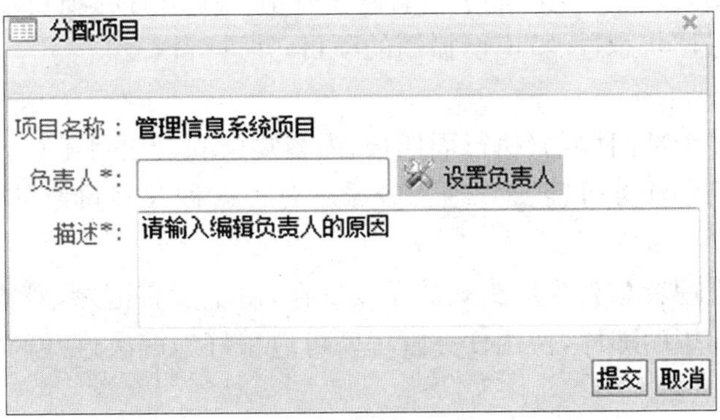

图 6.27　分配项目

此操作需要具有项目管理权。在拥有此权限的情况下，即使不是你创建的项目也可以进行“分配项目”的操作。

③ 建立子项目

当需要完成的工作周期较长，或者有多项工作任务及多个负责人时，可以在项目中建立子项目。将工作拆分成若干个阶段性的工作，有助于目标的达成，见图 6.28。

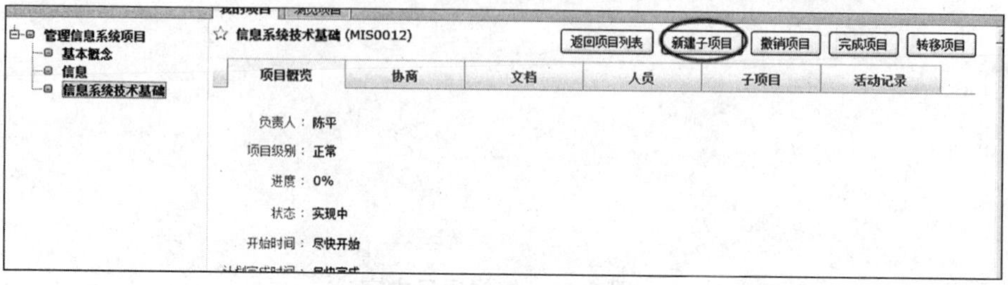

图 6.28　新建子项目

只有负责人才可以建立子项目，每个子项目都可以设置不同的负责人，根项目的负责人有权利变更子项目负责人。

④ 项目协商

对项目执行过程的掌控决定了项目的成败，从很多案例中可以看出沟通不畅是造成项目失败的关键因素。例如，项目进行中已经出现了问题，但执行者没有主动上报，或上报流程太繁琐，往往收到处理反馈时事情已经到了无法解决的地步。

项目中的协商就是针对这一问题提供的解决方案。通俗来讲，协商就是“挂问题”，项目所有参与人都可以发表协商，将执行中的各项问题或者进度等进行汇报，提交后协商内容会通过系统提醒自动推送到负责人及所有参与人眼前，在第一时间获知最新进展及给出相关反馈。

⑤ 项目文档

项目在执行过程中会产生大量文档，通过项目文档，可以将属于同一项目的文档汇集在一起，方便参与人调取查询。

项目参与人员，选择“文档”选项卡，点击“添加文档”，可上传跟本项目有关的文件。

⑥ 撤销项目

项目建立后就不允许删除，只能进行编辑或撤销。撤销后的项目或子项目将不显示在项目列表中，可以通过“状态过滤”出已撤销的项目，并进行恢复。

(2) 任务

除了那些需要多个部门协同、执行周期长、内容复杂的大项目工作，在企业中，还有大量常规工作以及临时的小任务等需要管理和分派。对于这种较轻量级的工作，就可以使用任务工具来完成。

特别是很多的管理者总喜欢口头式的派发工作，由于没有记录，双方沟通不畅导致任务完成却不是管理者期望的那样，使用任务管理就可以很好地解决这些问题。

① 派任务

通过任务管理，可将常规工作以及临时的小任务派发给某参与人。当有一件工作需要完成时，就可以通过“派任务”创建一张任务表单。要求创建人将需要完成的工作内容及需要达成的结果进行描述，并为该项任务选择完成的时间点及负责人等。

操作步骤：

a. 选择“任务”选项卡。

b. 点击“派任务”。

c. 提交后，该项任务为待接收状态。任务中的负责人将会接收到来自系统的一条提醒消息，告知当前有项任务由自己负责来完成。

d. 负责人进入到该项任务页面后，可以选择“接收任务”或者“拒绝任务”。接收任务后，该项任务显示为进行中状态，表示该项任务正式开始执行，系统将自动提醒任务创建人和参与人。选择拒绝任务后，该项任务直接退回到创建人处。

② 执行任务

任务的执行过程可以通过“任务看板”下的“添加任务事件”来进行记录，见图 6.29。

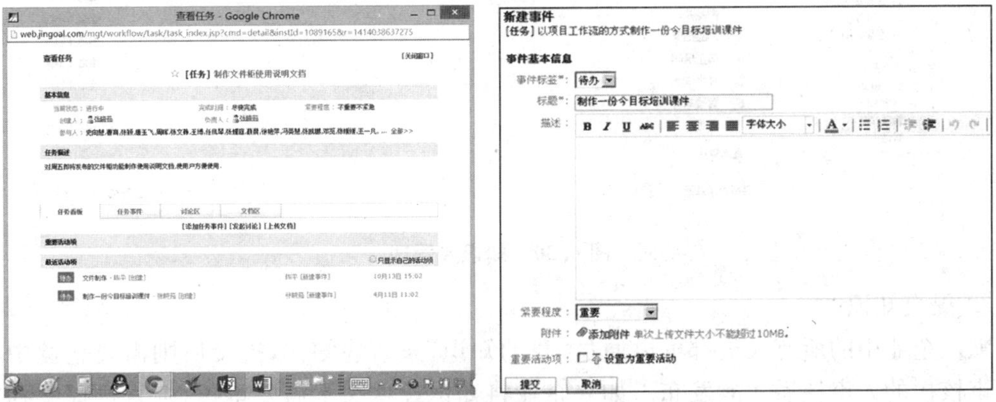

图 6.29 添加任务事件

对于执行过程中有争议的问题或者是需要大家来商榷的问题，可以通过任务中的“讨论区”快速发起参与人之间的主题讨论，提交的内容会自动保存在讨论区中，方便日后对该项任务的查询和回溯。

任务过程中会产生各类文档，为了便于管理和查找，通过“文档区”来保存与此项任务相关的所有文档。

③ 完成任务

任务完成后，需要由负责人来进行任务总结并且完成“提交完成”的动作。

提交后，该任务为待审核状态，需要由任务的创建人“处理审核”。任务创建人可以给出“同意”或“不同意”的意见，如同意则任务完成，不同意则重新退回到负责人处继续进行。

④ 撤销任务

任务创建后不允许删除，只能由任务创建人进行撤销的操作，任务撤销后将不允许其他人再向任务中添加内容，已撤销的任务允许“恢复任务”。

(3) 知识

企业在长期的经营过程中积累了不少的智慧和经验，但由于缺少规范的收集整理，这些宝贵的知识财富都没有得到很好的利用，以至于造成了企业中人员离职经验流失，相同的错误重复出现等问题。知识模块就是帮助企业来构建企业的知识库，实现知识的沉淀、共享和学习。

① 知识库管理

在使用知识前,应先设计好知识库的架构,根据企业需要的知识和已有的知识建立知识库中的分类和标签。方便后续新建知识时可以准确的提交在对应的分类下,便于查找和管理,见图 6.30。

知识的分类最多可建立五级,在一级分类下可以创建知识标签,用于区分知识类别。当知识分类中已经存在知识点时分类是不允许删除的,有下级子分类时上级分类也是不允许删除的。

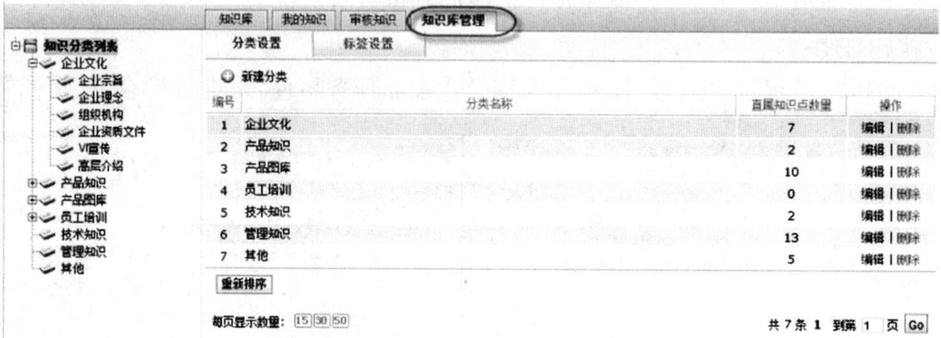

图 6.30　知识库管理

② 提交知识

默认企业中的所有成员都可以通过“我的知识”来新建知识,提交后则需要企业中具有知识审核权的人审核后才能发布。如果企业将知识设置为不需要审核,则直接提交到知识库中,见图 6.31。

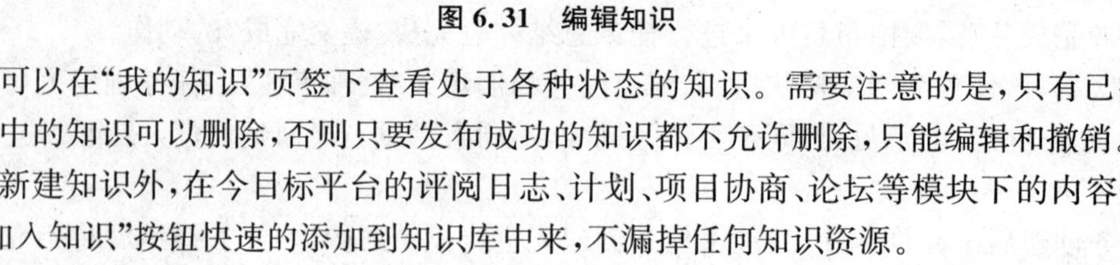

图 6.31　编辑知识

你可以在“我的知识”页签下查看处于各种状态的知识。需要注意的是,只有已拒绝和草稿箱中的知识可以删除,否则只要发布成功的知识都不允许删除,只能编辑和撤销。

除新建知识外,在今目标平台的评阅日志、计划、项目协商、论坛等模块下的内容也可以通过“加入知识”按钮快速的添加到知识库中来,不漏掉任何知识资源。

③ 审核知识

当企业的知识发布设置为需要审核时,则具有知识管理权的成员将负责审核知识的发布。在“审核知识”页签下显示待发布的知识,管理员可以对知识进行发布或拒绝的操作。

实践四　OA 系统后台管理

1. 目的与要求

(1) 学会注册今目标账号；

(2) 掌握后台管理工作——部门、员工、权限、提醒设置等操作；

(3) 能够利用今目标系统为一个企业实施 OA 系统。

2. 实践内容

(1) 注册

使用今目标首先要进行企业注册获取企业号，每家企业只需要注册一次即可。企业号是唯一且不可更改的。企业中的其他使用者都在这个企业号下建立。

企业注册后系统分配的账号默认为该企业的系统管理员账号，企业中各个部门和所有员工的登录账号都由管理员来进行创建和管理。

管理员是默认存在的职务，注册人可以在创建员工时将管理员身份分配给其他人，企业中可以有多个管理员。

初次登录系统的管理员账号和密码会在注册时发送到注册人的手机或者 E-mail 中，企业中其他成员的登录账号和密码则需要由管理员登录到系统后进行创建。

(2) 系统初始化

第一步：填写企业信息。这里填写的企业名称会显示在今目标平台首页，企业简称显示在组织结构上。

第二步：建立组织结构。根据企业真实组织结构的设置情况在这里添加部门和员工。

“添加部门”时要注意对“父部门”的选择。通过选择父部门，可以建立多级部门的组织结构，见图 6.32。

图 6.32　管理组织结构

通过“添加员工”为企业中的其他员工建立登录账号。输入员工的手机号，则该员工可以使用自己的手机号作为登录账号。输入 E-mail 地址，通过邮箱验证后也可以作为登录账号，同时该员工的登录账号和密码会发送到填写的邮箱中。

需要注意的是，员工的“职务”在这里只能选择默认职务，如果与企业的职务设置不匹配，你可以在后续设置好职务权限后再来单独调整职务。除常规信息外，还可以添加其他信息和设置兼职。

第三步：完成。进行完以上操作后系统初始化完成，点击“开始使用”保存所有设置。初始化完成后下次进入到系统将不再显示，如需要进行修改，可以通过“系统管理”进入。

(3) 进入管理后台

今目标平台的后台管理模块设置在浏览器端。管理员登录到平台后通过“应用”中的“系统管理”进入到后台管理页面。

为保证企业数据安全，进入系统管理时要求重新输入密码进行验证。

(4) 部门管理

在组织结构页面下，通过鼠标将要修改名称的部门选中，然后点击“编辑部门”，可以修改部门的名称及部门描述。

在“编辑部门”窗口中，点击左下方的“删除该部门”按钮，即可删除所选中部门。

如该部门中已添加员工，有兼职员工或者有下级部门存在时，此按钮为灰色不可删除，需要先将部门或人员清空后才可以删除。

如需要对已建立的部门进行转移，可以在组织结构页面下选中要转移的部门，点击“编辑部门”，然后在编辑窗口内重新选择“父部门”。

(5) 员工管理

在组织结构页面下点击“添加员工”按钮，添加方式与系统初始化中添加方式相同。

已创建的员工不允许删除，只能进行“停用”的操作，停用后该员工不能登录系统，并不在组织结构中展现。

在组织结构页面下的员工列表中，点击该员工信息后面的“停用”按钮，填写停用原因后就可停用。停用后的员工还可以进行启用，调整到已停用页面下，点击“启用”按钮即可。

当该成员需要同时管理多个部门时才适合使用兼职，例如需要查看多个部门的工作情况，可以将此成员兼职到所管辖的多个部门内。此处的兼职不适合为普通员工设置，因为部门中的管理者无法查看兼职人员的工作信息。打开编辑员工窗口选择“兼职”页面，点击“添加兼职”按钮，选择所兼职的部门以及职务，保存后即生效。同一人可以有多个兼职，并可以兼职不同的职务，设置好之后，保存即可，见图 6.33。

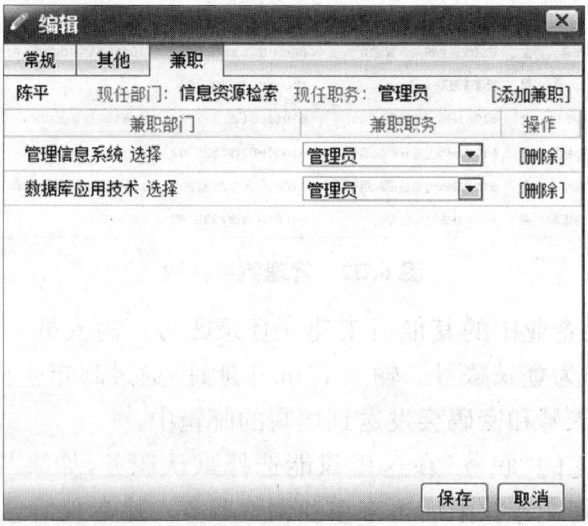

图 6.33　管理资源

（6）职务权限管理

在今目标平台中是通过组织结构和和职务来划分权限的。“职务权限”是指企业成员在公司的今目标平台中所享有的特权，不同的职务可以设置不同的权限，权限决定了成员在今目标平台中可以进行的操作以及查看的内容范围。

① 新建职务

系统中默认提供了“管理员”“总经理”“员工”和“部门经理”四项职务，并为这四项职务分别设置了不同的权限。企业管理员可以根据企业需要对这四项职务及权限进行修改，也可按企业真实的职务设置情况进行新建，见图6.34。

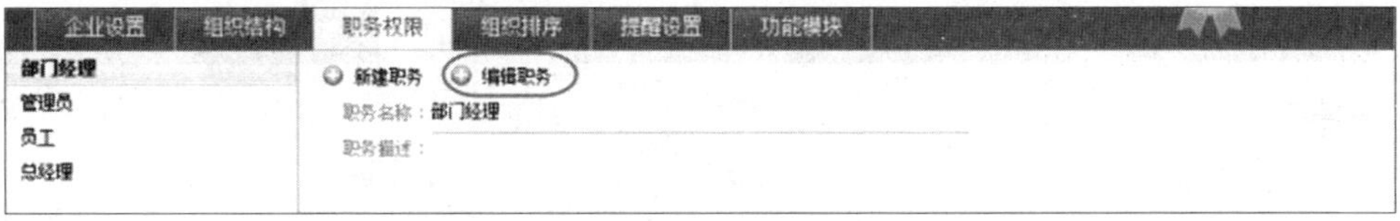

图6.34　新建职务

② 设置职务权限

建立职务的同时，需要对该职务赋予权限，即该职务下的成员可以在今目标平台中进行哪些操作。权限目前是按功能模块来划分的，你可以通过权限的描述来判断该给哪些职务赋予哪些权限。

当前权限为勾选状态时，则表示该职务拥有进行此项操作的权利，取消勾选后即取消进行此项操作的权利，该职务下的成员将无法进入到对应的模块中进行操作，见图6.35。

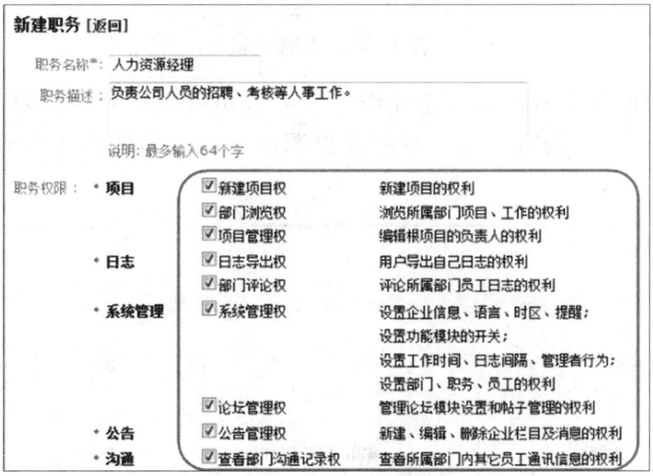

图6.35　设置职务权限

职务建好后如需要对职务名称或者职务下赋予的权限进行调整，可以通过“编辑职务”来完成，见图6.36。

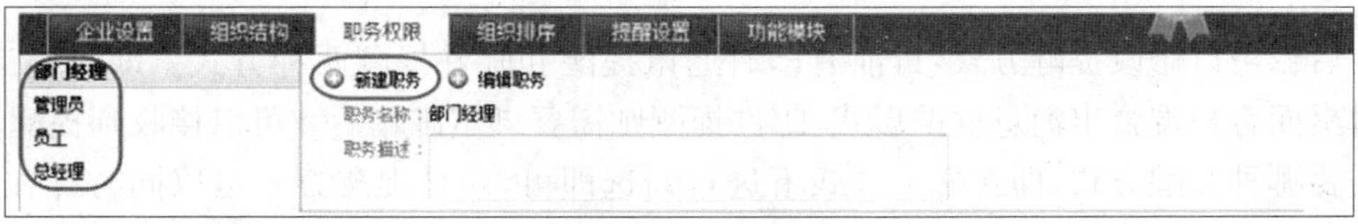

图6.36　编辑职务

已建立的职务可以删除,但当企业中有成员使用该职务时则不允许删除,需要通过编辑员工信息取消担任该职务才可进行删除。

注意: 管理员职务则只能修改名称,不允许删除名称。

选中一个已存在的职务,通过"查看人员"可以了解企业中有哪些成员担任了此职务。

(7) 提醒设置

今目标中的一些功能是可以设定系统提醒的,"提醒设置"就是对这些功能下的具体操作设置提醒的位置。设置提醒后,每当系统中出现了这些动作时,系统都将按设置的提醒方式自动提醒到企业中的相关人员,见图 6.37。

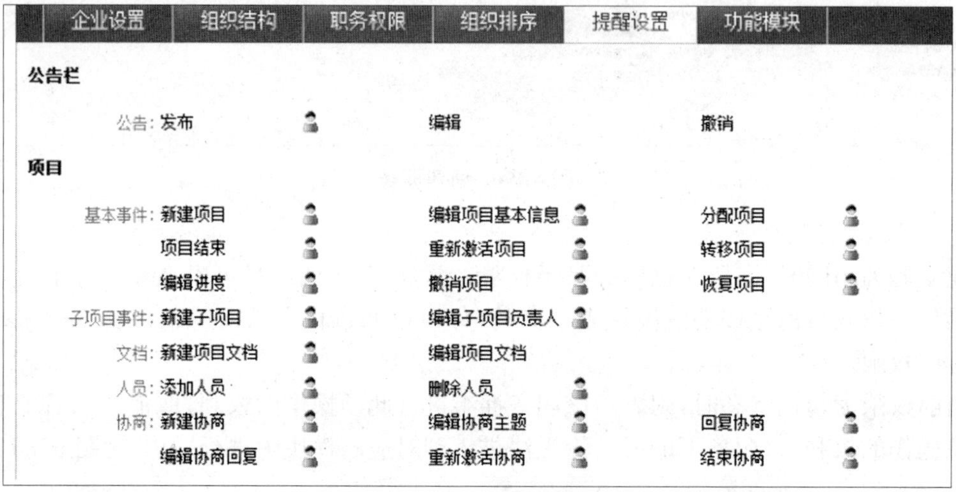

图 6.37　提醒设置

提醒设置由管理员统一进行,对企业中的所有成员有效。企业需要对哪些动作进行提醒,则点击该页面下方的"编辑"按钮,在需要提醒动作后的勾选框选中即可,反之则不进行提醒,见图 6.38。

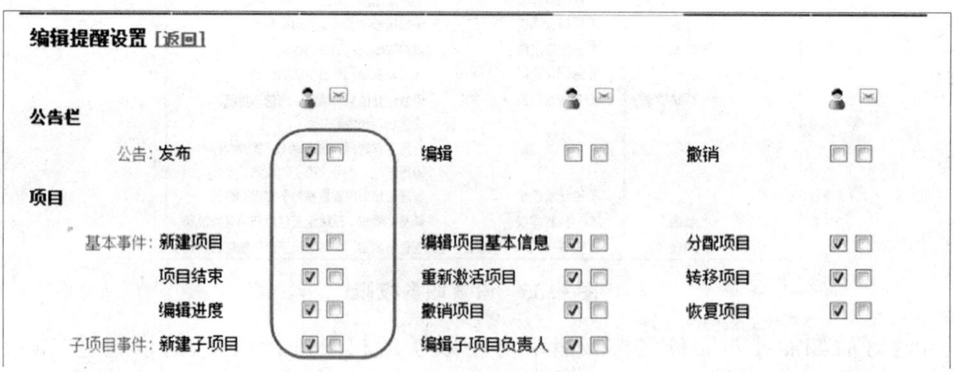

图 6.38　编辑提醒

在后台可以修改提醒方式,目前有即时通讯提醒和邮件提醒两种方式。即时通讯提醒是通过桌面客户端弹出消息框的形式,邮件提醒则需要绑定邮箱后才可以接收到提醒消息。

需要哪种提醒方式,即在哪种方式下进行勾选即可,两种提醒方式可以同时存在,见图 6.39。

图 6.39　提醒方式

除此之外,所有的提醒消息还可以通过今目标浏览器平台上的"系统提醒"模块下来查看。

(8) 功能设置

今目标平台中提供的各项功能模块可以根据企业的需要进行开启和关闭,并可以对这些功能模块进行排序,将企业最常用的功能调整在菜单的最前面方便使用。

功能设置是对企业中的所有人有效,由管理员统一进行设置。

在"功能模块"中可以对允许进行操作的功能进行启用和关闭,模块关闭后将不在平台中显示,那些不能进行关闭的功能是我们根据用户的反馈推荐使用的功能,见图 6.40。

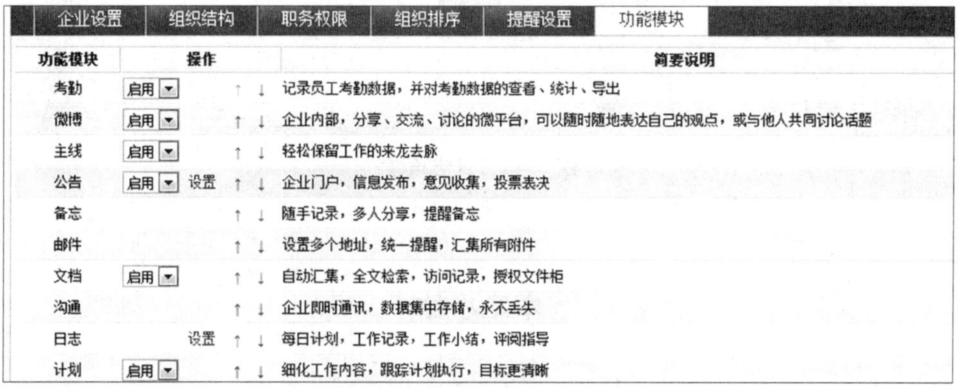

图 6.40　选择功能模块

在功能模块页面下的公告设置中,也可以将"今目标动态"设置为"隐藏"状态,这样在公告模块中就不会显示今目标动态信息,见图 6.41。

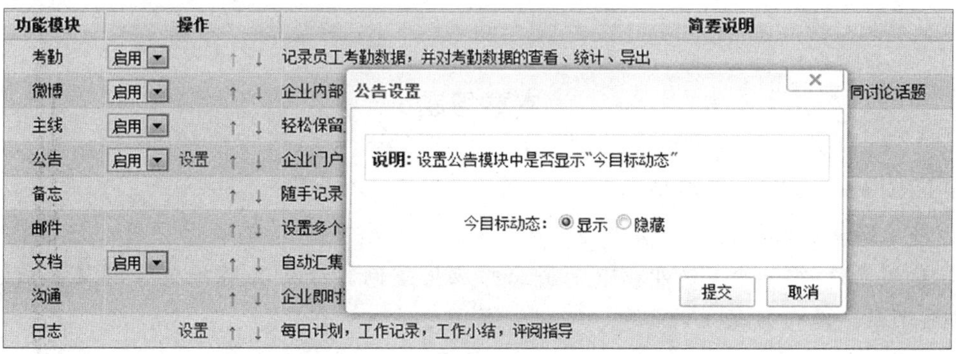

图 6.41　今目标动态的显示和隐藏

日志设置。在日志设置中点击"编辑"按钮,可以对日志的开始结束时间,日志间隔时间以及过期的日志是否允许补充进行设置。

使用日志功能时每隔一段时间弹出的日志提醒,就是根据日志的开始结束时间以及间隔时间来计算出来的。每天提交的日志在当天的24点后将不允许进行修改，通过设置“过期允许补充”可以对已过期的日志允许补充内容，见图6.42。

对知识模块中的知识发布方式可以设置“是否需要审核”，通过知识设置由管理员来进行设定。设置为需要审核后，则企业成员提交的知识默认为不发布状态，需要由企业中具有“知识管理权”的人进行审核后才可以发布到知识库中，反之则直接发布。

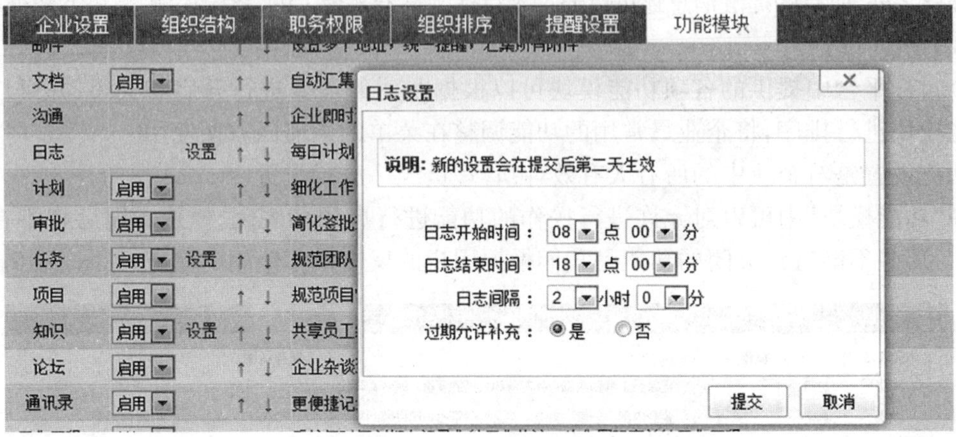

图6.42　日志设置

本章小结

本章重点介绍了ERP的基本概念、含义、发展以及核心思想，并详细介绍了ERP中的常用信息系统，具体包括供应链管理系统的基本知识，客户关系管理系统的基本概念及模块，办公自动化系统的功能以及基于云计算的今目标OA系统实践。通过本章的学习，读者可以了解企业常用信息系统的常用功能及操作流程，提高信息化应用能力。

本章习题

1. ERP的核心思想有哪些？

2. 供应链管理的概念是什么？

3. 查阅资料，举一个CRM在中小企业的应用案例。分析其实施过程以及在该系统中存在哪些不足。改进方案是什么？

第7章

电子商务系统

本章学习目标

1. 了解电子商务的几种类型；
2. 了解电子商务系统的构成以及对应的软硬件环境；
3. 了解电子商务的结构以及功能。

理论指导

7.1 电子商务系统简介

电子商务系统是保证以电子商务为基础的网上交易实现的体系。

市场交易是由参与交易双方在平等、自由、互利的基础上进行的基于价值的交换。网上交易同样遵循上述原则。作为交易中两个有机组成部分，一是交易双方信息沟通，二是双方进行等价交换。在网上交易，其信息沟通是通过数字化的信息沟通渠道而实现的，一个首要条件是交易双方必须拥有相应信息技术工具，才有可能利用基于信息技术的沟通渠道进行沟通。同时要保证能通过 Internet 进行交易，必须要求企业、组织和消费者连接到 Internet，否则无法利用 Internet 进行交易。在网上进行交易，交易双方在空间上是分离的，为保证交易双方进行等价交换，必须提供相应货物配送手段和支付结算手段。货物配送仍然依赖传统物流渠道，对于支付结算既可以利用传统手段，也可以利用先进的网上支付手段。此外，为保证企业、组织和消费者能够利用数字化沟通渠道，保证交易顺利进行的配送和支付，需要由专门提供这方面服务的中间商参与，即电子商务服务商。

广义的电子商务系统是指支持电子商务活动的电子技术手段的集合。狭义的电子商务系统是指在 Internet 和其他网络的基础上，以实现企业电子商务活动为目标，满足企业生产、销售、服务等生产和管理的需要，支持企业的对外业务协作，从运作、管理和决策等层次全面提高企业信息化水平，为企业提供商业智能的计算机系统。

电子商务是以计算机网络为基础，以电子化方式为手段，以商务活动为主体，在法律许可范围内所进行的商务活动过程。电子商务是运用数字信息技术，对企业的各项活动进行持续优化的过程。电子商务涵盖电子商务的范围很广，一般可分为企业对企业(Business-to-Business)，或企业对消费者(Business-to-Consumer)两种。另外还有消费者对消费者(Consumer-to-Consumer)这种大步增长的模式。随着国内 Internet 使用人数的增加，利用 Internet 进行网络购物并以银行卡付款的消费方式已渐流行，市场份额也在迅速增长，电子商务网站也层出不穷。

7.2 电子商务系统分类

1. B2C

适合开展 B2C 电子商务的销售型企业和个体，通过互联网为消费者提供一个新型的购物环境，B2C 网络购物网站建设来减少中间环节从而减低成本和增加效益，这种模式节省了客户和企业的时间和空间，大大提高了交易效率。同时又能有效地控制“商场”运营的成本，开辟了一个新的销售渠道。传统企业，特别是具有优势产品的生产企业，通过搭建购物网站，建立运营系统，进行网络营销和推广，提供在线客服和咨询，一方面可以降低生产成本，一方面还可以将产品以一定的利润销售出去，而消费者则可以购买到低于实体店铺价格且质量有保证的产品。

2. B2B

商家(泛指企业)对商家的电子商务，即企业与企业之间通过互联网进行产品、服务及信息的交换。通俗的说法是指进行电子商务交易的供需双方都是商家(或企业、公司)，他们使用了 Internet 的技术或各种商务网络平台，完成商务交易的过程。这些过程包括：发布供求信息，订货及确认订货，支付过程及票据的签发、传送和接收，确定配送方案并监控配送过程等。有时写作 B to B，但为了简便干脆用其谐音 B2B(2 即 two)。B2B 的典型是中国供应商、阿里巴巴、中国制造网、敦煌网、慧聪网、瀛商网、Needsee、电子商务学吧等。B2B 按服务对象可分为外贸 B2B 及内贸 B2B，按行业性质可分为综合 B2B 和垂直 B2B，垂直 B2B 有：中国化工网、鲁文建筑服务网。

传统的企业间的交易往往要耗费大量资源和时间，无论是销售、分销还是采购都要占用大量成本。通过 B2B 网站的交易方式使买卖双方能够在网上完成整个业务流程，从建立最初印象、到货比三家、再到讨价还价、签单和交货……最后到客户服务。B2B 使企业之间的交易减少许多事务性的工作流程和管理费用，降低了企业经营成本。网络的便利及延伸性使企业扩大了活动范围，企业发展跨地区跨国界更方便，成本低廉。

3. C2C

C2C 商务平台就是通过为买卖双方提供一个在线交易平台，使卖方可以主动提供商品上网拍卖，而买方可以自行选择商品进行竞价。C2C 的意思就是消费者(Consumer)与消费者(Consumer)之间的电子商务。打个比方，比如一个消费者的有一台旧电脑，通过网上拍卖，把它卖给另外一个消费者，这种交易类型就称为 C2C 电子商务。

C2C 电子商务网站管理系统是一套基于 PHP＋My SQL 技术 MVC 架构开发的 Web 电子商务程序。C2C 电子商务网站程序的主要功能有：采用了缓存更新处理，积木式查询显示,前台 HTML 模板管理,支持鼠标拖曳排版功能。C2C 电子商务网站管理系统首页商品和店铺的自助推荐功能,支持拍卖及一口价模式,支持在线充值(CHINABANK),支付宝按钮支付,商品支持多图片,多级分类设置,同时拥有虚拟币,用户收费店铺,商品登陆收费,求购信息平台,新闻发布,广告 JS 管理,友情链接,交易提醒邮件,交易信用评价,站内短信,信息脏话过滤,后台分权限管理等功能,旨在能为广大网民朋友提供一个网络公平竞价交易的商务平台。

7.3　电子商务系统构成

电子商务系统,是在 Internet 信息系统的基础上,由参与交易主体的信息化企业、信息化组织和使用 Internet 的消费者主体,提供实物配送服务和支付服务的机构,以及提供网上商务服务的电子商务服务商组成。由上述几部分组成的基础电子商务系统,将受到一些市场环境的影响,这些市场环境包括经济环境、政策环境、法律环境和技术环境等几个方面,如图 7.1。

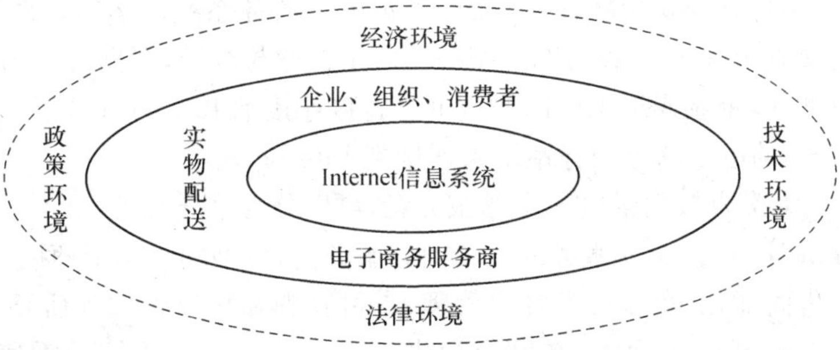

图 7.1　电子商务系统

1. Internet 信息系统

电子商务系统的基础是 Internet 信息系统,它是进行交易的平台,交易中所涉及的信息流、物流和货币流都与信息系统紧密相关。Internet 信息系统是指企业、组织和电子商务服务商,在 Internet 网络的基础上开发设计的信息系统。它可以成为企业、组织和个人消费者之间跨越时空进行信息交换的平台,在信息系统的安全和控制措施保证下,通过基于 Internet 的支付系统进行网上支付,通过基于 Internet 物流信息系统控制物流的顺利进行,最终保证企业、组织和个人消费者之间网上交易的实现。因此,Internet 信息系统的主要作用是提供一个开放的、安全的和可控制的信息交换平台。它是电子商务系统的核心和基石。

2. 电子商务服务商

Internet 作为一个蕴藏巨大商机的平台,需要有一大批专业化分工者进行相互协作,为企业、组织与消费者在 Internet 上进行交易提供支持。电子商务服务商便起着这种作用。根据服务层次和内容的不同,可以将电子商务服务商分为两大类:一类为电子商务系统提供系统支持服务的,主要为企业、组织和消费者在网上交易提供技术和物资基础;另一类是直接提供电子商务服务者,为企业、组织与消费者之间的交易提供沟通渠道和商务活动服务。

(1) 对于第一大类为电子商务系统提供系统支付服务的，根据技术与应用层次不同，提供系统支持服务的电子商务服务商可以分为四类：

第一类是接入服务商(Internet Access Provider，IAP)。它主要提供 Internet 通信和线路租借服务，如我国电信企业中国电信、联通提供的线路租借服务。

第二类是服务提供商(Internet Service Provider，ISP)，它主要为企业建立电子商务系统提供全面支持，一般企业、组织与消费者上网时只通过 ISP 接入 Internet，由 ISP 向 IAP 租借线路。

第三类是内容服务提供商(Internet Content Provider，ICP)。它主要为企业提供信息内容服务，如财经信息、搜索引擎，这类服务一般都是免费的，ICP 主要通过其他方式如发布网络广告获取收入。

第四类是应用服务系统提供商(Application Service Provider，ASP)。它主要是为企业、组织建设电子商务系统时提供系统解决方案，这些服务一般都是属于信息技术(IT)行业的公司提供，如 IBM 公司为企业、政府和银行提供的电子化企业、电子化政府和电子化银行电子商务系统解决方案。有的 IT 企业不但提供电子商务系统解决方案，还为企业提供电子商务系统租借服务，用户只需要租赁使用，无须维护电子商务系统的运转。对于消费者，主要通过 ISP 上网连接到 Internet，参与网上交易。对于企业与组织，根据自身的资金和条件，如果需要大规模发展的，企业或组织可以通过 ISP 直接连接到 Internet；对于小规模的应用，则可以通过租赁 ASP 的电子商务服务系统来连接到 Internet。

(2) 对于第二大类直接提供电子商务服务者，可以分为这样几类：

第一类是提供 B—C 型交易服务的电子商务服务商，典型的是网上商厦。它通过出租空间给一些网上零售商，网上商厦负责客户管理、支付管理和物流管理等后勤服务，如我国著名的 ICP 新浪网为拓展电子商务，在网上提供页面空间给一些传统的零售商在网上销售产品。

第二类是提供 B—B 型交易服务的电子商务服务商，典型的是 B—B 型交易市场。它通过收集和整理企业的供求信息，为供求双方提供一个开放的、自由的交易平台，如我国著名的 B—B 型电子商务服务公司阿里巴巴。它通过建立网上供求信息网为全球商人提供供求信息发布和管理工作。

第三类是提供网上拍卖服务的电子商务服务公司，有提供消费者之间拍卖中介服务的，消费者拍卖商家产品中介服务的，以及商家之间的拍卖服务的，如我国著名的拍卖电子商务服务公司雅宝，它提供消费者之间的个人竞价服务，还有从消费者到商家的集体竞价服务。

电子商务服务商起着中间商的作用，但它不直接参与网上的交易。一方面，它为网上交易的实现提供信息系统支持和配套的资源管理等服务，是企业、组织和消费者之间交易的技术物资基础。另一方面，它为网上交易提供商务平台，是企业、组织与消费者之间交易的商务活动基础。

3. 企业、组织与消费者

企业、组织与消费者是 Internet 网上市场交易主体，它们是进行网上交易的基础。由于 Internet 本身的特点及加入 Internet 的网民的倍速增长趋势，使得 Internet 成为非常具有吸引力的新兴市场。一般来说，组织与消费者上网比较简单，因为他们主要是使用电子商务服务商提供的 Internet 服务来参与交易。企业上网则是非常重要而且是很复杂的。这是因为,一方面企业作为市场交易一方,只有上网才可能参与网上交易;另一方面,企业作为交易主体地位,必须为其他参与交易方提供服务和支持,如提供产品信息查询服务、商品配送服务、支付结算服务。因此,企业上网开展网上交易,必须进行系统规划建设好自己的电子商务系统,见图 7.2。

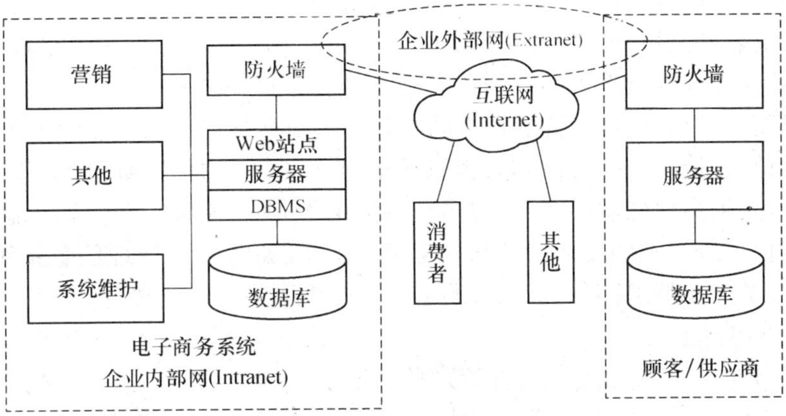

图 7.2 企业电子商务系统组

图 7.2 是一基于 Internet 基础上的企业电子商务系统的组成结构图。电子商务系统是由基于 Intranet(企业内部网)基础上的企业管理信息系统、电子商务站点和企业经营管理组织人员组成。

(1) 企业内部网络系统

当今时代是信息时代,而跨越时空的信息交流传播是需要通过一定的媒介来实现的,计算机网络恰好充当了信息时代的"公路"。计算机网络是通过一定的媒体如电线、光缆等媒体将单个计算机按照一定的拓扑结构连结起来的,在网络管理软件的统一协调管理下,实现资源共享的网络系统。

根据网络覆盖范围,一般可分为局域网(Local Area Network,LAN)和广域网(Wide Area Network,WAN)。由于不同计算机硬件不一样,为方便联网和信息共享,需要将 Internet 的联网技术应用到 LAN 中组建企业内部网(Intranet),它的组网方式与 Internet 一样,但使用范围局限在企业内部。为方便企业同业务紧密的合作伙伴进行信息资源共享,为保证交易安全在 Internet 上通过防火墙(Fire Wall)来控制不相关的人员和非法人员进入企业网络系统,只有那些经过授权的成员才可以进入网络。一般将这种网络称为企业外部网(Extranet)。如果企业的信息可以对外界进行公开,那么企业可以直接连接到 Internet 上,实现信息资源最大限度的开放和共享。

企业在组建电子商务系统时,应该考虑企业的经营对象是谁,如何采用不同的策略通过网络与这些客户进行联系。一般来说,可以将客户分为三个层次并采取相应的对策,对于特别重要的战略合作伙伴关系,企业允许他们进入企业的 Intranet 系统直接访问有关信息;对于与企业业务相关的合作企业,企业同他们共同建设 Extranet 实现企业之间的信息共享;对普通的大众市场客户,则可以直接连接到 Internet。由于 Internet 技术的开放、自由特性,在 Internet 上进行交易很容易受到外来的攻击,因此企业在建设电子商务时必须考虑到经营目标的需要，以及保障企业电子商务安全。否则，可能由于非法入侵而妨碍企业电子商务系统正常运转，甚至会出现致命的危险后果。

(2) 企业管理信息系统

企业管理信息系统是功能完整的电子商务系统的重要组成部分。它的基础是企业内部信息化，即企业建设有内部管理信息系统。企业管理信息系统是一些相关部分的有机整体，在组织中发挥收集、处理、存储和传送信息，以及支持组织进行决策和控制。企业管理信息系统最基本系统软件是数据库管理系统 DBMS(Database Management System)。它负责收集、整理和存储与企业经营相关的一切数据资料。

从不同角度，可以对信息系统进行不同的分类。根据具有不同功能的组织，可以将信息系统划分为营销、制造、财务、会计和人力资源信息系统等。要使各职能部门的信息系统能够有效的运转，必须实现各职能部门信息化。例如，要使网络营销信息系统能有效运转，营销部门的信息化是最基础的要求。一般为营销部门服务的营销管理信息系统主要功能包括：客户管理、订货管理、库存管理、往来账款管理、产品信息管理、销售人员管理，以及市场有关信息收集与处理。

根据组织内部不同组织层次，企业管理信息系统可划分为四种信息系统：操作层、知识层、管理层、战略层系统。操作层管理系统是支持日常管理人员对基本经营活动和交易进行跟踪和记录，如销售、接受、现金、工资、原材料进出、劳动等数据。系统的主要原则是记录日常交易活动解决日常规范问题，如销售系统中今天销售多少，库存多少等基本问题。知识层系统是用来支持知识和数据工作人员进行工作，帮助公司整理和提炼有用信息和知识。信息系统可以减少对纸张依赖，提高信息处理的效率和效用，如销售统计人员进行分析和统计销售情况，供上级进行管理和决策使用，解决的主要是结构化问题。管理层系统设计是用来为中层经理的监督、控制、决策以及管理活动提供服务，管理层提供的是中期报告而不是即时报告，主要用来管理业务进行如何存在什么问题等，充分发挥组织内部效用，主要解决半结构化问题。战略管理层，主要是注视外部环境和企业内部制订和规划的长期发展方向，关心现有组织能力能否适应外部环境变化，以及企业的长期发展和行业发展趋势问题，这些通常是非结构化问题。

(3) 电子商务站点

电子商务站点是指在企业 Intranet 上建设的具有销售功能的，能连接到 Internet 上的 WWW 站点。电子商务站点起着承上启下的作用，一方面它可以直接连接到 Internet，企业的顾客或者供应商可以直接通过网站了解企业信息，并直接通过网站与企业进行交易。另一方面，它将市场信息同企业内部管理信息系统连接在一起，将市场需求信息传送到企业管理信息系统，然后，企业根据市场的变化组织经营管理活动；它还可以将企业有关经营管理信息在网站上进行公布，使企业业务相关者和消费者可以通过网上直接了解企业经营管理情况。

企业电子商务系统是由上述三个部分有机组成的，企业内部网络系统是信息传输的媒介，企业管理信息系统是信息加工、处理的工具，电子商务站点是企业拓展网上市场的窗口。因此，企业的信息化和上网是复杂的系统工程，直接影响着整个电子商务的发展。

4. 实物配送

进行网上交易时，如果用户与消费者通过 Internet 订货、付款后，不能及时送货上门，便不能实现满足消费者的需求。因此，一个完整的电子商务系统，如果没有高效的实物配送物流系统支撑，是难以维系交易顺利进行的。

5. 支付结算

支付结算是网上交易完整实现的很重要一环，关系到购买者是否讲信用，能否按时支付；卖者能否按时回收资金，促进企业经营良性循环的问题。一个完整的网上交易的支付应是在网上进行的。但由于目前电子虚拟市场尚处在演变过程中，网上交易还处于初级阶段，诸多问题尚未解决，如信用问题及网上安全问题，导致许多电子虚拟市场交易并不是完全在网上完成交易的，许多交易只是在网上通过了解信息撮合交易，然后利用传统手段进行支付结算。在传统的交易中，个人购物时支付手段主要是现金，即一手交钱一手交货的交易方式，双方在交易过程中可以面对面进行沟通和完成交易。网上交易是在网上完成的，交易时交货和付款在空间和时间上是分割的，消费者购买时一般必须先付款后送货，可以采用传统支付方式，亦可以采用网上支付方式。

上述五个方面构成了电子虚拟市场交易系统的基础，它们是有机结合在一起的，缺少任何一个部分都可能影响对网上交易的顺利进行。Internet 信息系统保证了电子虚拟市场交易系统中信息流的畅通。它是电子虚拟市场交易的顺利进行的核心。企业、组织与消费者是网上市场交易的主体，实现其信息化和上网是网上交易顺利进行的前提。缺乏这些主体，电子商务失去存在意义，也就谈不上网上交易。电子商务服务商是网上交易顺利进行的手段。它可以推动企业、组织和消费者上网和更加方便利用 Internet 进行网上交易。实物配送和网上支付是网上交易顺利进行的保障。缺乏完善的实物配送及网上支付系统，将阻碍网上交易完整的完成。

7.4　电子商务系统环境

与传统市场一样，电子商务系统在提供交易所必需的信息交换、支付结算和实物配送这些基础服务的同时，还将面临使用信息技术作为交易平台带来的新问题。如信息安全问题、身份识别问题、信用问题、法律问题、隐私问题、税收问题等。

此外，电子商务发展还面临着企业、组织与消费者是否愿意上网问题，只有交易双方都上网，才有可能推动网上交易的发展。其次，消费者的习惯往往会影响消费者是否愿意进行网上购物，以及购物时是否愿意使用网上支付手段进行支付。这些都是发展电子商务时必须解决的问题。

解决上述问题，必须从外部市场环境着手解决。对于信用问题、税收问题需要通过制定相关经济政策进行推进。对于安全问题和身份识别问题需要通过加强技术进步来保证。对于法律问题和隐私问题则需要加强对与电子商务相关的立法。对于推动消费者上网购物，则需要全社会参与和引导。因此，发展电子商务是一项系统性的工程，需要企业主导、政府引导和社会参与。

7.5　电子商务系统结构

电子商务系统结构，也就电子商务系统层次关系。电子商务的整体结构是指电子商务的整体结构如图 7.3 所示。电子商务整体结构分为电子商务应用层结构(简称应用层)和支持应用实现的基础结构,基础结构包括三个层次和两个支柱。三个层次自下而上分别为网络层、多媒体消息/信息发布层、一般业务服务层,两个支柱分别是技术标准和政策、法规。三个层次之上是各种特定的电子商务应用,可见三个基础层次和两个支柱是电子商务应用的条件。为不失一般性,在此仅对电子商务的基础结构作概括说明,见图 7.3。

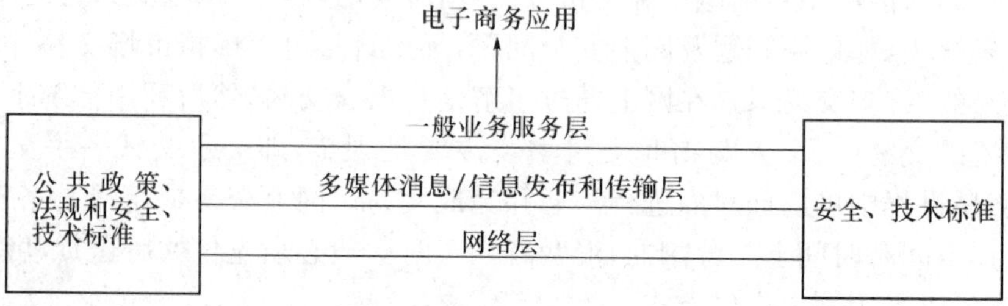

图 7.3　电子商务的基础结构

1. 网络层

网络层是电子商务的硬件基础设施,是信息传输系统,包括远程通信网(Telecom)、有线电视网(Cable TV)、无线通信网(Wireless)和互联网(Internet)。远程通信包括电话、电报,无线通信网包括移动通信和卫星网。互联网是计算机网络。目前,这些网络基本上是独立的,研究部门正在研究将这些网络连接在一起,到那时传输线路的拥挤将会彻底改变。

这些不同的网络都提供了电子商务信息传输线路,但是,当前大部分的电子商务应用还是基于 Internet。互联网络上包括的主要硬件有:基于计算机的电话设备、集线器(Hub)、数字交换机、路由器(Routers)、调制解调器、有线电视的机顶盒(Set-top Box)、电缆调制解调器(Cable Modem)。

经营计算机网络服务的是 Internet 网络接入服务供应商(IAP)和内容服务供应商(ICP),统称为网络服务供应商(ISP)。IAP 只向用户提供拨号入网服务。它的规模一般较小,向用户提供的服务有限,一般没有自己的骨干网络和信息源,用户仅将其作为一个上网的接入点看待。ICP 能为用户提供全方位的服务,可以提供专线、拨号上网,提供各类信息服务和培训等,拥有自己的特色信息源。它是 ISP 今后发展的主要方向,也是发展电子商务的重要力量。

2. 多媒体消息/信息发布、传输层

网络层提供了信息传输的线路,线路上传输的最复杂的信息就是多媒体信息。它是文本、声音、图像的综合。最常用的信息发布应用就是 WWW,用 HTML 或 JAVA 将多媒体内容发布在 Web 服务器上,然后通过一些传输协议将发布的信息传送到接收者。

3. 一般业务服务层

这一层实现标准的网上商务活动服务,以方便交易,如标准的商品目录/价目表建立、电子支付工具的开发、保证商业信息安全传送的方法、认证买卖双方的合法性方法。

4. 公共政策、法规和安全、技术标准

(1) 公共政策

公共政策包括围绕电子商务的税收制度、信息的定价(信息定价则围绕谁花钱来进行信息高速公路建设)、信息访问的收费、信息传输成本、隐私问题等,需要政府制定的政策。其中,税收制度如何制定是一个至关重要的问题。例如,对于咨询信息、电子书籍、软件等无形商品是否征税,如何征税;对于汽车、服装等有形商品如何通过海关,如何征税;税收制度是否应与国际惯例接轨,如何接轨;关贸总协定是否应把电子商务部分纳入其中。这些问题不妥善解决,会阻碍电子商务的发展。

(2) 法规

法规维系着商务活动的正常运作,违规活动必须受到法律制裁。网上商务活动有其独特性,买卖双方很可能存在地域的差别,他们之间的纠纷如何解决?如果没有一个成熟的、统一的法律系统进行仲裁,纠纷就不可能解决。那么,这个法律系统究竟应该如何制定?应遵循什么样的原则?其效力如何保证?如何保证授权商品交易的顺利进行?如何有效遏止侵权商品或仿冒产品的销售?如何有力打击侵权行为?都是制定电子商务法规时应该考虑的问题。法规制定的成功与否直接关系到电子商务活动能否顺利开展。

(3) 安全标准

安全问题可以说是电子商务的中心问题。如何保障电子商务活动的安全,一直是电子商务能否正常开展的核心问题。作为一个安全的电子商务系统,首先必须具有一个安全、可靠的通信网络,以保证交易信息安全、迅速地传递;其次必须保证数据库服务器的绝对安全,防止网络黑客闯入盗取信息。目前,电子签名和认证是网上比较成熟的安全手段。同时,人们还制定了一些安全标准,如安全套接层(Secure Sockets Layer)、安全 HTTP 协议(Secure-HTTP)、安全电子交易(Secure Electronic Transaction)等。

(4) 技术标准

技术标准是信息发布、传递的基础,是网络上信息一致性的保证。如果没有统一的技术标准,就会限制许多产品在世界范围的使用,这就像不同的国家使用不同的电压传输电流,用不同的制式传输视频信号。EDI 标准的建立就是电子商务技术标准的一个例子。

7.6 电子商务系统功能

企业通过实施电子商务实现企业经营目标,需要电子商务系统能提供网上交易和管理等全过程的服务。因此,电子商务系统应具有广告宣传、咨询洽谈、网上订购、网上支付、电子银行、货物传递、意见征询、业务管理等各项功能。

1. 网上订购

电子商务可借助 Web 中的邮件或表单交互传送信息,实现网上的订购。网上订购通常都在产品介绍的页面上提供十分友好的订购提示信息和订购交互格式框。当客户填完订购单后,通常系统会回复确认信息来保证订购信息的收悉。订购信息也可采用加密的方式使客户和商家的商业信息不会泄漏。

2. 货物传递

对于已付了款的客户应将其订购的货物尽快地传递到他们的手中。若有些货物在本地,有些货物在异地,电子邮件将能在网络中进行物流的调配。而最适合在网上直接传递的货物是信息产品,如软件、电子读物、信息服务等。它能直接从电子仓库中将货物发到用户端。

3. 咨询洽谈

电子商务借助非实时的电子邮件、新闻组和实时的讨论组来了解市场和商品信息,洽谈交易事务,如有进一步的需求,还可用网上的白板会议来交流即时的图形信息。网上的咨询和洽谈能超越人们面对面洽谈的限制,提供多种方便的异地交谈形式。

4. 网上支付

电子商务要成为一个完整的过程,网上支付是重要的环节。客户和商家之间可采用多种支付方式,省去交易中很多人员的开销。网上支付需要更为可靠的信息传输安全性控制,以防止欺骗、窃听、冒用等非法行为。

5. 电子银行

网上的支付必须要有电子金融来支持,即银行、信用卡公司等金融单位要为金融服务提供网上操作的服务。

6. 广告宣传

电子商务可凭借企业的 Web 服务器和客户的浏览,在 Internet 上发布各类商业信息。客户可借助网上的检索工具迅速地找到所需商品信息,而商家可利用网页和电子邮件在全球范围内做广告宣传。与以往的各类广告相比,网上的广告成本最为低廉,而给顾客的信息量却最为丰富。

7. 意见征询

电子商务能十分方便地采用网页上的“选择”、“填空”等格式文件来收集用户对销售服务的反馈意见。这样,使企业的市场运营能形成一个封闭的回路。客户的反馈意见不仅能提高售后服务的水平,更能使企业获得改进产品、发现市场的商业机会。

8. 业务管理

企业的整个业务管理将涉及人、财、物多个方面,如企业和企业、企业和消费者及企业内部等各方面的协调和管理。因此,业务管理是涉及商务活动全过程的管理。

实战训练

(1) 打开网址 http://www.68shop.cn/,在 68 商城系统中注册一个账号,免费开一个店铺,并为网店取一个名字,如图 7.4。

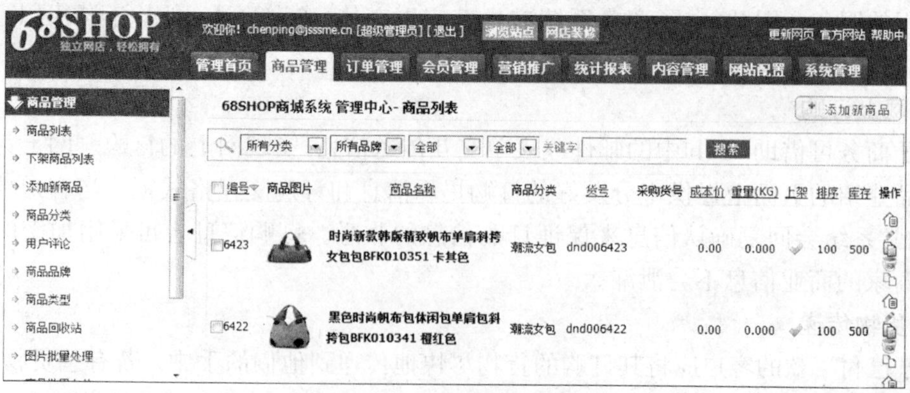

图 7.4 网店首页

在该商城系统中添加商品，并且注册一个用户之后下单、付款，后台管理员查看订单、发货，用户确认收货。把整个流程走一遍。

（2）网站调研

① 目的

使学生了解电子商务系统的主要作用及其与一般管理信息系统的差异，要求学生明确电子商务系统设计、开发、建造过程中的主要技术热点和前沿问题。

要求学生掌握电子商务系统的生命周期的基本概念，理解电子商务系统分析设计和开发的各个主要阶段及其主要任务，了解电子商务系统分析开发过程与一般管理信息系统的差异，了解电子商务系统开发过程中的人员组织及其职责。

要求学生理解水平型网站、垂直型网站、综合型网站的主要特征、作用及其核心技术。要求学生掌握网站设计的基本思路和过程。了解电子商务网站设计常用组件，掌握首页设计、页面可视化设计、网站的风格和创意设计、网站的栏目和版块设计、网站的目录结构和链接结构确定的要点。

② 内容和要求

a. B2C网站调研

网上调查3～4个B2C网站，比较分析其首页设计、页面可视化设计、网站的风格和创意设计、网站的栏目和版块设计、网站的目录结构和链接结构设计的特点。

b. B2B网站调研

网上调查3～4个B2B网站，比较分析其首页设计、页面可视化设计、网站的风格和创意设计、网站的栏目和版块设计、网站的目录结构和链接结构设计的特点。

c. 电子商务系统的开发方式

访问淘宝网(http://www.taobao.com/)，了解其技术解决方案的提供过程。根据相关资料，写出一份报告，说明如果试图利用该平台开展网络零售，并租用该平台提供的支付宝实现网络支付，需要做什么工作。

本章小结

本章主要介绍了电子商务的几种类型，电子商务系统的构成以及对应的软硬件环境，电子商务的结构以及功能。

本章习题

1. 什么是电子商务？它有哪些分类？

2. 简述电子商务系统的构成。

第8章

物流管理信息系统

本章学习目标

1. 了解物流的概念；
2. 了解物流信息系统的结构；
3. 了解现代物流信息系统的组成；
4. 掌握金蝶 K/3 物流信息系统的操作流程。

理论指导

8.1 物流的概念

8.1.1 物流的含义

随着物流行业的发展,对物流有以下几种定义：

(1) 物流是指为了满足客户的需求,以最低的成本,通过运输、保管、配送等方式,实现原材料、半成品、成品或相关信息进行由商品的产地到商品的消费地的计划、实施和管理的全过程。物流是一个控制原材料、制成品、产成品和信息的系统,从供应开始经各种中间环节的转让及拥有而到达最终消费者手中的实物运动,以此实现组织的明确目标。

它的七大构成部分包括：物体的运输、仓储、包装、搬运装卸、流通加工、配送以及相关的物流信息等环节。

具体内容包括以下几个方面：用户服务、需求预测、订单处理、配送、存货控制、运输、仓库管理、工厂和仓库的布局与选址、搬运装卸、采购、包装、情报信息。

① 运输

使用设施和工具,将物品从一个点向另一个点的物流活动。

② 库存(仓储)

库存控制是对库存数量和结构进行控制分类和管理的物流作业活动。

③ 包装

包装是为在流通过程中保护产品、方便储运、促进销售，按一定技术方面而采用的容器、材料及辅助物等的总体名称。也指为了达到上述目的而采用容器、材料和辅助物的过程中施加一定技术方法等的操作活动。

④ 搬运装卸

搬运装卸是在同一场所内，对物品进行水平移动为主的物流作业。搬运装卸是为产品的货物运输和保管的需要而进行的作业。

⑤ 流通加工

流通加工(Distribution Processing)是物品在从生产地到使用地的过程中，根据需要施加包装、分割、计量、分拣、刷标志、拴标签、组装等简单作业的总称。

⑥ 信息管理

对于物流有关的计划、预测、动态信息及有关生产、市场、成本等方面的信息进行收集和处理，使物流活动能有效、顺利进行。

(2) 在中国国家标准《物流术语》的定义中指出：物流是物品从供应地到接收地的实体流动过程，根据实际需要，将运输、储存、装卸、搬运、包装、流通加工、配送、信息处理等基本功能实施有机的结合。

(3) 现代物流不仅单纯考虑从生产者到消费者的货物配送问题，而且还考虑从供应商到生产者对原材料的采购，以及生产者本身在产品制造过程中的运输、保管和信息等各个方面，全面地、综合性地提高经济效益和效率的问题。因此，现代物流是以满足消费者的需求为目标，把制造、运输、销售等市场情况统一起来考虑的一种战略措施。

总的来说，物流是指物品从供应地向接收地的实体流动过程中，根据实际需要，将运输、储存、装卸、搬运、包装、流通加工、配送、信息处理等基本功能实施有机结合。(《中华人民共和国国家标准物流术语》)

8.1.2　物流的作用

关于物流的作用，概要地说，包括服务商流、保障生产和方便生活三个方面。

1. 服务商流

在商流活动中，商品所有权在购销合同签就的那一刻，便由供方转移到需方，而商品实体并没有因此而移动。除了非实物交割的期货交易，一般的商流都必须伴随相应的物流过程，即按照需方(购方)的需要将商品实体由供方(卖方)以适当方式、途径向需方转移。在这整个流通过程中，物流实际上是以商流的后继者和服务者的姿态出现的。没有物流的作用，一般情况下，商流活动都会退化为一纸空文。电子商务的发展需要物流的支持，就是这个道理。

2. 保障生产

从原材料的采购开始，便要求有相应的物流活动，将所采购的原材料到位，否则，整个生产过程便成了无米之炊；在生产的各工艺流程之间，也需要原材料、半成品的物流过程，实现生产的流动性。就整个生产过程而言，实际上就是系列化的物流活动。合理化的物流，通过降低运输费用而降低成本，通过优化库存结构而减少资金占压，通过强化管理进而提高效率等方面的作用，使得有效达到促进整个社会经济水平的提高。

3. 方便生活

实际上，生活的每一个环节，都有物流的存在。通过国际间的运输，可以让世界名牌出现在不同肤色的人身上；通过先进的储藏技术，可以让新鲜的果蔬在任何季节亮相；搬家公司周到的服务，可以让人们轻松地乔迁新居；多种形式的行李托运业务，可以让人们在旅途中享受舒适的情趣。

8.1.3 现代物流的技术组成及特点

在当今的电子商务时代，全球物流产业有了新的发展趋势。现代物流服务的核心目标是在物流全过程中以最小的综合成本来满足顾客的需求。

(1) 现代物流具有以下四个特点：

① 电子商务与物流的紧密结合。

② 现代物流是物流、信息流、资金流和人才流的统一。

③ 电子商务物流是信息化、自动化、网络化、智能化、柔性化的结合。

④ 物流设施、商品包装的标准化，物流的社会化、共同化也都是电子商务下物流模式的新特点。

(2) 现代物流信息技术的五大组成：

① 条码技术。

② EDI 技术。

③ 射频技术(RFID)。

④ GIS 技术(地理信息系统)。

⑤ GPS 技术。

相对于发达国家的物流产业而言，中国的物流产业尚处于起步发展阶段，其发展的主要特点：一是企业物流仍然是全社会物流活动的重点，专业化物流服务需求已初露端倪，这说明中国物流活动的发展水平还比较低，加强企业内部物流管理仍然是全社会物流活动的重点。二是专业化物流企业开始涌现，多样化物流服务有一定程度的发展。走出以企业自我服务为主的物流活动模式，发展第三方物流，已是中国物流业发展当务之急。三是专业的物流起步较晚，中国物流商城才上线，还处于发展阶段。

8.1.4 物流信息的含义及分类

物流信息(Logistics Information)反映物流各种活动内容的知识、资料、图像、数据、文件的总称。

物流的分类有很多种，信息的分类更是有很多种，因此物流信息的分类方法也就很多。

(1) 按功能分类。按信息产生和作用所涉及的不同功能领域分类，物流信息包括仓储信息、运输信息、加工信息、包装信息、装卸信息等。对于某个功能领域还可以进行进一步细化，例如，仓储信息分成入库信息、出库信息、库存信息、搬运信息等。

(2) 按环节分类。根据信息产生和作用的环节，物流信息可分为输入物流活动的信息和物流活动产生的信息。

(3) 按作用层次分类。根据信息作用的层次，物流信息可分为基础信息、作业信息、协调控制信息和决策支持信息。基础信息是物流活动的基础，是最初的信息源，如物品基本信息、货位基本信息等。作业信息是物流作业过程中发生的信息，信息的波动性大，具有动态性，如库存信息、到货信息等。协调控制信息主要是指物流活动的调度信息和计划信息。决策支持信息是指能对物流计划、决策、战略具有影响或有关的统计信息或有关的宏观信息，如科技、产品、法律等方面的信息。

(4) 按加工程度的不同分类。按加工程度的不同，物流信息可以分为原始信息和加工信息。原始信息是指未加工的信息，是信息工作的基础，也是最有权威性的凭证性信息。加工信息是对原始信息进行各种方式和各个层次处理后的信息，这种信息是原始信息的提炼、简化和综合，利用各种分析工作在海量数据中发现潜在的、有用的信息和知识。

8.1.5 信息管理

物流信息管理是对物流信息进行采集、处理、分析、应用、存储和传播的过程，也是将物流信息从分散到集中、从无序到有序的过程。具有以下几个方面的要求：

(1) 可得性。保证大量分散、动态的物流信息在需要的时候能够容易获得，并且以数字化的适当形式加以表现。

(2) 及时性。随着社会化大生产的发展和面向客户的市场策略变化，社会对物流服务的及时性要求也更加强烈。物流服务的快速、及时又要求物流信息必须及时提供、快速反馈。及时的信息可以减少不确定性，增加决策的客观性和准确性。

(3) 准确性。物流信息中不准确的信息带来的决策风险有时比没有信息支撑的拍脑袋决策更大。

(4) 集成性。物流信息的基本特点就是信息量大，每个环节都需要信息输入，并产生新的信息进入下一环节。所涉及的信息需要集成，并使其产生互动，实现资源共享、减少重复操作、减少差错，从而使得信息更加准确和全面。

(5) 适应性。适应性包含两个方面的内容：一是指适应不同的使用环境、对象和方法；二是指能够描述突发或非正常情况的事件，如运输途中的事故、货损、出库货物的异常变更、退货、临时订单补充等。

(6) 易用性。信息的表示要明确、容易理解和方便应用，针对不同的需求和应用要有不同的表示方式。

8.2 物流信息系统

8.2.1 物流信息系统的基本概念

物流管理信息系统也称物流信息系统(Logistics Information System，LIS)。由人员、计算机硬件、软件、网络通信设备及其他办公设备组成的人机交互系统，其主要功能是进行物流信息的收集、存储、传输、加工整理、维护和输出，为物流管理者及其他组织管理人员提供战略、战术及运作决策的支持，以达到组织的战略竞优，提高物流运作的效率与效益。

所谓物流信息系统，实际上是物流管理软件和信息网络结合的产物，小到一个具体的物流管理软件，大到利用覆盖全球的互联网将所有相关的合作伙伴、供应链成员连接在一起提供物流信息服务的系统，都叫做物流信息系统。

对一个企业而言，物流信息系统不是独立存在的，而是企业信息系统的一部分，或者说是其中的子系统，即使对一个专门从事物流服务的企业也是如此。例如，一个企业的ERP系统，物流管理信息系统就是其中一个子系统。

8.2.2 物流信息系统的结构及功能

1. 物流信息系统的结构

物流系统包括运输系统，储存保管系统，装卸搬运、流通加工系统，物流信息系统等方面，其中物流信息系统是高层次的活动，是物流系统中最重要的方面之一，涉及运作体制、标准化、电子化及自动化等方面的问题。由于现代计算机及计算机网络的广泛应用，物流信息系统的发展有了一个坚实的基础，计算机技术、网络技术及相关的关系型数据库、条码技术、EDI等技术的应用使得物流活动中的人工、重复劳动及错误发生率减少，效率提高，信息流转加速，使物流管理发生了巨大变化。

2. 基于管理活动层次的系统结构

管理活动分为三个层次：战略控制、管理控制、作业控制。如图8.1所示。

(1) 作业控制信息系统。主要目的是保证作业能高效率地完成。

(2) 管理控制信息系统。部门负责人所需要的信息系统。

(3) 战略控制信息系统。辅助企业高层管理人员做出战略决策。

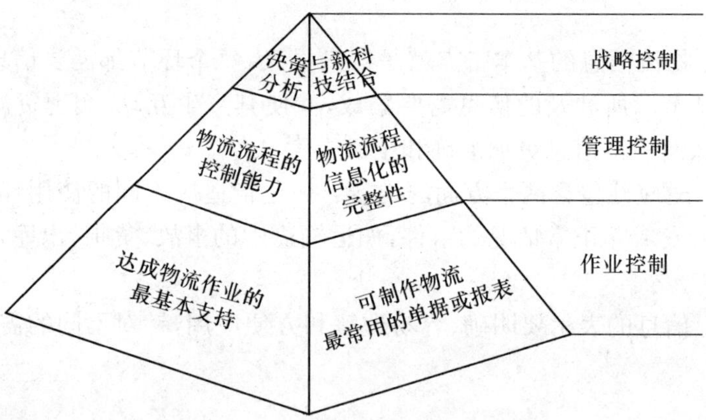

图8.1 物流信息系统的层次结构图

3. 物流信息系统的功能结构

物流信息系统是基于管理活动层次的物流系统结构的一部分。物流信息系统的一级目标(主要目标)：减少物流周期的不确定性，满足客户对物流服务的可靠性、送达及时性、交付一致性的要求。二级目标(力求达到的目标)：经济性、可靠性、可维护性、灵活性、可扩展性、安全性。为了达到系统的目标，物流信息系统应该包括的功能子系统有：物品管理子系统、存储管理子系统、配送管理子系统、运输与调度子系统、客户服务子系统、财务管理子系统、人力资源管理子系统、质量管理子系统等。如图8.2所示。

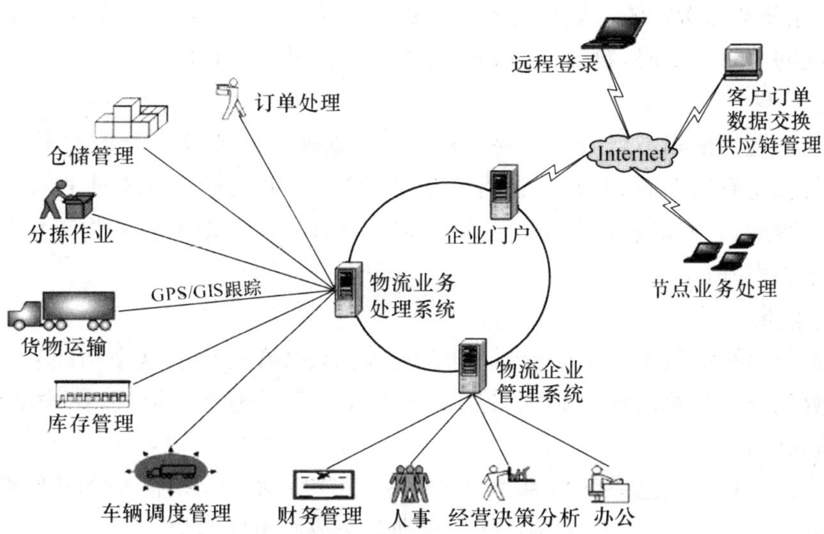

图 8.2　物流系统功能管理

4. 物流信息系统的功能

从功能上讲,物流信息系统是以现代物流思想体系为基础,利用现代科学技术,在计划、管理和控制及作业环节等方面充分利用信息、快速反馈信息,为决策提供依据并辅助决策,提高物流效率和优化供应链的信息系统。目的是在提高物流业务的效率并降低成本的同时,提高对顾客的服务水平。

物流信息系统是物流系统的神经中枢。它作为整个物流系统的指挥和控制系统,可以分为多种子系统或者多种基本功能。通常,可以将其基本功能归纳为以下几个方面:

(1) 数据收集

物流数据的收集首先是将数据通过收集子系统从系统内部或者外部收集到预处理系统中,并整理成为系统要求的格式和形式,然后再通过输入子系统输入到物流信息系统中。这一过程是其他功能发挥作用的前提和基础,如果一开始收集和输入的信息不完全或不正确,在接下来的过程中得到的结果就可能与实际情况完全相左,这将会导致严重的后果。因此,在衡量一个信息系统性能时,应注意它收集数据的完善性、准确性,以及校验能力和预防和抵抗破坏能力等。

(2) 信息存储

物流数据经过收集和输入阶段后,在其得到处理之前,必须在系统中存储下来。即使在处理之后,若信息还有利用价值,也要将其保存下来,以供以后使用。物流信息系统的存储功能就是要保证已得到的物流信息能够不丢失、不走样、不外泄、整理得当、随时可用。无论哪一种物流信息系统,在涉及信息的存储问题时,都要考虑到存储量、信息格式、存储方式、使用方式、存储时间、安全保密等问题。如果这些问题没有得到妥善的解决,信息系统是不可能投入使用的。

(3) 信息传输

物流信息在物流系统中,一定要准确、及时地传输到各个职能环节,否则信息就会失去其使用价值了。这就需要物流信息系统具有克服空间障碍的功能。物流信息系统在实际运行前，必须要充分考虑所要传递的信息种类、数量、频率、可靠性要求等因素。只有这些因素符合物流系统的实际需要时，物流信息系统才是有实际使用价值的。

(4) 信息处理

物流信息系统的最根本目的就是要将输入的数据加工处理成物流系统所需要的物流信息。数据和信息是有所不同的，数据是得到信息的基础，但数据往往不能直接利用，而信息是从数据加工得到，它可以直接利用。只有得到了具有实际使用价值的物流信息，物流信息系统的功能才能发挥。

(5) 信息输出

信息的输出是物流信息系统的最后一项功能，也只有在实现了这个功能后，物流信息系统的任务才算完成。信息的输出必须采用便于人或计算机理解的形式，在输出形式上力求易读易懂，直观醒目。

这五项功能是物流信息系统的基本功能，缺一不可。而且，只有五个过程都没有出错，最后得到的物流信息才具有实际使用价值，否则会造成严重的后果。

8.3 物流信息系统的解决方案

下面通过广西昊华集团公司给出的物流行业解决方案来理解整个物流信息系统的流程及框架。

在整个系统中，通过综合物流管理信息平台对客户订单进行统一调度执行和统一反馈。通过合理有效的计划分配达到整个公司物流业务的有效管理。具体管理模型如图 8.3 所示。

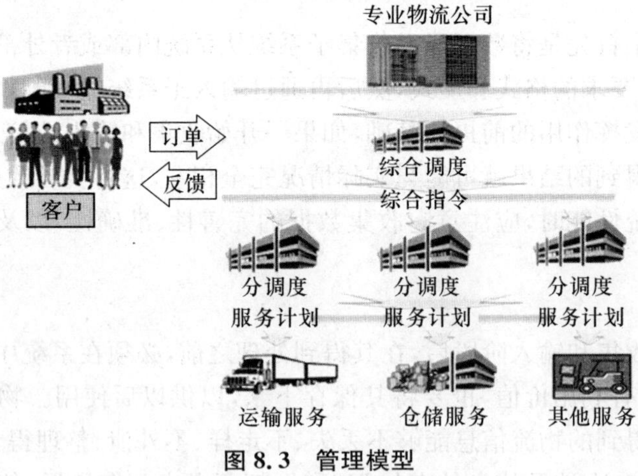

图 8.3 管理模型

基于物流信息化需求以及平台定位，综合物流管理信息平台是一个涉及众多内外部信息系统之间交互的平台。平台的核心是综合物流管理信息系统(LMIS)，物流业务方面全面关联运输管理系统(TMS)和仓储管理系统(WMS)；外部系统涉及客户 ERP、物流供应商系统以及其他外部系统；内部职能系统涉及 OA、财务等系统以及其他相关系统。平台总体关系结构如图 8.4 所示。

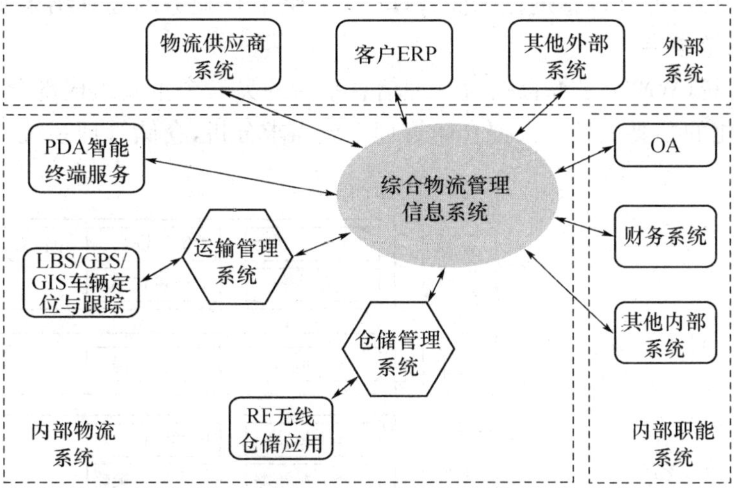

图 8.4　综合物流管理信息平台总体关系结构

综合物流管理信息平台关系结构中系统的功能介绍如下：

1. 运输管理系统(TMS)

运输管理系统接收综合物流管理系统所分配的运输计划，完成派车、配载以及在途的执行过程并将执行信息反馈到综合物流管理信息系统的运输管理模块中；此外，运输管理系统通过资源管理模块实现对运输资源(包括车队、车辆以及其他运输资源等)的全面管理。

运输管理系统(TMS)是综合物流管理信息平台的重要组成部分，是运输业务管理专业化、精细化的必要工具。根据运输管理系统需求分析，运输管理系统的功能模块设计如图 8.5 所示。

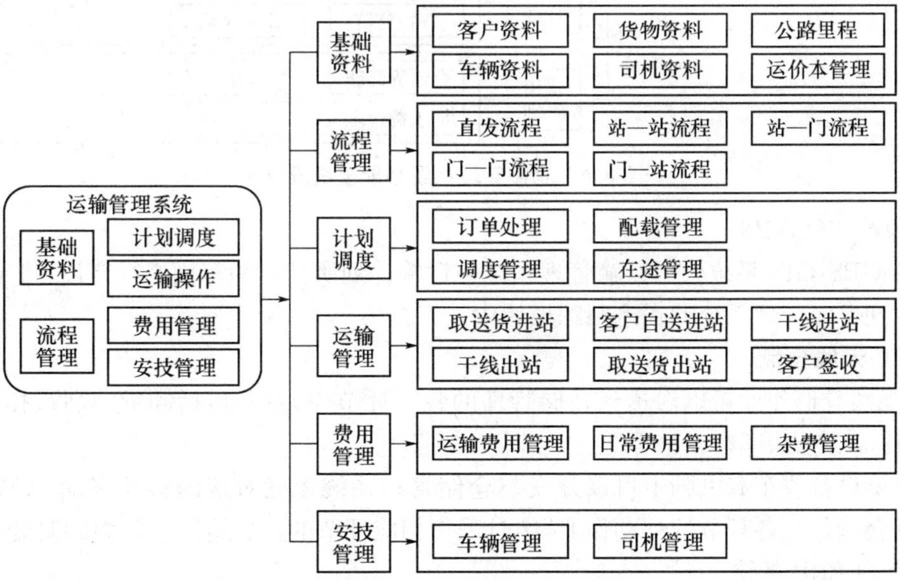

图 8.5　运输管理系统的功能模块设计

2. 仓储管理系统(WMS)

仓储管理系统接收综合物流管理系统所分配的仓储计划，完成货物接收时的卸货、验收、贴标、码托、上架以及货物出库时的下架、分拣、包装、集装、装车等物流过程，同时，对库内物资的移库、盘点、库存调整进行全面管理。并将各仓储业务的处理结果实时反馈到综合物流管理信息系统中。

仓储管理系统(WMS)是综合物流管理信息平台的另一个重要组成部分,是仓储业务管理专业化、精细化的必要工具。根据仓储管理系统需求分析,仓储管理系统的功能模块设计如图 8.6 所示。

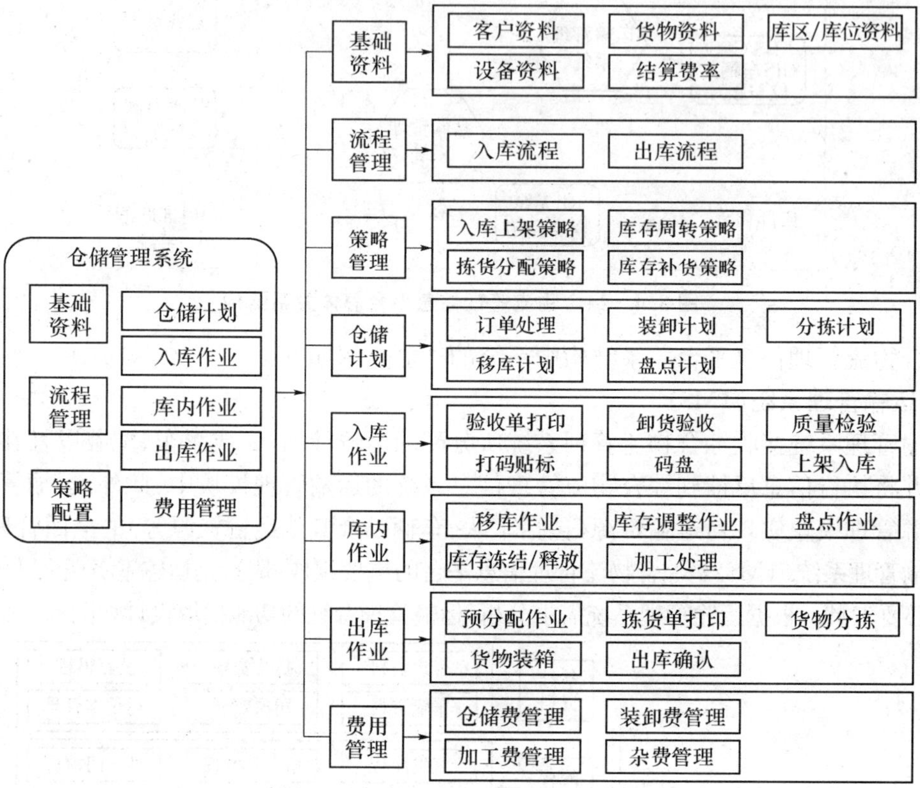

图 8.6 仓储管理系统功能模块设计

3. LBS/GPS/GIS

LBS/GPS/GIS 系统根据运输管理系统中运输计划所绑定的车辆进行定位,将定位信息及时反馈到运输管理系统的在途跟踪模块中。

4. RF 无线仓储

RF 无线仓储作业可以渗透到仓储管理的各个环节中,主要包括卸货、验收、托盘关联、上下架、移库、盘点、库存调整等等。

在手持设备或车载电脑上可以开发与仓储管理系统无缝对接的移动终端 WMS 系统,从而进行仓储作业各环节的移动作业,实时采集相应环节的数据返回后台做即时处理。

5. 客户 ERP 系统

主要包括采购订单、生产排班、销售订单等功能。

6. OA 系统

主要包括日常的工作审批流程等。

7. 财务系统

主要是用于费用的结算。

案例讨论

【案例 8.1】

1 号店的信息系统

1. “蝴蝶效应”

作为“网上沃尔玛”，1 号店同样注重利用信息技术对供应链进行整合。1 号店将供应商平台、结算系统、WMS(仓储管理)系统、TMS(运输管理)系统、数据分析系统以及客服系统集成于自主开发的 1 号店 SBY(Service By YHD)平台，从而实现数据统一管理。

5 月 6 日下午，家住西四环的北京女孩王晓楠从 1 号店网站订购了一套钢化玻璃咖啡壶。王晓楠所不知道的是，就在她点击“确定付款”，轻击鼠标的一瞬间，在整个 1 号店信息系统及供应链体系中产生了复杂的变化。

首先，在王晓楠将自己购买的钢化玻璃咖啡壶放入购物车的一瞬间，1 号店信息系统已经将该商品“冻结”了。在 1 号店位于北京的配送中心库存里面，该商品数量减少了一套，尽管它的物理位置没有发生变化。

其次，在王晓楠付款完成之后，她订购的这套钢化玻璃咖啡壶便形成一个订单，以10G/s的速度迅速传输到仓储管理系统(WMS)。由于仓储管理系统与 1 号店的购物平台数据进行无缝连接，收到订单后便形成一个拣货“任务”。根据系统的计算，安排人员以最佳的路径进行拣货、打包并安排发货。

次日稍晚一点的时候，王晓楠已经收到包裹。等确认商品完好，王晓楠便签收快递。而这一信息又被及时回传到 1 号店信息系统。

事实上，王晓楠通过鼠标触发的“蝴蝶效应”并不仅限于此。作为 1 号店的老顾客，王晓楠的购物习惯已被 1 号店信息系统记录并且分析。因此，王晓楠登陆自己的账号时，她之前的浏览记录，她经常购买的商品以及她有可能喜欢的商品都会被推荐在页面上。

仅王晓楠这一笔订单就引发了 1 号店整个系统的连锁反应，而目前 1 号店的会员数是 3 000 万，其中每天就有 500 万会员在 1 号店网站进行浏览。大量会员产生的巨大信息，使得 1 号店叩开大数据时代的大门。为了处理这样巨大的数据，1 号店独立开发全套系统，并且有一支数量巨大的技术团队，据了解，仅 1 号店在武汉的 IT 基地就有上千人。

“比如，系统发现某顾客喜欢用某品牌的矿泉水，他上个月买了一箱，估计现在快喝完了，又该买水了。于是我们会提前预存该品牌矿泉水。”王海晖表示。

“1 号店在 SBY 平台投入很大，因为它有大量顾客的数据，反映出很多规律性的东西。1 号店利用这些规律进行数据挖掘，把顾客过去的购买、搜索、收藏，甚至商品浏览的路径信息全部记录下来。1 号店把这样的记录作为顾客行为模型，用顾客行为模型去预测顾客会有什么样的需求。同时为顾客开展个性化的服务，提醒顾客购买自己喜欢的商品。这就是电子商务的优势，所有的电商都应该充分用到这个优势，让我们真正做到个性化服务。”1 号店董事长于刚表示。

2. 波次拣货与路径优化

1号店每天有500万会员在线，甚至每一秒都有订单下达，每笔订单的商品品类、数量以及配送地址都不一样。以王晓楠为例，在她订购一套咖啡壶的同时，与她同一小区的其他客户订购了别的东西，为了减少物流成本，当然将同一位置的订单归结在一起最好。但问题是，1号店系统如何能够自动识别每个订单的关联性，并且将来自四面八方、杂乱无章的订单与配送中心整齐存放的商品一一对应？

为此，1号店发明了“订单池”概念。1号店配送中心接收到订单之后并不是立即按照订单内容进行拣货，而是把订单投入订单池。如同水池一样，订单池里面永远“沉淀”一定数量的订单，系统根据每个订单的关联系进行“分波”，每15～20个订单为一个波次。

“所谓波次就是一项拣货任务。理论上讲，一个订单也可能成为一个波次，但仓库人员有限，没有那么多人去一个订单一个订单去拣货，为了提高效率，我们将具有相同属性的订单归结为一个波次。”王海晖告诉记者。

信息系统为了提高效率，将具有关联的一些订单合并为一个波次，这些关联度完全是从数学的角度计算而来。比如，有的同一波次的商品共同属性是同样的商品，而有的同一波次的商品其共同属性是同一个地址等。

当一个波次在订单池形成之后，拣货人员的RF枪就会出现相应的指令，告诉他到什么位置去拣什么样的商品等。

为了追求效率，电商的仓库一般是平面库，货位上的商品以销售的最小单位存放，而不是传统零售常用的立体库和按箱或托盘存放。货位的优化很重要，它直接影响到拣货的效率。传统零售仓库内的单次拣货量大、种类少，效率不是问题，而电子商务的单次拣货按波次，拣货量小、种类多。

1号店的库位一般按照商品的关联度和畅销度来决定。一般都有畅销商品区，离包装区很近，以便快速拣货。商品的关联度越大(顾客在同一订单里同时购买两个商品的机率越大)，则放得越近，捡完一个马上可以捡另一个。

货品上架可按预先计算好配置的库位，也可动态的随机摆放(Random Show)。后者库位的利用率要高不少，但需要RFID技术支持，实时定位。随机摆放的另一个好处在于可以在上架现场根据实物商品的尺寸扩大或缩小库位，提高货架使用率。

“商品在入库前都会规划自己的位置，这些位置也将输入系统。订单池形成一个波次之后，系统就会根据该波次中订单的情况以及商品的位置为拣货员规划一条最优路径。一般情况下，最优路径是拣货员行走的距离最短或者是先拣较轻的商品，后拣较重的商品以节省拣货员的体力。”王海晖表示。

当每个波次拣货完毕之后，拣货员就会将商品进行打包，随后该商品进入分拣中心，根据订单的地址通过自动滑轨进入相应的发货区。在该发货区，早有车辆在等候。

事实上，拣货也是一个数据与实物的交互过程。拣货员手中的RF枪会告诉拣货员到某仓位拣某商品，拣完之后，还要扫描该商品。这就意味着通知系统，该商品已经被拣完，在库存中不复存在。

通过波次分配和路径优化，1号店的拣货效率得到了很大的提高。1号店提供的数据显示：一个 1 号店仓库拣货员在上海单个面积约 30 000 平方米毗邻的 4 个仓库里，从约 30 万件商品中拣出 16.7 件产品(16.7 件是 1 号店平均每单的数量)，需要的时间不超过 80 秒。

来源：www.ciotimes.com

【思考讨论】

1. 简要说明王晓楠购买"钢化玻璃咖啡壶"的流程。
2. 试想王晓楠购买的"钢化玻璃咖啡壶"这一订单，将会触发哪些信息系统？
3. 1 号店接到一个订单后，是如何拣货的？可否举例说明？
4. 1 号店是如何定位商品位置的？使用了哪些信息技术？

实战训练

金蝶 K/3 的供应链管理系统实践操作

实验一　建账及初始化

1. 建账

(1) 新建公司机构及账套

① 公司机构代码：01；

② 公司名称：广东非凡；

③ 账套号：01.01(改为 01.学号后三位，例如：01.001)；

④ 账套名：非凡工业；

⑤ 账套类型：标准供应链解决方案；

⑥ 数据实体：系统会自动给出，不需客户命名；

⑦ 数据库文件路径：C:\MSSQL7\DATA\；或 D:\MSSQL7\DATA\。

(2) 设置账套参数

① 公司名称：广东非凡工业有限公司；

② 记账本位币：人民币，货币代码：RMB；

③ 账套启用期间：2014 年 01 月 01 日；

④ 会计期间：自然年度会计期间。

(3) 添加用户，见表 8.1。

表 8.1　用户表

用户名	认证方式	用户组	权限
张华	密码认证(不设密码)	Administrators(系统管理员组)	不需授权
李萍	密码认证(不设密码)	Users(一般用户组)	授予所有权限

2. 供应链系统初始化

(1) 从模板中引入会计科目(基础资料—公共资料—科目)

(2) 设置核算参数(初始化—生产管理—核算参数设置)，再设置工厂日历

启用年度：2013 年，启用期间：1 期；

核算方式：数量、金额核算；

库存更新控制：单据保存后立即更新；

门店模块设置：不启用门店管理。

注意：核算参数一经设定并结束初始化后将不能返回再修改。

（3）系统设置（系统设置—系统设置）

① 单据编码规则（按系统默认设置）。

② 其他：

a. 审核人与制单人可为同一人（供应链整体选项）；

b. 去掉“若应收应付系统未结束初始化，则业务系统发票不允许保存”的“√”（供应链整体选项）；

c. “√”上“外购入库生成暂估冲回凭证”选项，暂估冲回凭证生成方式：单到冲回（核算系统选项）。

（4）资料维护（基础资料—公共资料）

① 增加两种币别。注意汇率小数点的切换（切换到英文标点状态）（币别），见表 8.2。

表 8.2　币别表

币别代码	币别名称	记账汇率	折算方式	汇率类型
HKD	港币	1.08	原币＊汇率＝本位币	浮动汇率
USD	美元	8.45	原币＊汇率＝本位币	浮动汇率

② 增加凭证字为“记”字。（凭证字）

③ 增加两个计量单位组及相应组里的计量单位。（计量单位—新增（增的是计量单位组）—新增（增的是计量单位）），见表 8.3。

表 8.3　计量单位表

计量单位组	代　码	计量单位名称	系　数
重量组	kg	公斤	1
	t	吨	1 000
数量组	J	件	1
	X	箱	50

④ 增加支票结算方式，见表 8.4（结算方式）。

表 8.4　支票代码表

代　码	名　称
JF06	支　票

⑤ 会计科目维护。

a. 增加会计科目，见表 8.5（科目）。

表 8.5　会计科目表

科目代码	科目名称	外币核算	期末调汇	数量金额辅助核算	核算项目
102	银行存款	所有币别	✓		
102.01	建设银行	不核算			
102.02	中国银行	美元	✓		
102.03	工商银行	港元	✓		
119	其他应收款				
119.01	职员				职　员
123	原材料				
123.01	甲材料			✓(计量单位：公斤)	
123.02	乙材料			✓(计量单位：公斤)	
511	销售收入	不核算			
512	销售成本	不核算			
502	销售成本	不核算			
317	产品	不核算			

b. 会计科目的修改，见表 8.6。

表 8.6　科目代码

科目代码	科目名称	往来业务核算	核算项目
113	应收账款	✓	客　户
203	应付账款	✓	供应商

⑥ 新增相关核算项目资料。

a. 新增“部门”资料，见表 8.7(部门)。

表 8.7　部门表

代　码	名　称
01	财务部
02	行政部
03	销售部(上级组)
03.01	销售一部
03.02	销售二部
04	生产部
05	仓管部
06	采购部

b. 新增“职员”资料，见表 8.8(职员)。

表 8.8 职员表

代　码	名　称	部　门
001	张　华	财务部
002	李　萍	行政部
003	王　林	销售一部
004	赵　立	销售二部
005	刘　红	生产部
006	孙　晴	生产部
007	高　起	仓管部
008	王　健	采购部
009	王　宏	采购部

c. 新增“供应商”资料,见表 8.9(供应商)。

表 8.9 供应商表

代　码	名　称
01	海珠区(上级组)
01.01	恒星公司
01.02	南方公司
02	白云区(上级组)
02.01	王码公司
02.02	强发公司
03	IBM 公司

d. 新增“客户”资料,见表 8.10(客户)。

表 8.10 客户表

代　码	名　称
01	天河区(上级组)
01.01	长城公司
01.02	天达公司
02	越秀区(上级组)
02.01	宏基公司
02.02	长海公司
03	SOP 公司

e. 新增“仓库”资料,见表 8.11(仓库)。

表 8.11 仓库表

代　码	名　称	仓库属性	仓库类型
001	原材料仓	良品	普通仓
002	半成品仓	良品	普通仓
003	产成品仓	良品	普通仓
004	待检仓	在检品	待检仓
005	赠品仓	良品	赠品仓
006	代管仓	良品	代管仓

f. 新增"物料"资料，见表 8.12(物料)。

先设上级组　01　材料

　　　　　　02　产品

表 8.12 物料表

代　码	名　称	属　性	计量单位	计价方法	存货科目	销售收入	销售成本
01.01	甲材料	外购	公斤	加权平均	123.01	511	512
01.02	乙材料	外购	公斤	加权平均	123.02	511	512
02.01	A产品	自制	件	加权平均	137	501	502
02.02	B产品	自制	件	加权平均	137	501	502

4. 初始余额录入

见表 8.13(初始数据—仓存管理(可共享)—初始数据录入)。

表 8.13 初始余额表

代　码	名　称	期初数量	期初金额
01.01	甲材料	1 000	20 000
01.02	乙材料	500	50 000
02.01	A产品	0	0
02.02	B产品	0	0

5. 录入初始单据并进行单据审核

2014 年 12 月 14 日收到恒星公司发来(01.01)甲材料 100 公斤，暂估价为 20 元(原材料仓)。(初始化—采购管理—启用录用期前的暂估入库)(初始化—仓存管理—启用录用期前的暂估入库)

2014 年 12 月 30 日向长城公司发出乙材料(01.02)100 公斤，单位为 100 元(从原材料仓发出)。(初始化—销售管理—录入启用前期的未核销销售出库单)与仓存管理中的一样，启用业务系统。

实验二　供应链系统之采购管理系统

【资料】 先录入采购申请单(注：外购入库单红字是仓管部开的，退货单是质保部开的)

(1) 货到单未到采购申请单—下推到采购订单—下推到收料通知单—采购检验申请单—入库单(没开发票)

采购部人员王健于 2014 年 1 月 3 日向南方公司订购甲材料 1 000 公斤，单价 20 元(不含税价)。2014 年 1 月 10 日货到，当日采购部门通知仓库入库，仓库管理员高起经检验合格后入库(原材料仓)。2014 年 1 月 10 日南方公司开出增值税发票。

(2) 暂估入库采购申请单—下推到采购订单—下推到收料通知单—采购检验申请单—入库单(没开发票)

采购部人员王健于 2014 年 1 月 10 日向王码公司订购乙材料 1 000 公斤，单价 100 元(不含税价)。2014 年 1 月 11 日货到，当日采购部门通知仓库入库，仓管人员高起检验合格后入库(原材料仓)。

(3) 单货同到采购申请单—下推到采购订单—下推到收料通知单—采购检验申请单—入库单；做采购发票(专用的增值税发票)

采购部人员王健于 2014 年 1 月 20 日向王码公司订购乙材料 100 公斤，单价 110 元(不含税价)。2014 年 1 月 25 日货到，当日采购部门通知仓库入库，仓管人员高起入原材料仓。同日收到王码公司开出的增值税发票。

(4) 单先到货后到采购申请单—下推到采购订单—下推到收料通知单—采购检验申请单—入库单(增值税发票也做)

采购部人员王健于 2014 年 1 月 25 日向南方公司订购甲材料 100 公斤，单价 30 元(不含税价)。2014 年 1 月 27 日收到南方公司开出的增值税发票，次日货到，行政部门通知仓库入库，仓管人员高起验收入库(原材料仓)。

(5) 退货业务采购管理—收料通知—收料通知单生成退料通知单；红字外购入库单(退料—退料通知单生成外购入库单(此时的外购入库单是红色的)—钩稽(供应链—采购管理—结算—钩稽)

仓管人员高起发现 2014 年 1 月 25 日向王码公司购入的乙材料有质量问题，决定并于 2014 年 1 月 29 日从原材料仓退货。2014 年 1 月 30 日王码公司开出红字增值税发票。

(6) 收到部分货物采购申请单—下推到采购订单—下推到收料通知单—采购检验申请单—入库单(收料通知单不能拆分只有入库单才能拆分，拆分时在编辑—拆分单据)

采购部人员王健于 2014 年 1 月 6 日向强发公司订购 A、B 产品各 1 000 件，单价各为 500 元、800 元(不含税价)。2014 年 1 月 8 日收到强发公司发来 A、B 产品各 500 件，采购部门通知仓库入库，仓管人员高起验收入库(原材料仓)。

(7) 代管物资业务

2014 年 1 月 30 日收到南方公司发来的代管物资甲材料 100 公斤，入代管仓。收料通知单。

(8) 受托代销业务

① 2014年1月25日收到受托方南方公司发来的A产品100件,单价500元。收到代销商品时,先放入代管仓。根据实际销售的数量情况,先做同样数量的采购入库,同时再做销售出库,未销售完成的商品退回给受托方。

收料通知单—外购入库单—采购发票—付款单;销售出库单—销售发票—收款单。

② 2014年1月28日代销给天达公司50件,单价700元。

③ 2014年1月30日把未销售完的A产品50件退回给受托方南方公司。

实验三 供应链系统之销售管理系统

【资料】 (下述业务如无具体说明,作为赊销处理)

(1) 开票与发货同时进行,销售报价单—销售订单—发货通知单—销售出库单(在哪儿钩稽)—销售发票(已钩稽)—收款单(没做)

天达公司于2014年1月10日向销售二部销售人员赵立订购A产品10件,销售价700元(不含税价)。2014年1月13日销售部通知仓库发货,同日仓库发货,销售部并开具销售发票。

(2) 先开票后发货(同1)

长城公司于2014年1月15日向销售部销售人员赵立订购B产品20件,销售价1 000元(不含税价)。2014年1月17日销售部开具销售发票,2014年1月20日销售部通知仓库发货,同日仓库发货。

(3) 销售退货原发货通知单—下推生成退货通知单—红字销售出库单(退货—退货通知单—生成销售出库单)—红字销售发票—退款单

(4) 长城公司购买的B产品5件,因有质量问题于2014年1月23日退货,同日仓库将退回货物入库。销售部于2014年1月24日开出红字发票。

实验四 供应链系统之仓储管理系统

【资料】

(1) 生产领料单(供应链—仓存管理—领料发货—生产领料录入)

生产部刘红于2014年1月10日向仓库领用甲材料100公斤。

(2) 生产退料(红字生产领料单)(供应链—仓存管理—领料发货—生产领料录入)再增加红字领料单关

生产部刘红于2014年1月15日退回甲材料10公斤到原材料仓。

(3) 产品入库单仓存管理—验收入库—产品入库录入

生产部孙晴于2014年1月20日入库A产品100件,B产品100件。

(4) 委外加工出库单(供应链—仓存管理—领料发货—委外加工发出—录入)

2014年1月17日刘红领用甲材料500公斤,发送到天达公司加工。

(5) 委外加工入库单仓存管理—验收入库—委外加工入库—录入

2014年1月25日天达公司将加工好的A产品100件送回原材料仓库。

(6) 供应链—仓存管理—仓库调拨—调拨单—录入(注:调拨单是指实仓之间的调拨,

只能在实库之间调拨;虚仓之间的物料的调拨使用虚仓调拨单,实仓和虚仓之间不能调拨,但可以通过选单达到将虚仓物料转入实仓的目的)

(7) 调拨单

2014 年 1 月 26 日发现 A 产品应该入产成品仓,而现在入了原材料仓,现更改重新入库。

(8) 盘盈、盘亏单

企业于 2014 年 1 月 30 日进行仓库盘点,发现实际库存甲材料比账面多 50 公斤,A 产品比账面少 80 件,做盘盈盘亏处理。

(9) 其他出库单

销售人员赵立于 2014 年 1 月 31 日从产成品仓库领取了 3 件 A 产品送给客户长海公司。

本章小结

物流信息系统是物流系统的神经中枢,它作为整个物流系统的指挥和控制系统,可以分为多个子系统。一般的物流信息系统包括数据管理、客户管理、订单管理、仓库管理、运输管理、财务管理和系统管理等功能模块。按照系统作用的对象,物流信息系统可分为面向制造企业的物流信息系统,面向零售商、中间商和供应商的物流管理信息系统,面向第三方物流企业的物流管理信息系统及其他物流管理信息系统。物流管理信息平台是企业采购、供应、配送、销售过程中的物流信息采集、传输、整理、统计、分析、控制的管理软件。企业建立一体化的物流管理信息平台是管理监控物流的基础,集成化物流信息平台包括:采购物流系统、生产物流系统、销存物流系统。

本章习题

1. 简述物流的含义及作用。
2. 物流信息是如何分类的?
3. 物流信息系统的结构及功能是什么?

第9章

数据采集系统

本章学习目标

1. 了解数据采集的定义、应用及分类；
2. 了解各种数据采集技术；
3. 了解电子收款机的组成、分类以及在商业管理中的应用；
4. 了解 POS 系统的组成、功能以及数据组织形式。

理论指导

9.1 数据采集技术

在现实生活中，各种各样的活动或者事件都会产生这样或者那样的数据，这些数据包括人的、物质的、财务的，也包括采购、生产和销售的，这些数据的采集与分析对于管理信息系统十分重要。

在管理信息系统中，数据的采集是信息系统的基础，这些数据通过数据系统的分析和过滤，最终成为影响我们决策的信息。

在管理信息系统早期，相当部分数据的处理都是通过人工手动录入，数据量十分庞大，劳动强度高，数据误码率较高，失去了实时的意义。随着计算机、互联网等信息技术的飞速发展，信息"高速路"更加快速、准确、安全，而信息录入成为信息流通与管理的"瓶颈"。

采用先进的数据采集技术，即可通过自动(非人工)手段获取项目(实物、服务等各类事物)管理信息，并且不使用键盘即可将信息数据实时输入计算机、微处理器、逻辑控制器等信息系统的技术，则是突破"瓶颈"的最佳手段。

9.1.1 数据采集的定义和特点

数据采集通常有两种解释：一种是从数据源收集、识别和选取数据的过程；另一种是数字化、电子扫描系统的记录过程以及内容和属性的编码过程。

数据采集系统包括可视化的报表定义、审核关系的定义、报表的审批和发布、数据填报、数据预处理、数据评审、综合查询统计等功能模块。通过信息采集网络化和数字化，扩大数据采集的覆盖范围，提高审核工作的全面性、及时性和准确性，最终实现相关业务工作管理现代化、程序规范化、决策科学化、服务网络化。

管理信息系统中的数据采集，简单来说，就是通过一定的方法获取项目的信息（如温度、位置、价格等），将信息传输进入信息系统中。

为了解决信息采集的“瓶颈”问题，专业人员研究和开发了各种各样的自动识别技术，将人们从繁重、重复但又十分不精确的手工劳动中解放出来，提高了管理信息的实时性和准确性，从而为生产的实时调整，财务的及时总结以及决策的正确制定，提供正确的参考依据。自动识别与数据采集成为现代管理信息系统中信息采集的重要手段。

自动识别技术（Automation Identification，简称 Auto-ID）就是应用一定的识别装置，通过被识别物品和识别装置之间的接近活动，自动地获取被识别物品的相关信息，并提供给后台的计算机处理系统来完成相关信息处理的一种技术。举例说明。商场的条形码扫描系统就是一种典型的自动识别技术。售货员通过扫描仪扫描商品的条码，获取商品的名称、价格，输入数量，后台 POS 系统即可计算出该批商品的价格，从而完成顾客的结算。当然，顾客也可以采用银行卡支付的形式进行支付，银行卡支付过程本身也是自动识别技术的一种应用形式。

自动识别技术是以计算机技术和通信技术的发展为基础的综合性科学技术，它是信息数据自动识读、自动输入计算机的重要方法和手段，归根到底，自动识别技术是一种高度自动化的信息或者数据采集技术。

自动识别技术常与数据采集技术一同出现，因此通常也被称为自动识别与数据采集（Automation Identification and Data Capture，简称 AIDC）。自动识别与数据采集相对于手工采集数据有下列特点：

(1) 信息采集的高效率。

(2) 信息采集的高可靠性。

(3) 信息采集的自动化。

9.1.2 数据采集技术的分类及应用

自动识别与数据采集技术近几十年在全球范围内得到了迅猛发展，初步形成了一个包括条形码技术、磁条（卡）技术、光学字符识别、系统集成化、射频技术、声音识别及视觉识别等集计算机、光、机电、通信技术为一体的高新技术学科，在物流运输、生产制造、医疗卫生、质检追踪、票务管理、运输管理等行业和领域的信息管理中都发挥着重要的信息采集的作用。

自动识别与数据采集技术的类型如下：

1. 条形码识别技术

(1) 一维条码技术

条码技术是一种最传统的自动识别技术。自 20 世纪 70 年代条码技术产生后发展至今，该技术逐渐成为一种重要的信息标识和信息采集技术在世界范围内被推广应用。随着条码技术应用领域的拓展，条码技术迎来了一个强劲的集成创新发展期，是商业贸易、物流、产品追溯、电子商务等领域的主导信息技术。

（2）二维条码技术

二维条码技术，即基于一维条码技术经过研究逐步兴起的一种自动识别技术。这项技术在信息容量、信息密度、中英文字符显示以及纠错等方面的功能要优于一维条码技术。

2. 光学字符识别

光学字符识别（Optical Character Recognition，简称 OCR）已有三十多年历史，近几年又出现了图像字符识别（Image Character Recognition）和智能字符识别（Intelligent Character Recognition），实际上这三种自动识别技术的基本原理大致相同。

OCR 技术是通过扫描等光学输入方式将各种票据、报刊、书籍、文稿及其他印刷品的文字转化为图像信息，再利用文字识别技术将图像信息转化为可以使用计算机进行识别与处理的信息的输入技术。

OCR 主要应用于办公室自动化中的文本输入，以及与自动获取文本过程相关的其他工作。这些领域包括：零售价格识读，定单数据输入，单证、支票和文件识读，微电路及小件产品状态特征识读等。由于在识别手迹特征方面的进展，目前已经开始探索在手迹分析及鉴定签名方面的应用。

3. 智能卡(Smart Card)技术

智能卡技术主要是利用智能卡来进行自动标识，而智能卡实质上可以认为是“集成电路卡”。其最大特点是具有独立的运算和存储功能，所以智能卡更容易与计算机系统结合，在信息的采集、管理、传输、加密等方面更为方便。独有的功能特点使智能卡技术被广泛应用于物流领域，例如智能货运车辆识别、物品身份追踪与验证等方面有广泛的应用。其优点是数据可读写，即具有现场改造数据的能力；数据存储量能满足大多数需求，便于使用，成本低廉，还具有一定的数据安全性，它能应用在许多不同规格和形式的基材上。这些优点，使之在很多领域得到广泛应用，如信用卡、银行 ATM 卡、机票、公共汽车票、自动售货卡、会员卡、现金卡（如电话磁卡）等。

4. 射频识别技术

射频识别技术属一种非接触式的自动符号识别技术。通过无线电讯号识别特定目标并读写相关数据，而无需识别系统与特定目标之间建立机械或光学接触。其中无线电的信号是通过调成无线电频率的电磁场，把数据从附着在物品上的标签上传送出去，以自动辨识与追踪该物品。射频识别在本质上是物品标识的手段，它最终可能会取代目前应用广泛的条形码，成为物品标识管理的最有效方式。

5. 声音识别技术

声音识别是一种非接触的识别技术，用户可以很自然地接受。这种技术可以用声音指令实现“不用手”的数据采集，其最大特点就是不用手和眼睛，这对那些采集数据同时还要完成手脚并用的工作场合尤为适用。目前由于声音识别技术的迅速发展以及高效可靠的应用软件的开发，使声音识别系统在很多方面得到了应用。

6. 人脸识别

人脸识别，特指利用分析比较人脸视觉特征信息进行身份鉴别的计算机技术。人脸识别是一项热门的计算机技术研究领域，人脸追踪侦测，自动调整影像放大，夜间红外侦测，自动调整曝光强度；它属于生物特征识别技术，是对生物体(一般特指人)本身的生物特征来区分生物体个体。

7. 指纹识别

指纹是指人的手指末端正面皮肤上凸凹不平产生的纹线。纹线有规律的排列形成不同的纹型。纹线的起点、终点、结合点和分叉点，称为指纹的细节特征点(Minutiae)。

由于指纹具有终身不变性、唯一性和方便性，已经几乎成为生物特征识别的代名词。

指纹识别即指通过比较不同指纹的细节特征点来进行自动识别。由于每个人的指纹不同，甚至同一人的十指之间，指纹也有明显区别，因此指纹可用于身份的自动识别。

8. 便携式数据终端和射频通信

便携式数据终端可把那些采集到的有用数据存储起来或传送至一个管理信息系统。把它与适当的扫描器相连可有效地用于许多自动识别系统的应用方面。

便携式数据终端一般包括一个扫描器，一个体积小但功能很强并带有存储器的计算机，一个显示器和供人工输入的键盘。在只读存储器中装有常驻内存的操作系统，用于控制数据的采集和传送。

便携式数据终端一般都是可编程的，允许编入一些应用软件，其存储器中的数据可随时通过射频通信技术传送到主计算机。操作时先扫描位置标签，货架号码、产品数量就都输入到数据终端，再把这些数据传送到管理信息系统中，可以得到所需要的各种数据。

9.2 电子收款机

电子收款机(Electronic Cash Register，简称 ECR)是用于商品零售企业、饭店餐厅、银行柜台等部门处理柜台业务的一种多功能计算机设备。

它可以存储商品单价、库存信息、打印销售报表，其接口与磁卡阅读器、条形码器、票据打印机、电子秤等外部设备连接。它是管理现金收入的必备工具，是电子技术与现代管理理念和技术发展结合的产物，是现代化、自动化商业管理不可缺少的基本电子设备之一。

9.2.1 组成与分类

电子收款机的作用在于可以提供准确的销售基础数据，从而有效地实现了对前台销售业务的管理。

1. 收款机的功能

收款机在管理方面的主要功能有以下几点：

(1) 支持商品销售

可以记录、显示、打印每笔交易的商品和金额，可以对商品进行折扣、加价、减价处理，可以处理现金、支票、信用卡、优惠券等多种交易结算方式，有的还可以对非营业性支出和收入加以处理。

(2) 支持商品管理

提供对商品的单价代码对照表的管理，包括商品的名称、代码和单价的管理，还可以按部门和种类对商品进行管理。

(3) 支持人员管理

收款机通常提供多种收款员按键,以区分不同级别的收款员,并允许对每个收款员设置不同的业务处理权限;还可以对售货员、收款员设置代码,记录每个售货员、收款员的销售业绩,支持对售货员、收款员的管理。

(4) 支持简单的销售统计分析

可以打印反映商业前台的销售业绩和经营状况的报表,如:销售日报、分时间段的销售报表,按收款员、售货员以及部门统计的销售报表等。

2. 收款机的分类

电子收款机可以按照功能,也可以按照硬件结构进行分类。

(1) 按照硬件结构分类

按硬件结构分为专用收款机和基于 PC 机的收款机两大类。

专用收款机是为商场、餐厅前台收款及交易专门设计和开发的,它的功能有基本输入输出、通信、设备监控等,所需的程序是专门开发并固化在机内的只读存储器(ROM)中。这种收款机通常可接磁卡阅读器、打印机、条形码阅读器、智能卡和软盘驱动器等专用外部设备,还可通过串行通信接口与外部进行数据通信。

基于 PC 机的收款机,是对 PC 机进行改造、配加附属外部设备之后,使之能够用于柜台服务管理的收款机。它上面插接收款机专用主板,并通过收款机专用主板与外部设备连接。

(2) 按照收款机的功能分类

电子收款机按照其功能划分,可分为一类机、二类机和三类机。

第一类机的主要作用是结账和收款。机器简单,管理功能弱,只有一两种付款方式,收款员人数少,可以管理的商品部门数量一般小于 10 个,且单品价格查询数目少,只能对重点商品进行单品管理。适用于小型零售业、便利店、个体企业等。第一类机不具备通信能力,不能直接作为信息系统的数据采集终端。

第二类机是具备管理功能和通信联网能力的收款机,这类收款机单品管理数量通常在几千个以上,部门数量在几十个以上。可以连接多种外部设备,如条形码扫描器、票据打印机等,且具有汉字处理功能,可以打印汉字票据。第二类机的最大特点是具有通信接口,不但能够组成收款机网络,而且能够与计算机进行通信。可以由计算机进行商品设置,然后再传给收款机,避免手工设置的操作复杂和容易出现差错等现象;销售数据不仅可保存于存根上,也可读入计算机以文件形式存放,还可进行浏览、查询,进而统计、汇总。

第二类机功能强大、价格适中,既可单机使用,又可联网运行,可以作为信息采集的终端,是目前较为适合我国国情的收款机,亦称 PC-BASE 型收款机。它的硬件基础是通用计算机的基本部件,生产时采用国际规范,标准化程序高。由于硬件能很好地支撑系统软件和满足各种需要的应用软件,特别是可运用较为成熟的汉字系统,实现国标字库的汉字输入、显示、打印等。

第三类型收款机既有计算机的通用接口,可以连接多种网络,又有适用于商业环境的专用接口,如磁卡阅读器、钱箱、条形码阅读器外设接口,还具有针对商业环境的专用键盘,且每个按键都可重新定义。由于应用环境复杂,其抗干扰能力的要求、耐用性等方面远高于通

用计算机。第三类收款机的管理软件完全可以根据具体需要进行设计。其主要特点如下:

① 友好的用户界面,可以全面汉化。

② 因为理论上数据量是无限的,所以管理大批量单品成为可能。

③ 容易进行二次开发、修改、扩充等工作。

④ 属于开放系统,各组件是相对独立的,易于维修、维护。

⑤ 适应性强,可以与多种外部设备相连接。

⑥ 由于采用联网结构,因此系统的实时性得到加强。

⑦ 实现了电子货币的实时转账。

⑧ 价格在不断降低,性能却在不断提高。

由于具有上述特点,因此三类收款机迅速被各商家所接受,并以较强的优势占据了商业市场,特别是大中型商场和连锁超级市场。

3. 收款机的组成

电子收款机在结构上,主要由以下基本部分组成:中央数据处理部件、数据存储器、键盘、打印机、显示器、钱箱和外部设备接口。

(1) 中央数据处理部件

中央数据处理部件是电子收款机的心脏,用于处理、计算由键盘输入的商品件数、金额等各种收款数据,控制收款机的各种设备和部件。

(2) 数据存储器

数据存储器用于存储机器的设置程序、销售商品的数量和金额,以及各类报表数据。收款机使用的存储器包括:只读存储器,用于存储收款机固有运行程序;电子擦除只读存储器,用于存储销售商品的数量、金额等数据;静态随机存储器,用于存储销售明细或暂时存放在收款机内的数据。

(3) 键盘

键盘用来输入登录销售数据,每天要敲击成千上万次,因而只有高质量、高可靠性的键盘才能满足用户要求。

(4) 打印机

打印机是收款机的输出关键部件,每天要打印几百以至上千张销售收据及存根。打印机要求双程打印或双层打印,一联作为销售凭据,另一联存根保存销售数据用于管理。

(5) 显示器

电子收款机中第一、二类收款机显示部件,一般采用两个荧光数码或液晶数码显示器,一个为收款员使用,另一个专为顾客显示。第三类收款机一般采用收款员用一个单显监视器,另一个荧光数码或液晶数码显示器专供顾客使用。

(6) 钱箱

钱箱是收款机特有的部件,用于存放现金。收款机一般配备有一至两个钱箱。

(7) 外部设备接口

收款机的外设接口较多,可以分别连接条形码阅读器、票据打印机、电子秤等外部设备,还有专门用于通信的通信接口,不同的收款机按需要采用配置不同的外设。收款机具有独特的开关(权限锁)方式,不同级别的人员持有不同权限的钥匙,可以控制管理范围。

收款机常用的外部设备有以下三种：

(1) 条形码阅读器

条形码阅读器用于识别商品上所标识的条形码符号，并将它转换成所表示的信息，通过串行通信接口传输到收款机，收款机从数据库中查询该商品的名称、价格等，经过数据处理，记录销售情况并打印出收据。

(2) 磁卡阅读器

磁卡阅读器用于判断识别磁卡上所标存的代码信息，并将信息传送到相连的收款机，然后传送到计算机系统，再由计算机系统与银行的自动服务系统相连，完成对信用卡的处理。

(3) 票据打印机

收款机通常都留有接口与票据打印机相连，它可以自动打印购物发票。商用收款机通常都配有一台票据打印机，它能够打印规定的“收款机统一发票”，并能够自动剪切发票纸，在顾客的发票上自动加盖商店标志印章。

9.2.2　收款机在商业管理中的作用

商业领域中使用收款机已经非常普及，带来了比较好的经济效益。

1. 收款迅速准确

收款员录入顾客的购买信息，收款机能做出快速的响应，即准确地计算出该笔交易额，并显示出应收款、实收款、找钱等信息，减少了收款员对交易金额的计算时间，提高了收款速度，特别是采用商品条形码技术后，收款速度提高近 30%，减少了顾客排队时间，极大地方便了顾客的购物与结算。同时也提高了收款的准确性，给顾客以极大的信任感。

2. 支持多种付款方式

在正常交易中，支持顾客现金、支票、信用卡、外币、礼券等付款方式，甚至支持在同一笔交易中，多种付款方式(现金、支票、信用卡、外币、礼券等)，极大地满足顾客不同层次、不同方面的需要。

3. 结账精确，杜绝弊端

收款机的使用使商场款、物得到了较为严格的控制，即在营业结束时，收款员通过收款机打印出当日销售报表，与各营业小组的销售票相核对，做到当日销售额与实物的高度一致性，大大地缩短了结账时间，减轻了收款员的劳动强度。收款机的使用，基本上制止了手工收款在结账时出现的长、短款现象，提高了结账精确度，避免了企业经济损失。

4. 统计分析

收款机作为销售和结算工具，记录了关于商品销售的各种信息，收款员、售货员的销售业绩及顾客的购物数据，直接为后台提供准确无误的信息，并且能够打印出日、月汇总报表，提供给领导作为职工涨工资发奖金的客观依据。

对顾客购物信息进行分析，为商品的促销提供客观依据；根据收款机记录的收款种类，统计营业中现金、支票、信用卡等的交易金额，为前台销售与财务结算提供了准确的数据；根据收款机记录的商品销售信息，统计各品种商品的日销售数额，为后台提供快速、准确的记账依据，使商品流通控制更科学合理。

决策者可以对企业的资源进行全面的综合筹划和平衡合理地分配及使用资源，实现了企业人、财、物、购、销、调、存的一体化管理，提高了企业服务形象。

9.3 POS系统

9.3.1 POS系统

POS是英文“Point Of Sale”的缩写，通常译为销售点实时处理系统，它的主要任务是对商品交易提供服务和实时管理。具体内容包括：以不同的处理方式（零售、批发、折让、折扣、调价、减价等），不同的结算方式（现金、支票、信用卡等）完成商品交易并产生所需的收据；对商品销售信息进行统计和实时管理，如统计交易次数，时段销售金额，时段各类商品的销售量，自动更新库存量，提供可靠的存货信息，控制各类商品的库存量并管理商品的订货等。

POS强调的是在管理电子收款机的同时，还完成与有关银行信用卡付款、电子转账等项工作，即商品交易完成后，将有关的销售信息记录、处理、保存。销售数据采集处理的实时性，以及与有关银行、信用卡中心的信息实时交换是POS系统的最显著特点。

ECR主要的功能是解决前台商品交易中的收付款结账，而POS在完成商品交易时，就立即入账，具有很强的实时处理能力。POS系统与ECR的关系是，POS系统包括ECR，是对ECR的完善与发展。

POS系统基本原理是先将商品资料创建于计算机文件内，通过计算机收银机联机架构，商品上的条码能通过收银设备上光学读取设备直接读入后（或由键盘直接输入代号）马上可以显示商品信息（单价、部门、折扣……）加速收银速度与正确性。每笔商品销售明细资料（售价、部门、时段、客层）自动记录下来，再由联机架构传回计算机。经由计算机计算处理即能生成各种销售统计分析信息当为经营管理依据。

POS机是通过读卡器读取银行卡上的持卡人磁条信息，由POS操作人员输入交易金额，持卡人输入个人识别信息（即密码），POS把这些信息通过银联中心，上送发卡银行系统，完成联机交易，给出成功与否的信息，并打印相应的票据。POS的应用实现了信用卡、借记卡等银行卡的联机消费，保证了交易的安全、快捷和准确，避免了手工查询黑名单和压单等繁杂劳动，提高了工作效率。

9.3.2 POS系统的基本组成

为了使电子收款机和POS系统能够完成经营销售的主要任务，将收款机和计算机连成系统，常用的有以下几种POS系统结构。

1. 独立收款机的POS系统

收款机本身具有商品交易处理、商品信息存储和管理的功能，目前一般单机组网采用的多是基于PC的三类收款机，其自成系统，多适用于小杂货店、小餐厅、小超市、面包房、时装店、专卖店以及小型的连锁店等。

2. 收款机与PC机组成的POS系统

多台收款机通过通信线路组网与PC机相连，构成收款机网络，该PC机挂在与主机系统相连的局域网上，收款机网络上挂有供各收款机使用的静态外部存储器和磁盘存储器。

收款机用于处理日常的商品销售交易业务，收集、处理商品的销售数据。除售货、开票之外，还要管理流水账记录，即要对销售明细数据进行整理，形成格式化数据文件并传送给主机系统。

处理商品销售数据包括产生综合销售数据报表和提供查询。综合销售数据报表主要包括统计商品部各营业组的销售金额、销售商品数量、交易次数及各项比例，统计各商品品种的销售数量、销售金额及其占各种商品销售合计的比例；统计各营业员个人的销售金额、与顾客交易次数；统计各收款员的收款金额、收款次数及其占全部收款员合计的比例；统计各时间段内的销售金额、顾客交易次数及分别占全天销售金额、顾客交易次数的比例；销售明细数据。

提供的查询有实时查询和历史查询。实时查询是查询当天任意时间的销售情况，历史查询是查询过去某一时间段内的销售情况。

收款机在这里主要完成商品交易的现金结算、打印收据，收集各种商品销售信息供 PC 机处理使用。PC 机则将收款机运行时所需的信息（商品名称、价格）等下载到收款机，存储各种商品销售信息、职工业绩信息等，并对它们分别进行处理和管理，同时还要对收款机进行控制和管理。这种系统适用于中、小型商场和连锁店。

3. 收款机、网络、计算机组成的 POS 系统

该系统是由一组收款机与一个 PC 机相连，而 PC 机又通过网络与主计算机相连。这里的 PC 机仅仅起着管理作用，即收款机运行时所需要的信息，先由主机系统下载到 PC 机，然后再由 PC 机下载到收款机。收款机则将商品交易的信息传送到 PC 机，PC 机再通过网络传送到主计算机系统，由主机系统去完成各种商品的进、销、存的处理和分析。

这种系统结构适用于大型百货商场、购物中心和连锁集团企业。在大型商场的每一楼层配置一个收款机网，将收款机网中的 PC 机挂在跨越楼层的局域网上，局域网上挂有用作系统服务器和专用工作站的高档微机或小型机，共用它们的存储器来存储整个商场的商品销售信息、库存信息、进货信息，并对这些信息进行跟踪、分析和处理。

这种 POS 系统的 ECR 通过网络可以实现与银行管理系统相连，在商品交易中，客户可以用信用卡进行购物交易结算。

9.3.3 POS 系统的功能

1. 收银员识别功能

收银员识别功能是指，收银员必须在工作前登陆才能进行终端操作，即门店中每个系统的收银员都实行统一编号，每一个收银员都有一个 ID 和密码，只有收银员输入了正确的 ID 和密码后，才能进入“销售屏幕”进行操作。在交接班结束时，收银员必须退出系统以便让其他收银员使用该终端。如果收银员在操作时需要暂时离开终端，可以使终端处于“登出或关闭”状态，在返回时重新登陆。

2. 多种销售功能

POS 系统有多种销售方式，收银员在操作时可根据需要选择商品。各种销售方式有如下特殊功能：

(1) 优惠、打折功能：优惠折扣商品或交易本身特价许可等，应进行权限检查。

(2) 销售交易更正功能：包括清除功能、交易取消功能。

(3) 退货功能：通常收银员无该种商品交易的权限需管理人员来完成。

(4) 挂账功能：是指在当前交易未结束的状态下保留交易数据，再进行下一笔交易的收银操作。

3. 多种方式的付款功能

付款方式主要有现金、支票、信用卡等，POS 系统具备多种付款方式的设置功能。

4. 其他功能

(1) 票据查询功能：查询范围可以是某时间段内的全部交易，也可以是某时间点的交易情况。

(2) 报表查询：根据收银机本身的销售数据制作出一些简单的报表，并在收银机的打印机上打印出来。报表包括结款表、柜组对账表等。

(3) 前台盘点：盘点的过程主要是清查库存商品数量。前台盘点的实质是将要盘点商品的信息像销售商品一样手工输入或用条码扫描仪录入收银机中，作为后台的数据来源。

(4) 工作状态检查功能：是指对有关收银机、收银员的各种状态进行检查。包括：一般状态、交易状态、网络状态、外设状态等。

9.3.4 POS 系统的数据组织

POS 系统数据组织的目的，在于能够有效地完成对商品的单品管理、部门管理、人员管理，以及提供大量的有价值的报告。由于每天收款交易的次数可能相当可观，因此有效的数据组织是必要的和不可缺少的。

如何能设计出最大限度满足管理需要，经济安全可靠，既适用于今天，又有利于未来发展的数据结构是商业企业非常关心和重视的问题。因此，POS 系统的数据组织直接关系到整个管理系统运行质量的好坏，同时也是 POS 系统开发的最基础环节。

由于数据的组织是与管理的需求紧密相关的，有什么样的管理，就会有什么样的数据组织，因此要求在进行数据组织设计时一定要认真考虑需求。下面是通过对某连锁超市进行需求分析之后确定的数据组织形式。

1. 商品信息库

商品信息库是 POS 系统最重要的数据库，是收款机管理销售的基础，而且与 POS 前台软件直接相关。它的设计一定要合理，可扩充性要强。它包含商品编码、类码、品名、自编条形码、原条形码、售价及其他辅助信息。

2. 商品类码库

商品类码库是生成商品信息库的关键，是商品进行分类管理所必需和不可缺少的。另外，POS 系统前台程序还支持商品按照类码销售，所以应包含商品分类码和类码描述。

3. 操作信息记录库

收款员进入系统后所做的任何操作都会记录在数据库中。当发现收款过程有问题时，可以通过查阅该库了解操作过程，所以在数据库中需要记录收款员的编码及所做的操作。

4. 内存数据记录库

该库的建立使得 POS 系统和 ECR 机的安全性得到了保障，并使操作能够保持连贯性。该库在每笔交易结束后保存在磁盘上，每次开机首先读取该库，这样能确保关机数据不丢失。

5. 人员库

收款员登录及密码的查询都来自该库，它包括了操作人员的信息，如人员编码、姓名、口令等。

6. 销售库

销售库是记录收款机所做的每一笔交易，它是进行商品单品销售管理的最重要的数据库，所有的与收款有关的数据均可在本库中得到，包含收款日期、时间、收款机号、收银员编码、商品编码、商品类码、商品数量、商品销售价格、商品变更价格、商品销售金额数、付款方式、商品折扣位、商品销售折扣率预置，以及其他与统计相关的标志位。

7. 快速键定义库

包含了快速键码、快速键描述等。

8. 交易流水号库

存储交易号。每次做交易时，交易号累加并记录到该库中，每次开机则要到该库取出新的交易号。

案例讨论

海尔数据采集与分类场景

海尔集团在全国建有42个配送中心。这42个配送中心构成了海尔集团服务市场和客户需求的重要物流网络。为确保配送中心实现高效运转，并为管理系统提供及时、准确的物流数据，海尔全面应用便携式数据终端设备，在配送中心的入库、出库、盘点、移库等作业环节，实现了高效、准确、及时的数据采集和管理功能。

在配送中心的入库作业环节，数据终端从主机系统下载有关的入库数据后，操作人员通过在数据终端上输入相应的入库单据编号，便可获得详细的入库数据，具体包括入库产品条码、单位、数量等。操作人员通过对实际入库产品条码的扫描，并将实收数据与应收数据核对，实现了对入库数据的高效采集和流程控制功能。最后，数据终端上采集的数据被上载到主机系统中，供物流管理系统作进一步的处理和分析。

在配送中心的出库作业环节，在数据终端下载主机系统的出库数据之后，操作人员在数据终端上输入相应的出库单据号，便可获得当前批次出库的产品条码和数量。依据数据终端中的出库数据，操作人员可实现对出库产品的扫描、核对和确认，从而实现了对出库作业的严密管理。最后，数据终端的实际出库数据被上载到主机系统中。

在仓库盘点作业中，在数据终端下载由主机系统生成的盘点数据之后，操作人员便可在数据终端的操作提示下，对库存商品进行逐项扫描、清点和确认，待盘点数据上载到主机系统之后，便可获得库存的盘点差异数据。

在库位移动作业中，待数据终端从主机系统下载移库指令后，操作人员便可在数据终端的操作指示下，将某个库位的商品转移到目的库位，待所有移库操作完成后，再将数据终端上载至主机系统，实现移库作业的确认。

来源：http：//www.ancc.org.cn/

【思考讨论】

海尔集团应用数据终端进行数据采集能够避免哪些现象？

实战训练

(1) 请上网搜索一款信息采集或数据采集系统进行试用，体会数据采集的作用及其重要性。

(2) 在网上下载 A9 进销存系统，分组讨论开一个店铺，并将组内讨论的产品信息输入到 A9 系统中。

本章小结

本章主要介绍了数据采集的定义、应用及分类；并详细介绍了各种数据采集技术，如电子收款机的组成、分类以及在商业管理中的应用；POS 系统的组成、功能以及数据组织形式。

本章习题

1. 数据采集的主要作用是什么？数据采集有哪些基本方法？
2. 简述电子收款机的组成及在商业中的应用。
3. 你认为超市的 POS 系统中应该包括哪些数据？

第 10 章

信息系统规划

本章学习目标

1. 了解信息系统规划的基本任务、步骤、规划方法；
2. 了解关键成功因素法的基本思想、步骤和特点；
3. 了解企业系统规划法的基本思想、步骤；
4. 掌握业务流程分析、业务流程重组技巧；
5. 理解 U/C 矩阵的创建及调整方法。

理论指导

10.1 信息系统生命周期

任何系统都有其产生、发展、成熟及老化消亡，最后又被更新的系统所取代的过程，这个过程通常称为系统生命周期(System Life Cycle，SLC)。

从系统建设的角度，信息系统的生命周期可分为系统规划、系统开发、系统运行维护和系统更新等四个阶段。

1. 系统规划

系统规划主要任务是：根据组织的发展战略和目标，确定信息系统的发展战略与目标。其主要工作包括：在综合考虑组织现状和内外环境的基础上，从支持组织战略目标的实现出发，对拟建信息系统的总体目标、功能范围、主要技术方案、开发策略、开发队伍的组织、投资规模、资金来源及工作进度和安排等，用系统、科学的观点进行合理全面地规划，并以“系统规划报告”的文档形式，提交由高层决策者、有关 IT 专家和企业中层管理人员等组成的规划论证小组讨论批准。被批准的“系统规划报告”即作为拟开发信息系统今后工作的指导和系统验收与评价的主要标准和依据。

2. 系统开发

系统开发阶段是根据系统规划阶段确定的拟建系统的总体方案和项目开发计划的安

排，分期分批地进行系统各子项目的开发建设。每个子项目的开发工作一般是整个系统的一个或几个子系统的建设，因而一个项目的开发也是一个复杂的系统工程。从项目开发开始到结束的整个过程，又称为系统开发的生命周期。

信息系统开发的生命周期一般又可分为系统分析、系统设计、系统实施等几个阶段。

3. 系统运行与维护

在该阶段，系统已建成并投入使用，进入系统运行与维护的生命周期中最长的阶段。该阶段也是系统实现规划开发功能，发挥效益的阶段。科学地组织与管理是使系统正常运行、充分发挥效益的必要条件，而及时完善地系统维护是系统正常运行的基本保证。

4. 系统更新

现代组织面临的内外环境不断变化，组织的目标、战略和信息需求也必然要与环境的变化相适应。可是信息系统的维护工作，只限于通过小范围内局部调整来适应不太显著变化的情况。当现有系统或系统的主要部分已不能通过维护来适应环境和用户信息需求的变化时，或是用维护的办法在原有系统上进行调整已不经济时，则旧的信息系统即需淘汰，而新的系统建设工作便随之开始。

随着组织和 IT 技术的发展，上述过程周而复始，信息系统的应用功能不断改进提高，以适应组织和环境不断发展的需要。

10.2 信息系统规划概述

10.2.1 信息系统战略规划的定义

1. 信息系统的战略规划的定义

信息系统的战略规划是一个组织战略规划的重要组成部分，是关于组织信息系统长远发展的规划。它主要是在组织发展战略规划的指导下，确定组织信息系统的开发目标、发展阶段、建设重点、总体建设方案、所需资源及获取途径和总体分配方案等。

2. 信息系统规划的目的和作用

信息系统规划的目的是促进组织整体发展和竞争力的提高，并保证拟建信息系统的科学性、经济性、先进性和适用性。

信息系统规划的作用：

(1) 使信息系统与信息用户建立良好的关系，促进组织信息资源的深入开发和利用，为组织带来更大的经济效益和社会效益。

(2) 明确信息系统建设的目标和方向，指导下一步信息系统开发，并作为将来评价验收系统开发工作标准和依据。

(3) 合理分配和利用信息资源（包括信息、信息技术和信息生产者），节省信息系统投资，并争取使系统投资回报最大化。

(4) 通过规划过程，找出组织存在的问题，更加正确地识别出为实现组织目标，信息系统应当完成的任务。

3. 信息系统规划的内容

(1) 明确组织战略目标及约束，了解组织现状、存在问题及内外环境，它们是未来信息系统建设目标确定的依据和出发点。

(2) 对影响规划的信息技术发展进行预测。IT 技术更新换代很快，恰当的 IT 选择，不但有利于 IS 以后的升级改造，而且可以使 IS 投资收益最大化。

(3) 制定组织 IS 发展战略和整体建设方案。包括：明确组织信息系统的建设目标，确定组织主要信息需求，形成信息系统的总体建设方案(包括系统发展方向、系统规模和类型、系统主要功能构成等)，安排项目开发计划，制定项目开发时间表、制定系统开发所需的人、财、物等资源需求和分配计划，并确定信息系统项目开发的优先顺序及时间安排，以及近期项目的开发计划等。

10.2.2　信息系统规划工作的组织和步骤

1. 成立系统规划领导小组

系统规划领导小组应由企业或组织的主要决策者之一负责，领导小组的其他成员还应有本单位各部门主要负责人和业务骨干，他们的主要任务是协助信息系统专家完成有关的业务和数据调研及准备工作；参与规划的信息系统专家有，系统分析员、系统设计员等，还可聘请外部的有关方面的专家(如 IT 公司的咨询顾问等)参加规划领导小组，为组织信息系统规划提供意见、建议或咨询服务。

系统规划领导小组在完成规划任务后，一般即转换成立信息系统开发建设领导小组，以领导和监督信息系统开发工作，并按照系统规划所确定的建设目标、工作任务和工作进度要求来进行系统开发的管理、协调和控制。

2. 人员培训

组织对中高层管理人员、分析人员和其他小组参与规划的人员进行培训，使他们掌握制定信息系统规划的科学方法，学会识别、分析组织的业务过程，保证系统规划的科学性和可行性。

3. 规定进度

为规划各阶段工作做出一个大致的时间安排，以便对规划过程进行严格管理，避免因过分拖延而丧失机遇或挫败用户的信心和积极性，甚至放弃系统开发计划。

4. 系统规划的主要步骤

(1) 调查分析组织的战略目标及约束，了解组织的现状、存在问题及内外环境。

(2) 根据组织的战略，分析确定系统开发总目标、开发策略、系统总体功能和技术构成框架，系统子项目及开发阶段划分等。

(3) 确定系统各子项目开发的优先级顺序，并选择确定近期开发项目。

(4) 制定系统开发的时间进度计划和最终完成时间。

(5) 分析制定系统开发的人、财、物等资源需求计划。

(6) 编制系统规划文档。

10.2.3　信息系统规划相关文档

1. 系统立项报告

系统立项报告是对新系统开发的初步设想。主要包括现行系统的描述及存在问题、新系统的期望目标与需求、开发策略、项目经费的预算及来源、开发进度和计划完成的期限、项目验收的标准和方法、可行性研究的组织及预算、有关的文档和其他需要说明的问题。

2. 可行性研究报告

可行性分析报告是对所立项的系统开发的可能性与必要性的研究结果。其主要内容包括新系统的预期目标、要求和约束，进行可行性研究的基本原则，对现行系统分析的描述及主要存在问题，新系统对现行系统的影响和改进，新系统开发在管理上的必要性和可能性分析，新系统开发的投资效益分析，系统开发技术方案的可行性分析，系统开发的可行性研究结论（可行、不可行或修改方案、重新研究可行性等）。

3. 系统计划(规划)书

系统计划书是对正式批准立项的系统所制定的详细系统开发计划。主要包括对新系统开发目标、基本方针、人员组织、开发阶段、系统主要功能和平台构架等的描述，以及各开发阶段的主要任务、人员分工及负责人、时间分配、资金设备投入计划等，还有各项工作的验收方法和标准，系统开发中的单位、人员、开发阶段、责任与权益等的衔接、协调方式及协调负责人等。

10.3 关键成功因素法(CSF)

关键成功因素法（Key Success Factors，KSF；Critical Success Factors，CSF）是信息系统开发规划方法之一，由 1970 年由哈佛大学教授 William Zani 提出。

关键成功因素（Key Success Factors，KSF）是在探讨产业特性与企业战略之间关系时常使用的观念，是在结合本身的特殊能力，对应环境中重要的要求条件，以获得良好的绩效。

关键成功因素法是以关键因素为依据来确定系统信息需求的一种 MIS 总体规划的方法。在现行系统中，总存在着多个变量影响系统目标的实现，其中若干个因素是关键的和主要的（即成功变量）。通过对关键成功因素的识别，找出实现目标所需的关键信息集合，从而确定系统开发的优先次序。

关键成功因素指的是对企业成功起关键作用的因素。关键成功因素法就是通过分析找出使得企业成功的关键因素，然后再围绕这些关键因素来确定系统的需求，并进行规划。

1. CSF 方法的基本思想和工作步骤

基本思想是通过分析，找出使组织成功的关键因素，而后围绕这些关键成功因素来确定组织信息系统需求，并进行系统规划，见图 10.1。其主要工作步骤是：

（1）了解组织或信息系统的战略目标。

（2）识别关键成功因素。主要分析影响组织战略目标实现的各种关键成功因素及其子因素。

由于所处内外环境的差异和不同，不同行业、不同企业可能有着不同的关键成功因素；而且同一企业在不同时期的关键成功因素也会不同，当在一个时期内的关键成功因素解决后，新的识别关键成功因素又开始，从而形成新的信息系统更新需求。

（3）明确各关键成功因素的性能指标和评估标准。

（4）识别和定义测量关键成功因素指标的数据。

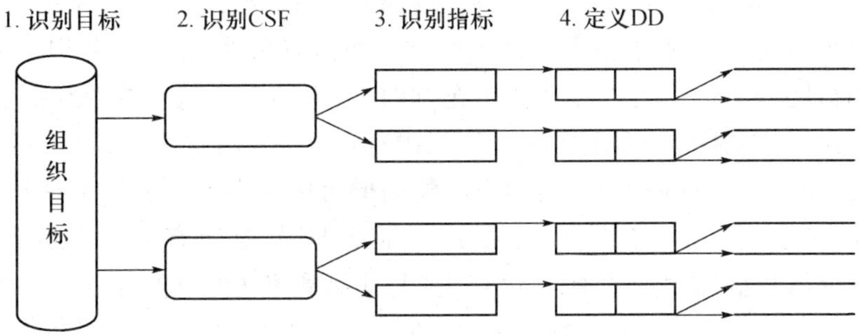

图 10.1　关键成功因素法工作过程

可用树枝因果图画出影响目标实现的各种 CFS。下面举例说明基于 CSF 的电脑选购过程。假如某人要买一台台式电脑，用于工作、学习和娱乐，其功能方面的主要内容包括 Office 办公软件、Photoshop 和 Coredraw 等图像处理软件、上网以及影音娱乐等。据此，我们可以首先定义系统（功能）的目标，即需求集合 R-{图像处理软件，办公软件，网络工具(QQ)，影音播放}。其次，为满足 R，电脑的性能主要应该考虑：具备有效运行图像处理软件的能力，包括运算速度和存储能力。只要具备这种能力，电脑的其他用途均可得到满足。

除了考虑电脑的功能要求以外，选购电脑往往还要从电脑的外观、附件及服务以及信息技术的发展等几个方面综合选购，这些因素用 KSF 的树枝图工具进行描述，见图 10.2。

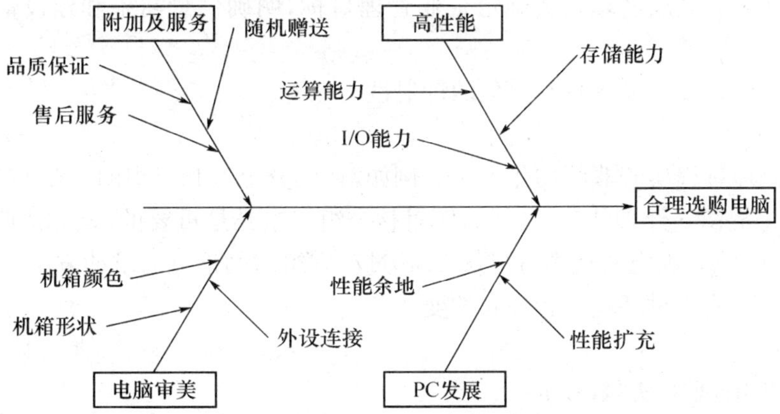

图 10.2　选购电脑的树枝因果图

针对图 10.2 中的关键成功因素，我们需要将其转换为性能指标，并用一定的方法进行评价。

(1) 高性能。运算能力决定了 CPU 和主板的档次，为了满足 R，低端的 Celeron CPU 和 All-in-One 的整合主板就不可取。存储能力决定了内存和外存的大小或容量，满足 R 的内存容量应该偏大，目前可以考虑 4GB 及以上。外存主要指硬盘，目前应该考虑 TB 级或接近 TB 级的高转速硬盘，并且应该注意硬盘的 Cache 容量。I/O 能力主要针对显示或打印机，满足 R 的要求决定了显示器的尺寸应该偏大，而且具有较高的分辨率或带宽，同时显卡性能优良，能够支持显示器的这种需求。对于图像处理，打印机需要考虑输出的幅面、颜色（黑白还是彩色）和质量等因素。

(2) PC 发展。早在 19 世纪 60 年代，Gordon Moore 就对集成电路的发展规律进行了预测，尤其是1979年修正的摩尔定律，一致经受实践的考验，沿用至今。因此选购电脑时，在满足R的前提下，不宜盲目追加投资以换得性能方面留有余地，也不宜期望一台电脑可以长久不衰，永远用得随心所欲。另外在性能扩充方面，主板的I/O接口或总线扩展槽一般都不会使用完毕，不是考虑的因素，而主要应该注意内存的搭配，同样是4 GB的内存，占用1个内存插槽就比占用2个内存插槽好，因为余下的插槽可以为今后扩充打下基础。

(3) 附加及服务。这方面需要注意：品质保证的期限，是所有的部件还是不同部件，它们的保质期不一样；售后服务是否包含免费上门，主要部件(尤其是主板)是否有网上升级服务。

(4) 电脑审美。机箱颜色和机箱形状可以根据个人爱好进行选择，对机器性能影响不大；外设连接主要考虑诸如键盘、鼠标、显示器和网卡等是否采用无线连接方式，以及何种无线连接方式。

从以上的分析中，我们可以得到一张关于电脑选购的清单，这张清单包括CPU、主板、内存条、硬盘、光驱、显卡、网卡、机箱电源等功能部件，以及这些功能部件的档次或要求，据此可以按图索骥，顺利完成电脑选购。

2. CSF方法的特点

优点：

(1) 能抓住主要矛盾，使目标识别重点突出。

(2) 能帮助企业高层经理人员确定企业管理目标，明确信息需求和建设信息系统的必要性。

(3) 能够使所开发的系统具有强烈的针对性。

缺点：

(1) 分析处理过程属于非结构化方法。例如，在区分个人和组织的CSF时，访谈者和被访谈者容易产生混淆。经理认为关键的，而对整个组织未必是重要的，该方法明显地偏向于高层管理。此外，没有确定的规则可以从CSF过渡到组织的信息需求的方法。

(2) 该方法不能应付环境或管理者的变化。

10.4 企业系统规划法(BSP)

10.4.1 BSP方法的基本思想及步骤

1. 基本思想

企业系统规划法(Business System Planning，BSP)是IBM在20世纪90年代提出的，旨在帮助企业制定信息系统的规划，以满足企业近期和长期的信息需求，它较早运用面向过程的管理思想，是现阶段影响最广的方法。

基本思想：自上而下地识别企业目标、识别企业过程、识别相关数据类，然后再自下而上地设计系统支持目标实现。参见图10.3。

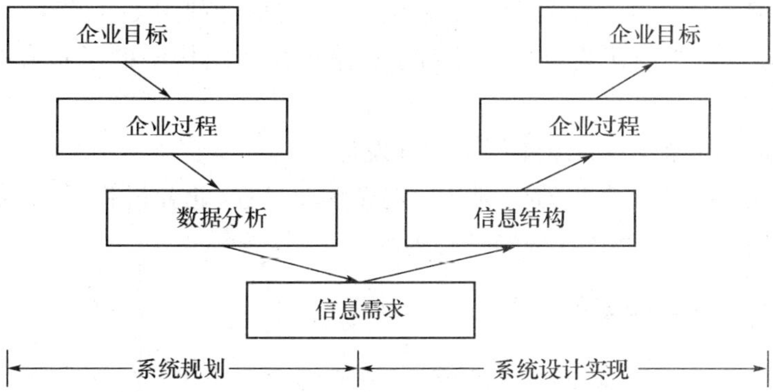

图 10.3 BSP 方法基本思想和过程

2. BSP 法的工作步骤

用企业系统规划法制定规划是一项系统工程，见图 10.4，其主要的工作步骤为：

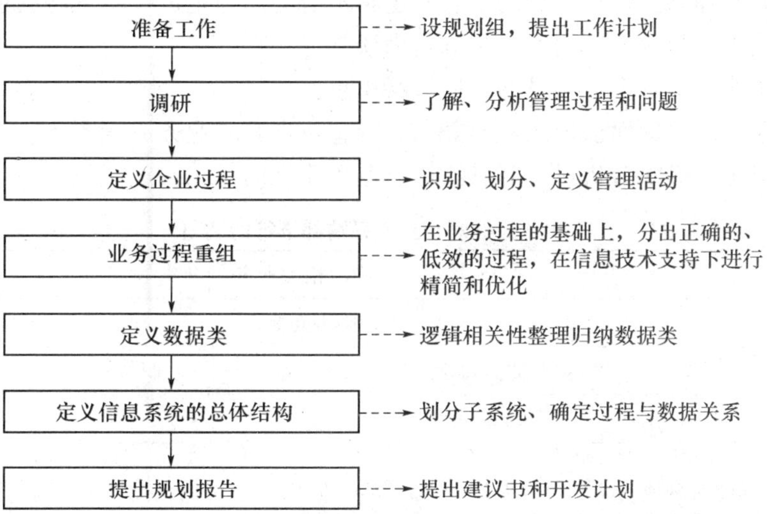

图 10.4 BSP 方法基本步骤

(1) 准备工作。成立由最高领导牵头的委员会，下设一个规划研究组，并提出工作计划。

(2) 调研。规划组成员通过查阅资料，深入各级管理层，了解企业有关决策过程、组织职能和部门的主要活动和存在的主要问题。

(3) 定义业务过程（又称企业过程或管理功能组）。定义业务过程是系统规划方法的核心。业务过程指的是企业管理中必要且逻辑上相关的、为了完成某种管理功能的一组活动。

(4) 业务过程重组。业务过程重组是在业务过程定义的基础上，找出哪些过程是正确的，哪些过程是低效的，需要在信息技术支持下进行优化处理，还有哪些过程不适合采用计算机信息处理，应当取消。

(5) 定义数据类。数据类是指支持业务过程所必需的逻辑上相关的数据。对数据进行分类是按业务过程进行的，即分别从各项业务过程的角度将与该业务过程有关的输入数据和输出数据按逻辑相关性整理出来归纳成数据类。

(6) 定义信息系统总体结构。定义信息系统总体结构的目的是刻画未来信息系统的框架和相应的数据类。其主要工作是划分子系统，具体实现可利用 U/C 矩阵。

(7) 确定总体结构中的优先顺序。即对信息系统总体结构中的子系统按先后顺序排出开发计划。

(8) 完成 BSP 研究报告，提出建议书和开发计划。

在企业系统规划法的几个步骤中，调研、定义企业过程、业务过程重组、定义数据类和定义系统的总体结构是整个 BSP 方法的核心内容。

10.4.2 BSP 方法的核心内容

1. 企业调研

企业调研的目的是了解企业、发现问题、寻找解决方案。企业调研的基本过程见表 10.1，包括：

(1) 收集资料。特别需要收集企业手工传递的表格和管理规章制度。

(2) 设计调研提纲。资料中目的不名和逻辑不清的问题是进一步调研的重点。

(3) 现状调查。与业务部门的人员进行面谈。

(4) 高层访谈。了解企业领导的发展战略思想。

(5) 信息匹配。整理面谈记录，汇总资料，画企业现有的业务流程图。

(6) 流程优化。诊断分析，识别问题，进行业务流程的优化。

表 10.1 针对企业的采购部进行的调研

调研主题	采购部相关业务				
调研对象	采购部负责人				
调研部门	采购部	被调研人姓名		职位	
记录人	/	填写问卷时间			
注意：如果以下问题有现成的文件可以作答，比如说部门职责之类，可以直接将文档嵌入到问题下。 1. 部门组织架构、人员构成、及部门职责。 2. 部门现在有哪些部门文档？编码和命名有规则吗？有的话请描述出来。 3. 与研发中心相关的业务往来。 4. 在产品开发过程中，充当什么样的角色？负责哪些任务？ 5. 从供应商那里需要获取哪些物料资料？如规格书、ROHS 认证、安规等。 6. 你认为从技术部门得到的数据是否及时、准确？如新设计图纸、变更后图纸。 7. 协同部门的工作是否会影响研发进度？你对部门内部及部门之间的协同工作还有哪些意见及建议？ 8. 你认为目前部门之间的协同是否需要加强(产品立项、变更评估等等)？主要集中在哪些方面？ 9. 对 PLM 系统的期望，希望 PLM 系统能够帮到什么？					

2. 业务流程

(1) 业务流程的概念

业务流程是指在组织内部“流转”的一系列相关的活动。流程就是“工作的流动(Workflow)”，是业务与业务之间的传递或转移的动态过程。

具体的业务流程定义为：业务流程是一组能够一起为客户创造价值的相互关联的活动进程或者说跨越部门的业务行程。

业务流程不仅仅限于一个单一的功能或者单一的部门业务流程能够贯穿始终地反映经营情况。

业务流程是跨部门的逻辑组合，如果企业没有业务流程的基础，很难一次画出理想的流程图。所以画业务流程应该遵循由简单到复杂的原则，可以分三步进行：先根据部门的调查结果，画出某个流程的片段，然后把流程片段组合成完整的流程，最后对整个流程进行优化。可以利用一些软件画业务流程图。

（2）业务流程图举例

福特公司的美国总部有 500 多名财务人员，其单据往来十分繁杂。

通常程序是：采购部与供应商制订购货合同，同时送一份副本给会计部门；供应商交货时开发票；仓库管理员验收货物后出具验收单，会计部门核对合同、发票、验收单，三者一致办理付款，否则需派人调查原因。图 10.5 是福特公司的业务流程图。

图中，矩形框表示处理功能，椭圆框表示单位或部门，波浪状的矩形框表示单据或报表，菱形框表示判断。

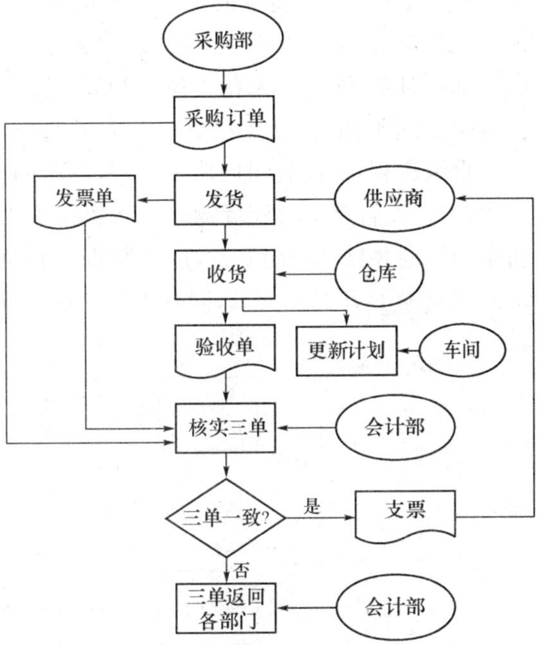

图 10.5　福特公司的原始采购—收获—付款业务流程

3. 业务流程重组

（1）业务流程重组的定义

1990 年，著名管理学家美国麻省理工学院(MIT)麦克·哈默(Michael Hammer)教授在《Reengineering Work：Don't Automate，But Obliterate》一文中首次提出了业务流程重组(BPR)的概念。

1993 年，Michael Hammer 和 James Champy 在《Reengineering The Corporation》一书中正式对 BPR 做了如下定义：

"企业流程再造工程是对企业的业务流程作根本性的思考和彻底重建，其目的是在成本、质量、服务和速度等方面取得显著的改善，使得企业能最大限度地适应以顾客(Customer)、竞争(Competition)、变化(Change)为特征的现代企业经营环境。"

（2）企业对业务流程重组的需求

在全球化市场中，顾客、变革和竞争等要素，使组织面临的形势十分严峻。

顾客(Customer)选择的多样性：市场的主导权已转入顾客手中，使市场由卖方市场变为买方市场，顾客选择商品的余地大为扩展。因此，怎样使顾客满意，就成为企业的奋斗目标和一切工作的归宿。

竞争(Competition)：多层面竞争。从实践、质量与成本三方面比较，谁能提供独占性的产品和一流的服务，谁就能够赢得竞争。市场占有率已成为评判企业是否具有竞争力的最集中的体现。

变革(Change)：市场需求多变，科技进步日新月异，产品生命周期不断缩短，这些变化已成为不可阻挡的潮流，促使企业加快变革步伐。

(3) 业务流程重组案例

福特公司的原始业务流程中存在以下问题：

福特公司建立了计算机系统，使采购、仓库、会计部门都应用计算机处理各自的业务，裁掉了 20%的冗员，并以为这样很不错了。但是当他们知道日本马自达公司完成同样的职能只有 5 个人时，他们震惊了。因为即使考虑到福特公司的规模比马自达大，他们最多也只应有 100 名左右会计人员。问题在哪里？这就需要从根本上再造整个工作过程和工作内容。

调查表明，很多传统的习惯是不必要的，例如在会计部门和采购部门以及供应商之间有很多冗余的单据往来，要花不少人力去核对单据。据统计，尽管不一致的情况只占少数，但会计部门却有 80%的人花大量时间处理这类少数事件。又因经手人多，出错的机会也多，一旦单据之间不相符，就要花更多人力去追查，最后会计部门凭多次核对的发票付款。

重组流程：福特公司再造了这一过程，引入了公用数据库，采购订单进入数据库并送给供应商，当仓库管理员收到货物时。从数据库中调出相应的订货合同，两者相符则验收入库、更新生产计划并自动开出支票，反之则拒绝收货。这样发票及其他往来单据不再需要。使得会计部门减少了 75%的冗员，同时过程的速度、成本和质量也都有极大改善。如图 10.6 所示。

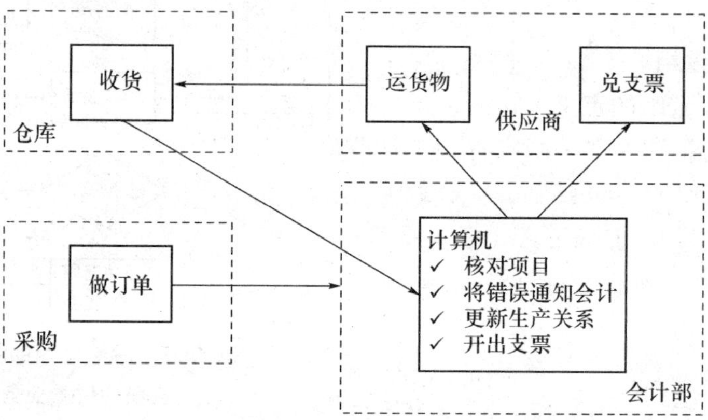

图 10.6　再造后的采购—收获—付款过程

4. U/C 矩阵

U/C 矩阵是一个二维表，一维是数据类维，另一维是过程维或功能维。

BSP 方法将过程和数据类两者作为定义信息系统总体结构的基础。具体的方法是，用过程/数据类矩阵(即 U/C 矩阵)来表达两者之间的关系。在 U/C 矩阵中，行表示数据类，列表示过程。并以字母 U(Use)和 C(Create)来表示过程对数据类的使用和产生关系，但最终形成的 U/C 矩阵必需满足正确性检验。

U/C 矩阵法的六个步骤：

(1) 填入“数据类”。

(2) 按逻辑关系及发生的顺序，填入“功能”。

(3) 在适当的行列交叉处填上“U”或“C”，字母 C 表示哪个企业过程产生该数据类，字母 U 表示哪个企业过程使用该数据，如表 10.2 所示。

表 10.2　U/C 矩阵

过程	数据类									
	客户	订货	成本	库存	经营计划	技改计划	市场	职工	生产计划	供应商	物料需求
经营计划	U				C		U				
技改计划			U		U	C			U		
市场预测	U	U			U		C				
订单管理	U	C		U							
客户管理	C						U				
库存控制			U	C					U		U
生产计划		U	U	U	U	U	U		C		
成本控制			C	U						U	
物料管理			U	U					U		C
采购管理										C	U
考核管理								C			
人才计划					U			U			

(4) 重排数据类，使所有“C”尽可能靠近对角线，如表 10.3 所示。

表 10.3　U/C 矩阵—子系统划分

项目	过程	数据										
		经营计划	技改计划	市场	订货	客户	库存	生产计划	成本	物料需求	供应商	职工
经营规划	经营计划	C		U		U						
	技改计划	U	C					U	U			
销售管理	市场预测	U		C	U	U						
	订单管理				C	U	U					
	客户管理			U		C						
生产管理	库存控制						C	U	U	U		
	生产计划	U	U	U	U		U	C	U			
	成本控制						U		C		U	
供应链管理	物料管理						U	U	U	C		
	采购管理									U	C	
人事管理	考核管理											C
	人才计划											U

(5) 将 U 和 C 最密集的地方框起来，给框起个名字，就构成了子系统。落在框外的 U 说明了子系统之间的数据流。这样就完成了划分系统的工作。

从表 10.3 中可见，该系统被划分成经营规划、销售管理、生产管理、供应链管理、人事管理等五个子系统。

U/C 矩阵的正确性检验：

(1) 完备性检验。这是指每一个数据类必须有一个产生者(即“C”)和至少有一个使用者(即“U”)；每个功能必须产生或者使用数据类。否则这个 U/C 矩阵是不完备的。

(2) 一致性检验。这是指每一个数据类仅有一个产生者，即在矩阵中每个数据类只有一个“C”。如果有多个产生者的情况出现，则会产生数据不一致的现象。

(3) 无冗余性检验。这是指每一行或每一列必须有“U”或“C”，即不允许有空行空列。若存在空行空列，则说明该功能或数据的划分是没有必要的、冗余的。

5. BSP 方法的特点

优点：

(1) 摆脱了 IS 对原组织机构的依从性，从企业最基本的活动企业过程出发进行数据分析，使 IS 在组织机构和管理体制改变时保持工作能力，对环境变更具有较强适应性。

(2) 信息系统战略可表达企业各管理层次的需求。

(3) 信息系统可向组织提供整体一致性的信息。通过 BSP 方法可以做到：① 确定未来信息系统总体结构，明确其各子系统的组成以及子系统开发的先后顺序。② 对数据进行统一规划、管理和控制，明确各子系统之间的数据交换关系，保证信息的一致性。

缺点：

(1) 数据收集量大、成本高，难以分析。

(2) 收集的数据经常不是反映管理者的关键目标和需要的信息，而是现在正在使用的信息，其结果只能是试图使现存业务自动化。

6. BSP 与 CSF 方法的比较

CSF 方法是一种倾向于战略管理的 IT 规划方法。虽然它具有能使企业的 IT 战略规划抓住主要矛盾，使所开发的系统具有较强的针对性，但它的分析处理过程非结构化程度高，可操作性不强。

BSP 方法则是一种技术性的 IT 规划方法。它从企业最基本的业务过程及相关数据分析入手，分析规划企业信息系统的整体结构，BSP 方法结构化程度较高，适合于对大型复杂系统的规划。可用于建立信息系统的蓝图，而不适于详细设计。但 BSP 方法操作过程繁复、工作量大，重点不突出。因此，这两种方法虽然对信息系统规划都有一定的帮助，但也都有其自身的局限性。在实际规划中，人们常把多种方法综合使用，以相互弥补不足。

实战训练

(1) 请对下表 10.4 给出的 U/C 矩阵进行正确性检验，并修改不满足要求的 U 或 C。

表 10.4 某企业管理信息系统的 U/C 矩阵

项目	客户	供应商	原材料	物料清单	质量标准	成品	半成品
样品开发	U	U	U	C	C		
采购管理	U	C	C	U		U	U
生产管理				C	U	U	U
销售管理	U		U	U		U	
仓库管理		U	U	U		U	U
车间控制			U	U	U	C	C
品质管理			U		C	U	U

(2) 由 3～5 人组成一个企业小组，到一个企业去做实际调查，并为其做出一个 IT 规划，写出规划报告。

本章小结

本章主要介绍了信息系统规划的基本任务、步骤、规划方法。具体来说，重点介绍了关键成功因素法的基本思想、步骤和特点；企业系统规划法的基本思想、步骤、企业调研、业务流程分析、业务流程重组、U/C 矩阵的创建及调整，然后确立信息系统子模块，最后介绍了系统规划法的特点。

本章习题

1. 信息系统生命周期可以分为哪几个阶段？各阶段的主要任务是什么？
2. 什么是战略规划？
3. 信息系统战略规划常用的方法有哪些？它们各自有何特点？
4. 简要描述 U/C 矩阵中的正确性检验。

第 11 章

信息系统实施

本章学习目标

1. 了解信息系统实施的两种方法；
2. 了解选择现有的信息系统产品的几个阶段；
3. 重点掌握蓝图设计过程中的业务流程图、组织结构图、甘特图的绘制方法。

理论指导

系统实施是信息系统实现的最后一个阶段。这个阶段的任务，是按实施方案完成一个可以运行的信息系统，交付用户使用。

管理信息系统是一个融合了现代管理思想方法和 IT 技术的复杂的、集成的现代企业信息系统，其功能涵盖企业内外物流、资金流、信息流及人才流动计划、控制和管理决策活动。因此，信息系统的实施也是一项负责的系统工程，它不仅需要采用一套科学的实施方法，还需要企业管理人员及员工提高自身认识水平与素质修养。

11.1 信息系统实施的方法

目前企业信息系统实施的方法主要有两种：一种是企业根据本企业的业务需求，自行开发或请 IT 公司专项开发；另一种是根据业务需求分析，选择一套现有的信息系统产品，导入本企业。例如 ERP 产品，很多软件开发公司如 SAP、ORACLE、用友、金蝶等都有成熟的 ERP 套件。

对于企业来说，一个信息系统，意味的不仅仅是高额的成本和大量的人力时间，更关系着企业的未来发展。信息系统选型是针对企业自身的，选择最为适用、经济的信息系统软件是企业的最终目标，被选中的软件或许并不是同行业最优的，但对于本企业应该是最优的。那么企业该如何选择信息系统呢?

目前国内市场信息系统软件提供商很多，各家软件有自己的特色和适用领域。企业在购置软件时，首先要在诊断本企业存在的管理问题的基础上，提出详细的需求，根据需求寻找适合自己的产品;其次对于适合本企业行业特点的软件产品,要研究其软件与企业现行管理方式和作业方式的一致性,是全部模块能用还是部分模块能用,需不需要二次开发,开发的工作量有多大。一般来说,市场上销售的信息系统软件与企业的实际需求总有一定的差别,是企业改变自身的管理方式和组织机构去适应软件,还是修改软件使其适应企业当前的实际运行模式,需要通过市场调研加以分析判断,并且要与软件供应商沟通,协调一致。

国外一些进入国内市场的信息系统软件商品化程度高,应用时间长,功能完善,但其管理方式与我国现行的管理方式有一定的差距,价格较高。国内开发的一些软件,商品化程度较低,应用时间短,且大多以财务管理为核心,但在价格和服务方面有一定的优势,处于蓬勃发展的时期。当企业要上信息系统时,会有许多供应商闻风而至,推荐自己的产品,讲述产品的功能和优势,分析自己的产品如何符合企业管理的需要,描述实施后的美好前景。作为用户,面对着众多的产品和热情的介绍、引导,应该从本企业的实际情况出发,全面考察、冷静思考、综合分析、筛选出最适合自己的产品。企业所选择的产品应是综合性能好的,即软件技术先进、功能齐全、使用方便、培训及时、技术与服务人员队伍比较稳定,服务及时,经验丰富。决不能选那些公关好而实力弱,对于企业管理无经验,边学边干,队伍不稳定,拿到钱后你就得求他的供应商。

具体来说,信息系统实施过程主要包括信息化咨询阶段、实施准备、蓝图设计、系统建设、上线切换、持续支持几个阶段。

11.2　信息系统实施过程

11.2.1　信息化咨询

可由管理咨询公司或信息系统供应商对客户进行整体业务调研,需求分析,对企业进行诊断,诊断客户业务中存在的问题,协助制定客户指定 IT 规划方案、业务应用方案,编制《项目建议书》。

1. 信息化咨询概述

企业信息化咨询是管理咨询的一种,因此,在对它进行定义之前,需要首先了解管理咨询的概念。所谓管理咨询,是指由经过特殊训练的、具有丰富经营理论知识和实践经验的专家,向各种组织客观并且独立地提供的以合同为基础的顾问服务。

服务过程中,通过与企业有关人员的密切配合,帮助客户组织确定和分析相关的问题,推荐这些问题的解决方案,并且在必要的时候为这些解决方案的实施提供帮助。管理咨询最常见的类型包括:战略咨询、财务咨询、市场营销咨询、人力资源咨询、组织设计咨询、企业文化咨询、信息化咨询等。

作为管理咨询的一种,企业信息化咨询是管理咨询和信息化技术实施的结合,咨询提供方对客户进行管理与信息化手段和过程的整合,形成与企业管理基础和资源相适应的、客观有效的信息化解决方案。在这一咨询过程中,咨询师要对企业进行充分的调研和需求分析,甚至对管理流程重新设计,将企业的核心问题归纳出来,分析企业需要怎样的管理和怎样的管理软件。在企业建立信息化的过程中,咨询专家的作用不可低估,而且在信息系统交付使用后，专家还要定期进行系统运行效率评估工作。

需要注意的是，企业的信息化过程不仅仅是一个信息技术问题，更重要的是一个管理问题。信息化咨询也不仅仅是单纯的管理咨询活动，还和信息技术有紧密的结合，非常注重后期的实施工作。因此，信息化咨询应充分注重和信息技术结合起来，信息化咨询必须注重技术上的先进性和可行性。

2. 信息化咨询的目的

企业进行企业信息化，根本目的是为了全面提高企业自身的管理水平，实现企业竞争力的全面提升。因此，在信息化的过程中，合理的信息化规划和分析就必不可少，然而，这一过程如果由企业自身来完成的话，将存在若干问题：

(1) 企业自身往往无法从多个层面、多个角度、多种利益维度来进行分析和规划

中低层的执行人员，尤其是 IT 人才，基本处于执行层，是信息化的具体实施者，很难站在企业全局的角度进行信息化整体规划，他们只是站在本岗位上来理解整个企业的业务过程。高层管理人员和决策者可能是全方位的全局性的视野和思维，但他们对于基层的细节问题了解程度不够，无法判断具体事项的合理与否。所以，企业的各个部门之间、各个管理层面之间必然存在纰漏(人为或非人为的因素同时存在)。

(2) 企业内部员工由于经济利益与立场的原因，往往会形成不同的利益群体，而在企业信息化的过程中，流程变革是必不可少的，从而往往会从客观上损害某些利益群体的权益，从而带来企业内部员工的抵触甚至反抗。因此，企业自身来进行信息化的规划与分析往往会缺乏必要的公正性和客观性，从而影响其执行效果。

(3) 作为各行各业的企业来讲，信息化不是企业的主业，也不是他们的特长。而专业咨询机构则可以提供并实施正确的方法和工具，从而对企业的管理业务流程进行改造或优化，并得到企业内部人士的认可。这样就减少了信息化过程中，碰到问题再解决问题的尴尬局面，减少了企业内部无休无止的争吵。相应的，也缩短了信息化的实施周期，可以使企业在热情高涨时完成信息化的实施工作，避免了因实施周期过长造成的企业内部员工的情绪低落以及由此造成的工作效率低下。

因此，借助专业的信息化咨询机构及其专业人才，根据企业发展战略需要，提出符合企业现状和发展要求的信息化规划和分析，帮助企业完成信息化是一个非常不错的选择。

3. 信息化咨询的主体

企业信息化咨询服务提供商主体的不同，可以细分为三部分：信息产品提供商自己提供咨询服务；与信息产品提供商结成代理销售关系的咨询机构提供咨询；咨询公司独立提供中立的第三方咨询服务。

(1) 如果是信息产品提供商自身来提供咨询服务，企业与该产商是直接的甲方乙方关系。一方面，作为甲方的企业用户缺乏充足的、系统的信息化知识和判断力，在双方博弈中常常处于弱势，容易盲目听从乙方的游说，仓促上马信息化项目，直接面临信息化的巨大风险，陷入“信息化黑洞”。另一方面，由于商业立场与切身利益的原因，信息化软件的供应商不可能站在为企业着想的管理咨询的立场上来解决问题，而是尽量使企业的业务流程向自己提供的软件固有流程上来靠，不仅导致项目失败率高，造成甲方投资损失，而且在没有第三方帮助沟通、调解的情况下，双方常常对项目是否完工、成功与否等问题认识不同而产生

纠纷，也可能使乙方套牢在一个项目中难以自拔，陷入“信息化泥潭”。另外，由于在选择软件供应商之前，企业不知道自己的业务流程与软件的吻合程度，导致许多企业在实施的过程中，才发现企业的实际需求软件满足不了，需要进行大量的二次开发，要额外支出高额的开发费用，信息集成也十分麻烦，使得制造业企业陷入被动。

(2) 当由与信息产品提供商结成代理销售关系的咨询机构提供咨询时，表面上看产品提供商与管理咨询服务商优势互补，携手为甲方服务，都想把事情办好，把项目做成功。但是，由于咨询服务商实际上是产品提供商的代理商，这些咨询公司从自身盈利的角度，利益驱使决定了他们共同作为乙方与甲方的合作关系，这样，就难免出现一个误区，即不管前期诊断的结果如何，开出的方子却是千篇一律。虽然有可能成功，但是企业付出的代价却很大，而且难免误导企业。这不仅使企业用户仍然得不到优质、诚信的咨询服务，也不利于中国整个企业信息化咨询市场的健康发展。

第三方咨询服务不以推销某一信息化产品为目的，而是站在中立的角度，不依附于任何一方，作为企业在信息化领域的顾问，客观公正为企业提供咨询服务，通过第三方身份弥补企业在信息化理解和信息化利用中的不对称地位，帮助企业规避风险，使得三方博弈成为一种比较均衡的利益态势。这既是企业信息化咨询服务市场健康发展的需要，也是实现 IT 企业、咨询公司与用户企业三方共赢的必然选择。

11.2.2 实施准备阶段

成立由多方参与的项目实施组织(如由软件供应商和客户方以及第三方 IT 咨询或监理机构等组成)，并共同确认项目的工作计划。召开有双方高层参加的项目正式启动会，明确本项目对实现公司远景目标的重要性，从而引起全公司对项目的重视，取得公司各管理层对项目的支持。

总的来说，信息系统的实施过程中，企业要建立项目团队，团队成员的构成最好由具有丰富信息系统项目实施和企业流程管理经验的咨询人员和企业内部各级管理人员、业务操作人员以及软硬件技术人员一起组成项目实施小组。其中，项目经理和软硬件技术人员必须是专职的(要求既懂技术又懂管理，要有很强的沟通和推动能力，享受充分授权)。人员组成见图 11.1。

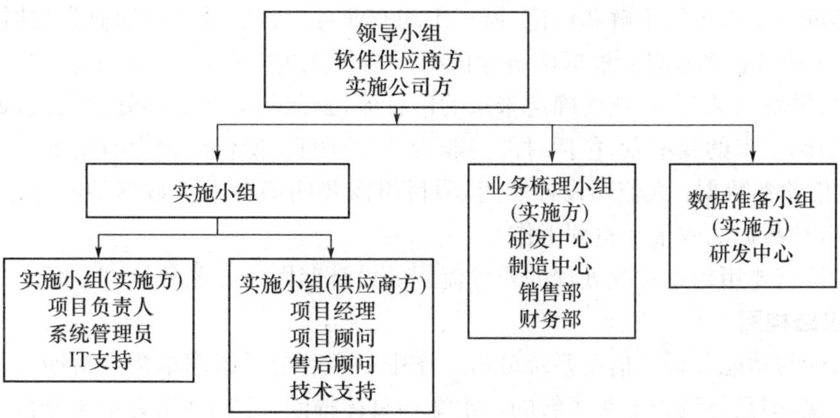

图 11.1 人员组成图

简单地说，团队成员可分为三个层次：

（1）领导小组。由企业的一把手牵头，并与分管副总及项目经理一起组成领导小组。

（2）实施小组。主要的、大量的信息系统项目实施工作是由他们来完成的，一般是由项目经理来领导组织工作，其他成员应当由企业主要业务部门的领导或业务骨干组成。

（3）业务组。这部分工作的好坏是信息系统实施能贯彻到基层的关键所在。每个业务组必须有固定的人员，带着业务处理中的问题，通过对信息系统的掌握，寻求一种新的解决方案和运作方法，并用新的业务流程来验证，最后协同实施小组一起制定新的工作规程和准则，以及基层单位的培训工作。

11.2.3 蓝图设计

1. 蓝图设计的基本概念

业务蓝图设计是通过对公司业务现状的调研分析，梳理出业务未来的信息流、物流和业务流的处理模型。业务蓝图阶段是信息系统实施过程中关键的环节。

业务蓝图定义的过程就是企业将自身业务流程转化为新系统业务流程的过程。在这个转化过程中，势必会遇到很大的阻力，甚至会在此阶段出现相当大的冲突。因此，顾问必须给予这个阶段相当的重视，采用适当的策略，保证项目的总体目标。同时顾问也应该清楚地知道，尽管这个问题非常棘手，但决不能绕开。如果这个阶段的工作做得不扎实，会造成项目目标不明，导致最终项目实施结果无法确认，项目无法验收。

这个阶段顾问方要通过标准培训使客户对标准业务流程有进一步深入的理解和认识，并指导他们对标准规程进行学习和研究，在此基础之上，指导他们参照系统整理出自己的现行业务工作流程。然后，指导客户在对照经典流程基础上，对企业现行业务流程进行分析和整理，制订出企业新系统的业务蓝图草案。通过引导客户对现行的业务及其流程的整理，一方面可以理清客户自身的管理流程。另一方面，可以使顾问获得业务规范化调整的基础信息和软件客户化需求的初步信息，为规范企业业务管理，使软件标准化、规范化以及为下一步蓝图的实施打下坚实、可靠的基础。

业务蓝图设计主要包含以下三个阶段：

（1）现状调研：通过对公司大规模访谈，与关键用户一起就业务的细节和各业务之间的集成关系作进一步深入的了解和讨论，梳理出现有业务过程以及涉及的业务数据。

（2）未来业务蓝图设计：根据调研分析结果结合先进实践，设计各模块的业务蓝图，包括细节流程、模块间的关系，从而确定未来的信息流、物流和业务流的处理模式；通过流程的重新设计，明确未来的变革点，包括对部门职责、岗位职责、操作流程等的变革。

（3）收集业务数据：在蓝图设计期间，项目组需要明确各类主数据的收集策略、数据编码规则，并启动数据的收集和整理工作。

最终确认将要用信息系统处理的业务流程的设计蓝图——业务解决方案。

2. 组织结构图

组织结构与功能分析是信息系统分析工作中一个环节。组织结构分析通常是通过组织结构图来实现，即是将调查中所了解的组织结构具体描绘在图上，作为系统分析和系统设计的参考。

组织结构图是一张反映组织内部之间隶属关系的树状结构图。

其中组织结构通常是通过组织结构图来实现的，功能与组织结构图之间的关系通常是通过组织业务关系来实现的；功能结构图是把组织内部各项管理业务功能都用一张表的方式罗列出来，是今后进行数据分析，确定新系统实现的管理功能和分析建立管理数据指标体系的基础。

组织结构图并不是一个固定的格式，关键是要考虑是否符合公司发展战略的需要，组织架构的功能是为了实现战略效果而将相关工作进行划分，因此要根据企业具体情况制定具体的个性组织结构图。

企业要根据具体情况（如部门的划分、部门人员职能的划分）制定具体的、整体的、个性的组织结构图，各个部门也要制定部门的、具体的、细分的组织结构图，如图 11.2 是一个企业组织结构图。

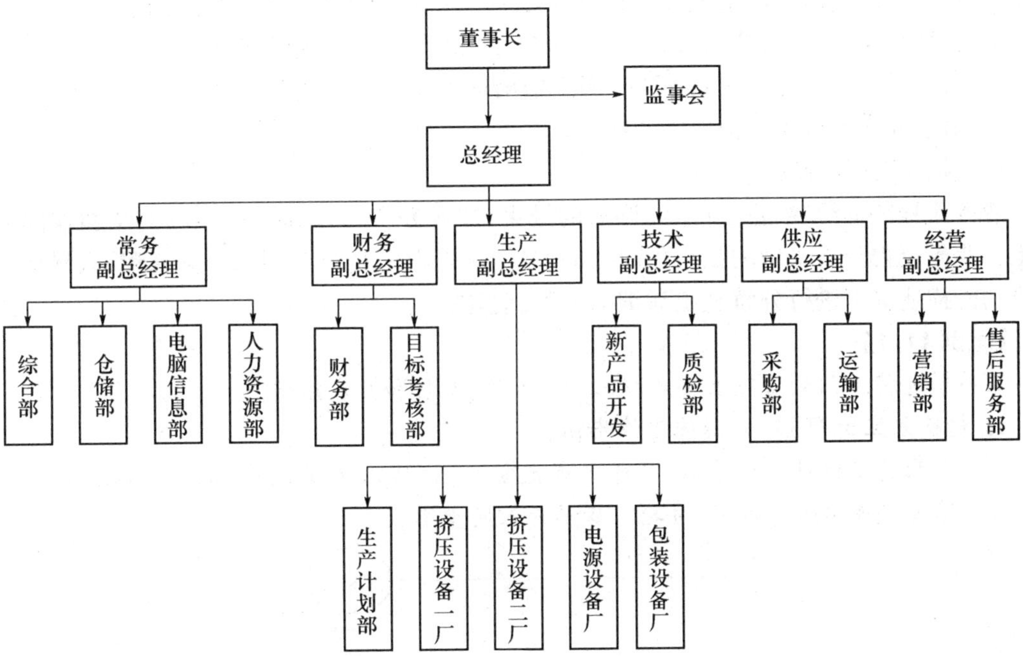

图 11.2　企业组织结构图

3. 业务流程图

业务流程图是一种描述系统内各单位、人员之间业务关系、作业顺序和管理信息流向的图表，利用它可以帮助分析人员找出业务流程中的不合理流向。它是物理模型。业务流程图主要是描述业务走向，比如说病人，首先要去挂号，然后到医生那里看病开药，然后到药房领药，然后回家。业务流程图描述的是完整的业务流程，以业务处理过程为中心，一般没有数据的概念。

业务流程图（Transaction Flow Diagram，TFD）是用一些规定的图形符号及连线（即图形元素或图例）来表示业务处理过程的图形工具。业务流程图基本上是按照业务的实际处理步骤和过程来绘制的。用图形方式形象、直观、准确地表达实际业务处理过程。

（1）业务流程图图例及画法

目前，TFD图例没有统一标准，业务流程图的基本符号，见图11.3。

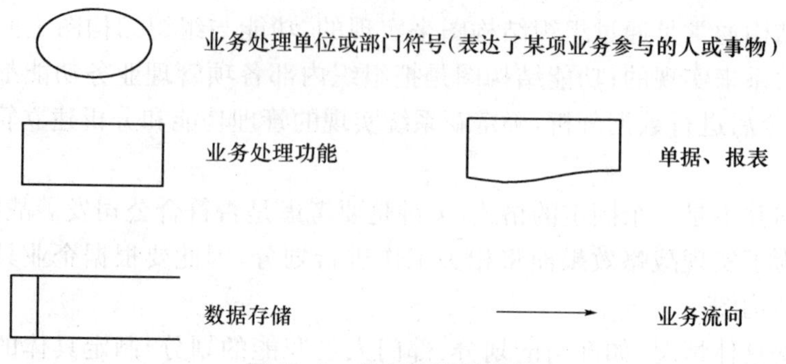

图11.3　业务流程图图例

(2) 业务流程图的作用

① 制作流程图的过程是全面了解业务处理的过程，是进行系统分析的依据。

② 它是系统分析员、管理人员、业务操作人员相互交流思想的工具。

③ 系统分析员可直接在业务流程图上拟出可以实现计算机处理的部分。

④ 用它可分析出业务流程的合理性。

(3) 业务流程图案例

业务流程图的绘制是根据系统调研的结果，按业务实际处理过程将它们绘制在同一张图上。业务流程分析采用的是自顶向下的方法，首先画出高层管理的业务流程图，然后对每一个功能描述部分进行分解画出详细的业务流程图。

【案例11.1】

某材料仓库部门的管理业务包括三项：入库、发料和月底结账。

1. 材料入库见图11.4，具体工作步骤：

(1) 采购员交材料入库单；(2) 库工查定货单，核实入库单；(3) 材料入库，库工验收；(4) 库工填写交库单给采购员，并把入库单存入网盘留底。

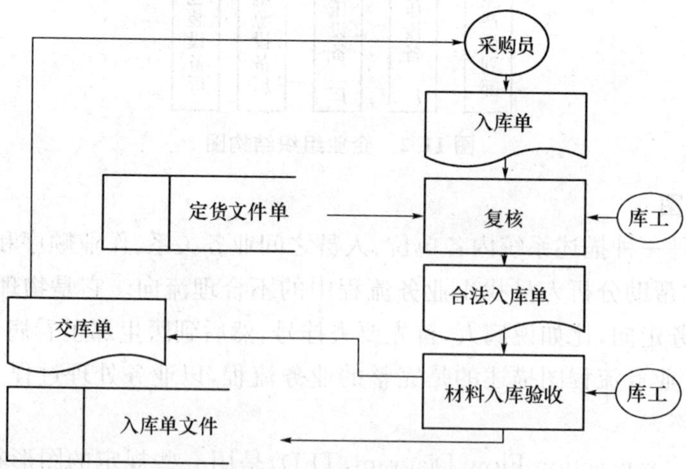

图11.4　材料入库流程图

2. 材料出库业务如图11.5，具体工作步骤为：

(1) 由领料人填写领料单；(2) 库工接收并复核领料单；(3) 库工取出所领材料，发给领料人;(4) 库工开发料单给领料人,并把领料单存入网盘留底。

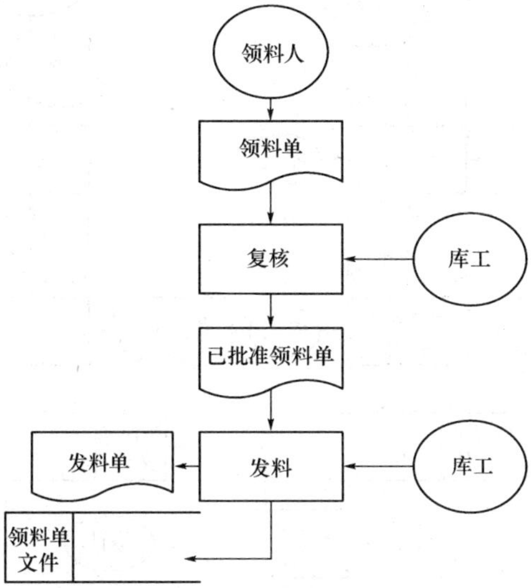

图 11.5　材料出库流程图

3. 月底结账业务如图 11.6,具体工作步骤为:

(1) 会计从库工那里取来当月的领料单据及入库单,汇总并更新库存账目;(2) 统计员根据单据和账目做出有关的统计报表;(3) 主任审核各种统计报表;(4) 收发人员把表分送有关领导及科室。

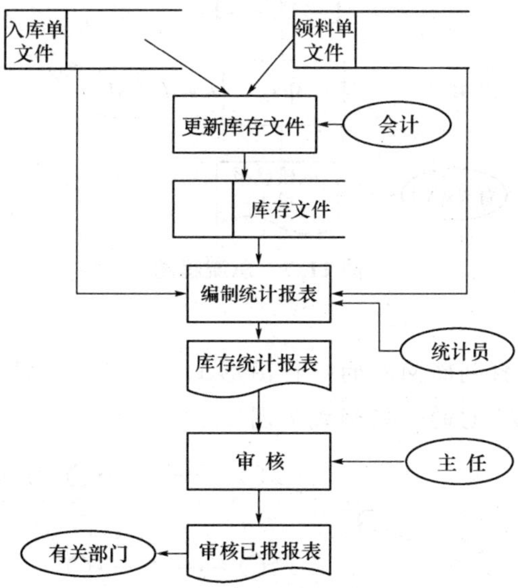

图 11.6　月底结账业务流程图

将以上的入库、出库、财务结算合并之后的总流程图见图 11.7。

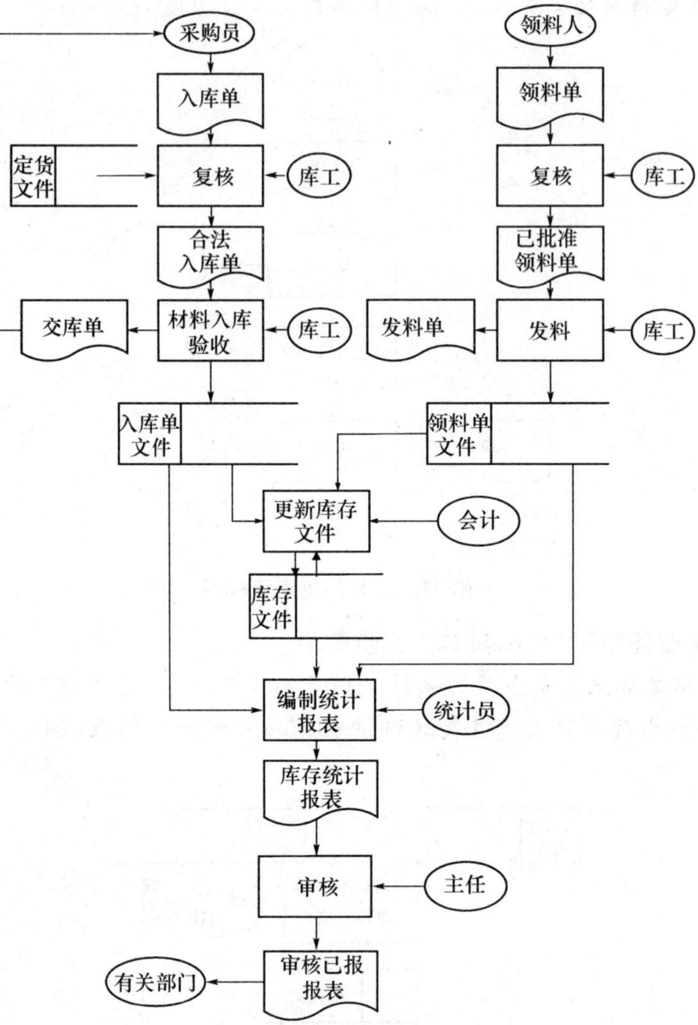

图 11.7　总流程图

4. 决策树

决策树是用来表示逻辑判断问题的一种图形工具。它用"树"来表达不同条件下的不同处理。比用语言更为直观。它的一般形式如图 11.8 所示。

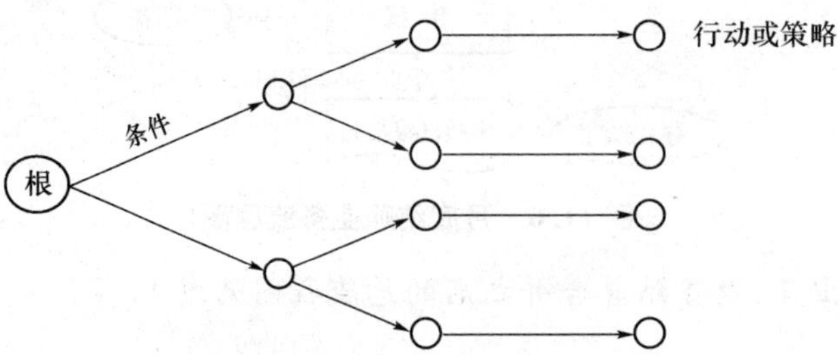

图 11.8　决策树

例：某公司的折扣政策：

若年交易额在 4 万元以上，且最近 3 个月无欠款的顾客，可享受 10%的折扣。若近 3 个月有欠款，且是本公司 5 年以上老顾客，可享受 5%的折扣；若不是老顾客，只有 2%的折扣；年订货量不足 4 万元者无折扣，见图 11.9。

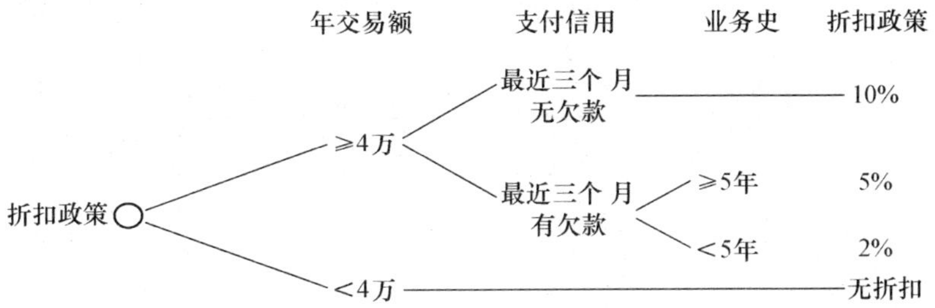

图 11.9　折扣政策

5. 判定表

判定表是一个二维表，分别来表示条件和行动。采用判断表可以清晰地表达条件、决策规则和应采取的行动之间的逻辑关系，容易被管理人员和分析人员接受。

以表格的形式给出各种条件的全部组合以及在各种组合下应采取的行动。当条件较多、每一条件的取值有若干个、相应的动作也很多的情况下，使用决策表比决策树更加有效和清晰。

步骤：

(1) 确定判断要采用的相关因素，即决策中的必要条件，而这些条件的选择必须是发生或不发生两种值。

(2) 在各种不同的条件下确定各种相应的行动。

(3) 排出各种不同条件之间的所有组合，Y 和 N 分别表示发生和不发生。

(4) 确定在不同组合下应选择的行动。

(5) 检验决策表中的决策规则是否冗余，按合并规则化简判定表。

判定表由四部分组成。

第一部分即①表示的部分，判定表的左上部称为基本条件项，列出各种可能的条件。第二部分即②表示的部分，判定表的右上部称为条件项，它列出了各种可能的条件组合。第三部分即③表示的部分，判定表的左下部称为基本动作项，它列出了所有的操作。第四部分即④表示的部分，判定表的右下部称为动作项，它列出在对条件组合下所选的操作，如表 11.1。

表 11.1　判定表的组成

① 条件说明	② 条件的组合
③ 行动说明	④ 采取的行动

还是以某公司的折扣政策为例，画出的判定表如表 11.2 所示。

表 11.2 判定表

条件和行动	条件组合							
	1	2	3	4	5	6	7	8
C_1：交易额≥4 万	Y	Y	Y	Y	N	N	N	N
C_2：最近三个月无欠款	Y	Y	N	N	Y	Y	N	N
C_3：与本公司交易≥5 年	Y	N	Y	N	Y	N	Y	N
A_1：折扣率 10%	✓	✓						
A_2：折扣率 5%			✓					
A_3：折扣率 2%				✓				
A_4：无折扣					✓	✓	✓	✓

这是一张完整的判定表。表中列出了三个条件所有可能的组合情况，因此不会有遗漏。这张表可以简化，简化的办法是合并，合并的原则是在相同的行动下，检查它所对应的各列条件组合是否存在无需判断的条件。例如第 1 列和第 2 列，对应的行动是"A_1：折扣率 10%"，对应的条件"C_1：交易额≥4 万"取值相同，"C_2：最近三个月无欠款"取值也相同，仅条件"C_3：与本公司交易≥5 年"取值不同。换句话说，只要交易额的值"≥4 万"，最近三个月无欠款，则不论与公司交易的时间是多久，都给同样的折扣"A_1：折扣率 10%"。同理，第 5 列、第 6 列、第 7 列和第 8 列可以合并。由此得到表 11.3。

表 11.3 合并后的判定表

条件和行动	条件组合			
	1	2	3	4
C_1：交易额≥4 万	Y	Y	Y	N
C_2：最近三个月无欠款	Y	N	N	/
C_3：与本公司交易≥5 年	/	Y	N	/
A_1：折扣率 10%	✓			
A_2：折扣率 5%		✓		
A_3：折扣率 2%			✓	
A_4：无折扣				✓

由此，归纳出合并的原则：取相同行动的 n 列，若有某个条件在此列的取值正好是该条件取值的全集，而其他条件在此 n 列都取相同的值，则此 n 列可以合并。

11.2.4 系统建设阶段

在这一阶段，项目小组将把上一阶段设计的业务流程蓝图在信息系统中实现(即在供应商信息系统中进行设置)，并对各涉及信息系统的业务流程进行测试。在该阶段，软件供应商项目小组和客户方项目小组应紧密合作，在应用信息系统实现新业务流程的同时将信息系统的相关知识转移到客户方项目小组。

即根据信息系统所需的硬件结构和软件结构购置相应的硬件设备和系统软件，建立系统的软、硬件平台。一般情况下，中央计算机房还需要专业化的设计及施工。为了建立网络环境，要进行结构化布线，网络系统的安装与调试。下面以金蝶 K/3 RISE 为例说明系统建设过程。

1. 系统配置

每一套信息系统，对硬件、操作系统、网络环境及数据库不同，如金蝶 K/3 RISE 的数据库服务器配置建议，表 11.4。

表 11.4 系统配置表

组 件	要 求
处理器	处理器类型： Intel Xeon 或 AMD Opteron 或 Intel Itanium 2 处理器速度： 最低：1.6 GHz(对于 Itanium 处理器是 1.4 GHz) 推荐：2.4 GHz 或更快处理器(对于 Itanium 处理器是 1.6 GHz) 处理器核心总数： 最低：2 核心 推荐：4 核心(100 并发以内或数据库实体 10 GB 以内) 8 核心(100～200 并发或数据库实体 10～20 GB) 16 核心(200～400 并发或数据库实体 20～40 GB)
内 存	物理内存： 最少：2 GB 推荐：4 GB(100 并发以内或数据库实体 10 GB 以内) 8 GB(100～200 并发或数据库实体 10～20 GB) 16 GB(200～400 并发或数据库实体 20～40 GB)
存 储	存储类型： SCSI 或更快企业级存储，数据盘推荐设置为 RAID10，并至少建立两个 LUN 分别放置生产数据库与临时数据库(TempDB) 存储空间： 最少：10 GB 空闲空间 推荐：50 GB 或更多空闲空间
网 络	网络质量： 速率：100 Mbps，推荐与中间层服务器以 1 000 Mbps 连接 延时：<20 ms(以大小 1 024 字节的测试数据包返回结果为准) 丢包：<0.1%(以大小 1 024 字节的测试数据包返回结果为准)

续表 11.4

组　件	要　求
操作系统	K/3 数据库服务器支持的操作系统： Windows Server 2003 Standard/Enterprise/DataCenter SP1/SP2 Windows Server 2003 Standard/Enterprise/DataCenter 64 位×64 SP1/SP2 Windows Server 2003 Enterprise/DataCenter 64 位 IA64 SP1/SP2 ①② Windows Server 2008 Standard/Enterprise/DataCenter Windows Server 2008 Standard/Enterprise/DataCenter 64 位×64 Windows Server 2008 Enterprise/DataCenter 64 位 IA64 Windows 2000 Server/Advanced Server/DataCenter Server SP4 Windows 2000 Advanced Server/DataCenter Server 64 位 IA64 SP4 其他未提及的操作系统版本不提供官方支持，金蝶 K/3 数据库服务器在此类操作系统上可能可以运行但未经严格测试，也可能完全不能运行。
数据库引擎	K/3 数据库服务器支持的数据库引擎： SQL Server 2005 Standard/Enterprise SP3 SQL Server 2005 Standard/Enterprise 64 位×64 SP3 SQL Server 2005 Enterprise 64 位 IA64 SP3 SQL Server 2008 Standard/Enterprise SQL Server 2008 Standard/Enterprise 64 位×64 SQL Server 2008 Enterprise 64 位 IA64 SQL Server 2000 Standard/Enterprise SP4 SQL Server 2000 Enterprise 64 位 IA64 SP4 其他未提及的数据库引擎版本不提供官方支持，金蝶 K/3 数据库服务器在此类数据库引擎上可能可以运行但未经严格测试，也可能完全不能运行。

根据配置要求，部署网络，在服务器端分别安装操作系统、数据库系统以及对应的信息系统软件。

2. 进度控制

进度控制是信息化工程建设中十分重要而相当困难的问题。除了加强检查和协调之外，项目负责人主要采用甘特图和周计划表来控制工程进度。

甘特图是一种常见的工程进度控制工具，其内在思想简单，即以图示的方式通过活动列表和时间刻度形象地表示出任何特定项目的活动顺序与持续时间。基本是一个线条图，横轴表示时间，纵轴表示活动(项目)，线条表示在整个期间上计划和实际的活动完成情况。它直观地表明任务计划在什么时候进行，及实际进展与计划要求的对比。管理者由此可便利地弄清一项任务(项目)还剩下哪些工作要做，并可评估工作进度。如图 11.10 所示。

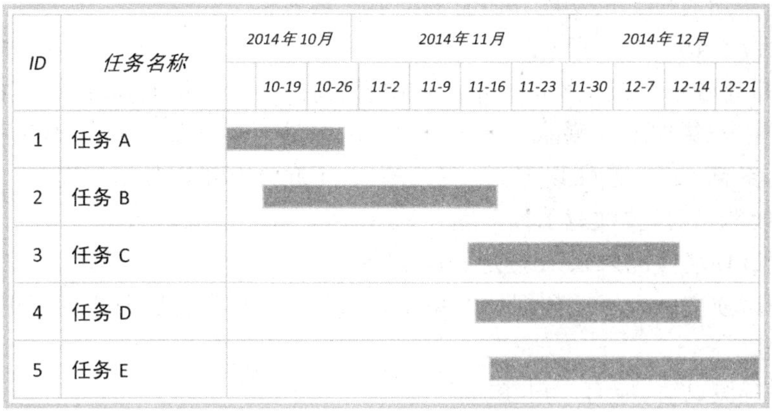

图 11.10　甘特图的原理

周计划表示一种更精确的进度控制工具，它不仅包含任务和时间，还包含任务的具体内容、执行人和完成情况等，表 11.5 表示周计划控制表的原理。

表 11.5　周计划控制表的原理

×××企业 ERP 第五周实施计划表				
任务	实施内容	执行人	完成情况	备注
数据准备	完成编码	王雨		
画流程图	合并流程	章小秋		
安装软件	按照软件	邵兵		

3. 系统测试与评估

系统测试是利用测试数据及测试问题对已开发完成的系统进行检验。测试是验证信息化效果的基本手段，通过建立虚拟的网络环境和业务运行环境，进行信息系统设计方案的可行性评估，保证方案的有效性和可实施性，避免实施后出现不能满足用户要求或生命周期过短的情况，这个过程又称为模拟测试。通过模拟测试，可以帮助业主和实施单位及早发现系统设计中出现的缺陷，包括：系统架构、不同系统之间的接口方式、主要设备的选型等方面的问题，然后根据问题的具体情况对设计方案和主要设备选型方案进行优化。同时模拟测试还可以对工程实施的人力和物力投入进行估算，从而减少项目实施风险。模拟测试对于复杂的大型信息化系统建设是非常必要的。

系统测试的内容包括：数据处理正确性测试、功能完整性测试和系统性能测试。

（1）数据处理正确性测试

检查输入和输出数据的正确性，包括明确输入的数据是否正确地存入数据库系统；数据库系统中的数据能够正确地输出；数据间的计算关系正确；数据统计的方法和口径与需求一致；不出现任何汉字字符或其他字符乱码等。

（2）功能完整性测试

检查开发完成的系统是否具备系统设计中所提出的全部功能，不仅要检测主要的业务功能,而且要检查所有的辅助功能和所有的细节性功能。

(3) 系统性能测试

性能测试是比较容易被忽略的一项测试内容,包括系统运行的速度、操作的灵活性和用户界面的友好性、对错误的检测能力等方面的测试。对于业务操作型管理信息系统而言,要求速度快、操作灵活,尽可能减少汉字的直接输入,不允许有错误数据的提交。

在进行系统测试时,要注意下列问题:

① 系统测试环境应同未来系统实际运行环境一致。

② 系统测试前应做好测试数据的准备工作,以便检查系统是否达到了正确性、完整性和性能上的要求。

③ 进行系统测试时,应有用户参加。

④ 测试完成后,要书写测试报告。

11.2.5 上线切换阶段

管理信息系统实施的最后一项任务是进行系统的切换,它包括进行基本数据的准备、数据的编码、系统的参数设置、初始数据的录入等多项工作。在系统正式交付使用之前,必须进行一段时间的试运行,以进一步发现及更正系统存在的问题。在系统切换和交付使用的过程中,每项工作都有很多人员参加,而且会涉及多个业务部门。因此,该阶段的组织管理工作非常重要,要做好系统切换计划,控制工作的进度,检查工作的质量,及时地做好各方面的协调,保证系统的成功切换和交付使用。

上线切换是经过双方全体人员长时间的准备后推动系统上线的过程。在这一阶段,软件提供商的项目小组只对培训进行帮助和指导,这将使客户方项目小组能更快成长,有能力在将来独立地对公司新员工开展培训。该阶段将完成最终数据准备,并导入到生产系统中。

ERP 上线后的运行支持将以现场和远程支持相结合的整体策略,分为不同的层次向最终用户提供及时和有效的系统运行支持。

1. 人员培训

对系统使用人员和系统维护人员的培训是系统投入应用的重要前提。需要进行培训的系统使用人员包括:系统操作员、硬件及软件系统维护人员、管理决策人员、档案管理员等。对于尚未掌握计算机基本知识的人员,还要进行计算机基本知识方面的培训。

对人员的培训,总体包括下列内容:

(1) 系统的总体方案。

(2) 系统网络的基本操作与使用。

(3) 系统的功能结构。

(4) 计算机的操作与使用。

(5) 数据库系统、开发工具等系统软件。

(6) 系统事务型业务功能的操作和使用方法。

(7) 系统维护型功能的操作和使用方法。

(8) 系统统计分析型功能的操作和使用方法。

(9) 系统的参数设置。

(10) 系统初始数据输入功能的操作和使用方法。

(11) 可能出现的问题及解决方法。

(12) 汉字的输入方法。

(13) 系统的使用权限与责任。

(14) 系统的文档管理规范。

并不是系统的所有使用人员都要进行上述全部内容的培训。根据工作岗位的不同选择不同的内容进行培训,既可以节省宝贵的时间,也便于系统的安全与管理,可以参考表 11.6 中的建议进行培训内容的选择。

表 11.6　工作岗位与培训内容

培训内容	操作人员	维护人员	管理决策人员	归档人员
系统的总体方案	√	√	√	√
系统网络的操作与使用		√		
系统的功能结构		√	√	
计算机的基本操作与使用	√		√	
数据库系统、开发工具等系统软件		√		
系统事务型业务功能的操作和使用	√	√		
系统维护功型能的操作和使用		√		
系统统计分析型功能的操作和使用		√	√	
系统的参数设置		√		
系统初始数据输入功能的操作和使用方法	√	√		
可能出现的问题及解决方法		√		
汉字的输入方法	√			
系统的使用权限与责任	√	√	√	
系统的文档管理规范		√		√

维护人员应该具有丰富的计算机知识,否则他们将不能胜任系统维护的工作。管理决策人员的主要工作是分析决策,制定未来的发展战略,他们一般不需要进行具体业务的操作,而关心的是综合性的统计信息。因此,管理决策人员除了要了解系统的业务功能结构,更要重点掌握统计分析功能的操作和使用方法。

2. 数据编码

数据准备是企业实施信息系统的基础,这项工作完成的好坏直接影响到系统的上线效果。系统的数据准备包括数据的整理、数据的录入。数据的整理指数据的分类和编码、数据的标准化和规范化、历史数据的格式转换、数据统计方法和统计口径的统一等;数据的录入指进行系统的初始化、输入初始数据记录、将整理好的数据输入计算机;数据准备的工作量很大,而且数据准确性要求很高,应该给予高度的重视。

（1）确定编码体系

编码体系是对企业动态信息的整体描述和对企业数据类别的说明。

① 表达需要编码的信息大类。

② 把总体设计产生的实体分配到大类中，构成共享编码规则的实体类。

③ 说明每类信息所包含实体的来源。

④ 说明共享信息的部门或单元。

企业数据规范化的第一步工作就是分析企业的数据，总结数据类别并对每一类数据进行描述和编码。表 11.7 是编码体系的一个简单的例子。

表 11.7　企业的编码体系

编　码	大类名称	实体类	数据源	共享部门	描　述
DL-01	组织机构	组织机构	办公室	经理室	机构设置
DL-02	产品物料	物料清单	技术部	生产部等	BOM 等
DL-03	设备	机床	设备科	车间等	设备仪器
DL-04	人力资源	员工清单	人事科	办公室等	人员培养
DL-05	财务	日记账	财务科	各业务部	会计科目
DL-06	固定资产	房产	办公室	财务科	土地房产

（2）制定编码规则

编码规则是在编码体系的指导下，对每一类实体规定数据编码的原则和方法。从原理上讲，数据的编码只要遵循一一对应的原则就可以了，也就是要求每一个东西都有一个唯一的码。常用的编码规则有：

① 简单性原则：编码一般由字母和数字组成，位数越短，使用起来越方便，所以尽可能在满足应用的前提下将编码位数缩短，一般不超过 10 位；

② 分类性原则：一般编码由表示特定对象类别的类码加流水码产生，这样编码应用起来更直观；

③ 扩展性原则：编码要保留必要的扩展空间，在适应未来应用的需要，这个可能和简单性原则相矛盾，重要的是要把握好一个度；

④ 唯一性原则：这个是编码的最基本的要求，必须做到一物一码；

⑤ 可用性原则：编码中一般不用字母“i”和“O”，因为它和数字的 1 和 0 可能混乱，造成编码的可用性降低。

图 11.11 是一个简单的编码例子。

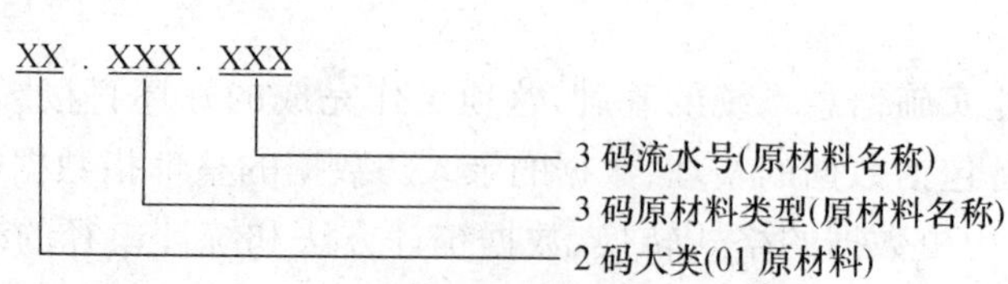

图 11.11　某企业的物料编码规则(原材料)

该企业对应的物料类型的编码如表 11.8。

表 11.8　物料类型

序　号	物料类型(原材料)	原材料类型(原材料名称)	原材料名称
1	01(原材料)	01.001(纸)	01.001.001(白卡纸)
2		01.002(胶水)	01.002.001(富阳胶水)
3		01.003(油墨)	01.003.001(油墨)
4		01.004(溶剂)	01.004.001(溶剂)

3. 数据录入

数据录入,指为系统进行内容数据的采集和录入工作。例如,金蝶 K/3 供应商的录入等一系列操作,见图 11.12。

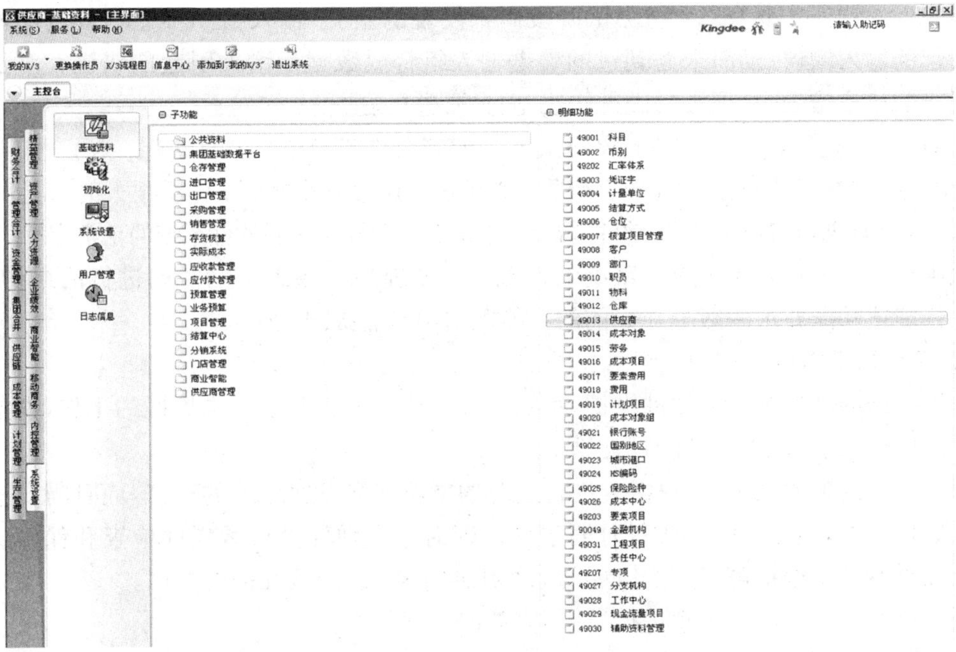

图 11.12　金蝶 K/3 供应商的录入界面

11.2.6　持续支持

系统正式上线,项目小组进行运行支持,即进行信息系统的运行维护,该阶段的工作主要包括维护系统的正常运行、记录系统的运行情况、进行系统的软硬件更新、维修及系统的功能、性能、效益评价。

1. 硬件系统的维护

硬件系统的维护应该由专门的硬件维护人员负责,而且一般需要同硬件厂商合作来共同完成系统维护工作。硬件系统的维护主要有两种类型:一种是进行硬件系统的更新;另一种是进行硬件系统的故障维修。

硬件系统的更新,会影响系统的正常使用,进而影响企业内部使用该系统的各业务部门的工作。因此,在更新前需要制定更新计划,并与硬件供应商、企业内部有关业务部门及其他相关机构进行协调，做好充分的准备工作。另外，硬件系统更新的时间不能过长，否则会耽误系统的正常运行。

对于硬件系统的故障维修，同样也不应该拖延过长的时间。系统硬件故障往往是突发性的，不可预见。为了防止由于硬件系统故障引起的系统应用中断，应该配有足够的备用设备，在系统出现故障时使用。对于非常重要的应用系统，一般都采用并行服务器结构，避免在系统故障时出现应用中断或数据损失。

2. 软件系统的维护

软件系统的维护包含正确性维护、适应性维护和完善性维护三部分内容。

通过系统测试，应用软件的错误基本可以排除，但是并不能保证排除了全部的错误，也不能保证不出现新的错误。因此，在系统运行之后，仍然需要进行系统的正确性维护。该阶段可能出现的错误主要有：系统测试阶段尚未发现的错误；输入检测不完善或键盘屏蔽不全面引起的输入错误；以前未遇到过的数据输入组合或数据量增大引起的错误。对于影响系统运行的严重错误，必须及时进行修改，而且要进行复查。

随着系统的运行，一般需要进行网络系统、计算机硬件或操作系统的更新。为了适应这些变化或其他环境变化，应用软件也需要进行适应性维护。在适应性维护工作量很大的情况下，需要制定维护工作计划，并对维护后的软件进行测试，确保适应性维护后软件系统的正常应用。

完善性维护指的是为了改善系统的性能或者扩充应用系统的功能而进行的维护，这些系统的性能或功能要求一般是在先前的功能需求中没有提出的。

3. 系统的日常使用维护

除了系统的硬件维护和软件维护，系统的日常使用中也有很多维护性的工作，如定期的预防性的硬件维护、软件系统的日常维护。

对于系统的硬件系统，不仅需要进行适时的更新和突发性故障的维修，而且需要进行定期的预防性维护，例如在每周或每月固定的时间对系统硬件进行常规性检查和保养。定期地进行硬件系统的维护可以减少以后的系统维护工作量，降低维护的费用。

系统维护工作不应该随意进行，一般应遵循下列步骤：

(1) 提出维护修改要求。修改意见应该以书面形式提出，明确需要修改的内容和需要修改的原因。维护修改要求一般不能随时满足，要在汇集分析后有计划地进行。

(2) 制定系统维护计划。包括系统维护的内容和任务、软硬件环境要求、维护费用预算、系统维护人员的安排、系统维护的进度安排等。

(3) 系统维护工作的实施。软件系统的维护方法同新软件的开发方法是相似的。在维护工作实施时，一定要注意做好准备工作，不能影响系统的正常使用。

(4) 整理系统维护工作的文档。在实施系统维护工作时，对系统中存在的问题、系统维护修改的内容、修改后系统的测试、修改后系统的切换及使用情况等均需要有完整、系统的记录。

11.3 信息系统实施对企业的要求

1. 实施信息系统是企业管理全方位的变革

信息系统是先进管理思想与现代 IT 技术融合形成的一种新的企业管理模式。信息系统在企业实施中,需要配合业务流程、组织结构与制度、管理理念与方法等全方位的变革与之相适应,才能取得成功。

2. 企业管理班子要取得共识

把信息系统的实施称为“第一把手工程”,这说明了企业的决策者在信息系统实施过程中的特殊作用。信息系统是一个管理系统,牵动全局,没有第一把手的参与和授权,很难调动全局。

3. 信息系统的投入是一个系统工程

信息系统的投入和产出与其他固定资产设备的投入和产出比较,并不那么直观、浅显和明了,投入不可能马上得到回报,见到效益。信息系统的投入是一个系统工程,并不能立竿见影,它所贯彻的主要是管理思想,这是企业管理中的一条红线。它长期起作用、创效益,在不断深化中向管理要效益。

4. 信息系统的实施需要复合型人才

信息系统的实施需要既懂计算机技术,又懂管理的复合型人才。

11.4　信息系统应用成功的标志

信息系统应用是否成功,原则上可以从以下几个方面加以衡量:

1. 系统运行集成化

这是信息系统应用成功在技术解决方案方面最基本的表现。信息系统是对企业物流、资金流、信息流进行一体化管理的软件系统,其核心管理思想是实现对“供应链(Supply Chain)”的管理。软件的应用将跨越多个部门甚至多个企业。为了达到预期设定的应用目标,最基本的要求是系统能够运行起来,实现集成化应用,建立企业决策完善的数据体系和信息共享机制。

一般来说,如果信息系统系统仅在财务部门应用,只能实现财务管理规范化、改善应收账款和资金管理;仅在销售部门应用,只能加强和改善营销管理;仅在库存管理部门应用,只能帮助掌握存货信息;仅在生产部门应用只能辅助制定生产计划和物资需求计划。只有集成一体化运行起来,才有可能达到:

(1) 降低库存,提高资金利用率和控制经营风险。

(2) 控制产品生产成本,缩短产品生产周期。

(3) 提高产品质量和合格率。

(4) 减少财务坏账、呆账金额等。

(5) 这些目标能否真正达到,还要取决于企业业务流程重组的实施效果。

2. 业务流程合理化

这是信息系统应用成功在改善管理效率方面的体现。信息系统应用成功的前提是必须对企业实施业务流程重组,因此,信息系统应用成功也即意味着企业业务处理流程趋于合理化,并实现了信息系统应用的以下几个最终目标:

(1) 企业竞争力得到大幅度提升。

(2) 企业面对市场的反应速度大大加快。

(3) 客户满意度显著改善。

3. 绩效监控动态化

信息系统的应用,将为企业提供丰富的管理信息。如何用好这些信息并在企业管理和决策过程中真正起到作用,是衡量信息系统应用成功的另一个标志。在信息系统完全投入实际运行后,企业应根据管理需要,利用信息系统提供的信息资源设计出一套动态监控管理绩效变化的报表体系,以期即时反馈和纠正管理中存在的问题。这项工作,一般是在信息系统实施完成后由企业设计完成。企业如未能利用信息系统提供的信息资源建立起自己的绩效监控系统,将意味着信息系统应用没有完全成功。

4. 管理改善持续化

随着信息系统的应用和企业业务流程的合理化,企业管理水平将会明显提高。为了衡量企业管理水平的改善程度,可以依据管理咨询公司提供的企业管理评价指标体系对企业管理水平进行综合评价。评价过程本身并不是目的,为企业建立一个可以不断进行自我评价和不断改善管理的机制,才是真正目的。这也是信息系统应用成功的、却经常不被人们重视的标志。

【学习资料】

××××公司金蝶 K/3 ERP 实施案例

××××公司是中国铁路跨越式发展中诞生的高新技术企业,致力于中国铁路机车车辆装备现代化的技术引进、创新发展,是中国北方机车车辆工业集团的受电弓研发制造基地,是中国电力机车、电力动车组受电弓的专业供货商。目前中国规模最大的机车受电弓生产企业,是典型的纯机械制造企业。

1. 项目背景掌握

收集了售前过程中一切可用的文档,并跟售前顾问与销售代表进行了交流。

(1) 在此过程中项目经理需首先了解客户的行业背景、行业地位、竞争对手情况、客户方主要成员性格及对金蝶的认可程度。

(2) 在此过程中项目经理通过阅读各种售前文档,初步了解客户大的方面的需求,对项目有了大概的印象。

(3) 在此过程中,项目经理与售前顾问及销售代表一定要进行沟通,避免实施入驻后客户感觉售前与实施交接脱节。

2. 成立项目组织

××××公司的 ERP 项目经理是刚从大同机车厂里调过来的。在做实施交接时,金蝶一开始对此比较担心,担心他对业务和项目组成员不熟悉,没有影响力,无法调动项目组成员的工作积极性,于是××××公司由综合部部长全权对此项目负责,在后来的项目实施中该综合部部长确实发挥了很大的作用。而项目经理也随着实施的深入,能力得到充分的体现,铁面无私,强有力地保证了项目的成功运行。

项目经理对项目成败起着极其重要的作用,若对企业初定的项目经理能力有所担心并有更合适的人选时,一定要尽量说服客户领导层进行调整。(这种事可以让销售代表和售前顾问去做)

3. 制定并确认实施方案

对每项明细工作的时间要求进行了规定,实施计划其实能做到按周排程就可以了,平时再辅以周计划,具体下周需做哪些工作可在周计划中体现,同时,在周末同项目组成员开一个例会进行周总结,明确哪些工作延期,需在下一步投入些什么资源,计划延期的工作通过什么方法完成等。

4. 召开项目启动大会

先同客户高层进行一下简单地沟通，大概说明一下启动大会我们会讲些什么，同时，说明希望高层强调一下哪些内容。

××××公司在后期制定了严格的 ERP 考核制度，并彻底运行。在大同这个员工工资不是很高的地方，考核制度里对犯一项错误基本罚款金额在 50 元以上，同时部门领导要连带受罚。相信在很多企业做不到这一点。

5. 调研分析与报告

金蝶在做××××公司的项目调研及写需求调研报告时花了很多时间，也开了多次会议讨论需求。最后形成了《××××公司 ERP 物流、成本和制造调研报告》、《二次开发需求》报告。

6. 建立基础数据管理原则（物料编码原则和 BOM 分层原则）

××××公司参考了德国一家有名制造企业的编码方式，制定了该公司的物料编码体系。因此，在编码原则这块基本上未花多少精力。

由于××××公司使用了车间管理，能很方便地做零部件的出入库，并且 K/3 的成本管理对于分步结转法支持得很好，因此我们告诉公司只要不存在平行工序的情况，物料编码怎么编都可以，BOM 分层怎么分层也都可以。

××××公司返聘了一位原大同机车厂工艺处处长作为项目组的成员。他工作起来极其认真、兢兢业业，能根据 K/3 用户手册把许多实施顾问不常用或不知道的软件功能提出来，因此他们也对金蝶项目组提出了较高的实施要求，要求物料主文件每个字段都要讲解清楚。金蝶整整花了两天两夜的时间才过完物料主文件的内容。

最后，形成了《ERP 系统信息编码原则》、《K/3 基础资料准备指导说明书》。

7. 业务蓝图设计

对××××公司的业务流程进行分析、匹配和改造之后，形成的业务流程图如图 11.13 所示。

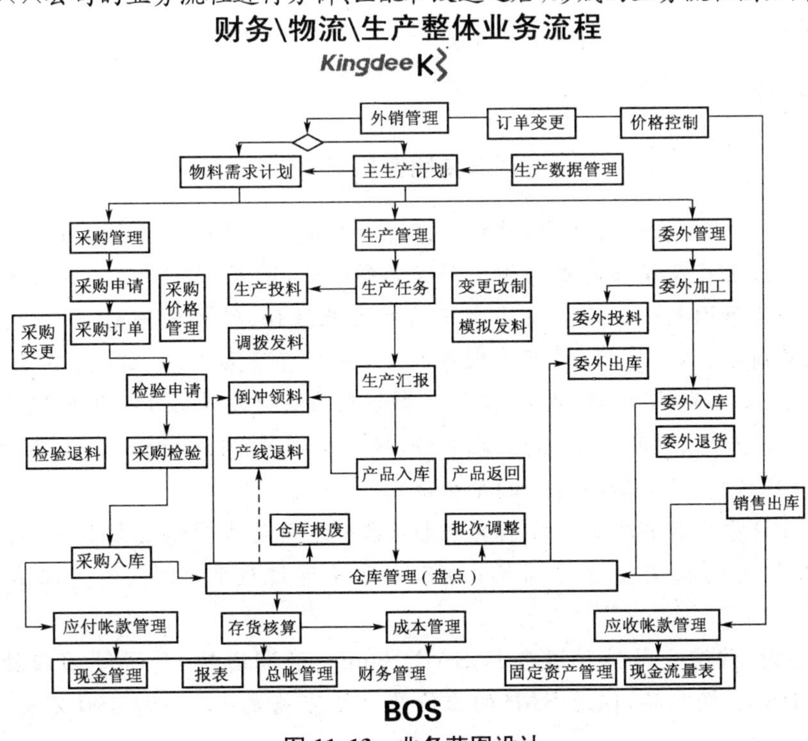

图 11.13　业务蓝图设计

8. 流程模拟

实施过程中，流程模拟环节，关键用户及最终用户都会参加，建议在这个阶段同时进行最终用户培训与流程测试，在这时候效果是最好的，甚至不用去花大力气整理培训教材，省去了再次对最终用户进行培训的麻烦，上线时也比较轻松。形成《××××公司项目流程定义与测试计划》、《原型测试方案与计划》。

9. 关键用户培训

给关键用户培训，把系统的标准流程讲讲，再演示一下，然后交流，为下一步流程定义做铺垫，最后填写《客户培训确认单》。

10. 系统初始化(录入期初数据，宣布上线)

确定好每项工作的责任人，并定期提前检查，见表11.9。

表11.9　动态数据准备录入分配表

客户	××××公司				
版本	V10.2				
序号	准备内容	备注	计划完成时间	数据准备责任人	签字确认
1	供应商资料	有应付收，但还没在K/3中录入	2014年11月30日	制造部	

数据录入之后，××××公司盘库一共盘点了三次，工作量大，效果不好，建议企业能提前盘点，提前搞清楚一部分物料的库存，避免集中盘点工作量太大。

11. 编写验收报告

思考：通过该案例的学习，请你总结一下信息系统实施中的几个阶段。

案例讨论

【案例11.1】

许继集团实施ERP

许继在机械行业100强排名中，许继排名第29位。许继是以电力系统自动化、保护及控制设备的研发、生产及销售为主的国有控股大型企业，国家520户重点企业和河南省重点组建的12户企业集团之一。许继集团在坚持把主业做强、做大的同时，不失时机地跻身于民用机电、电子商务、环保工程、资产管理等行业，并取得了喜人的业绩。多年来，许继集团坚持“一业为主，多元发展”的经营战略，支撑着企业的快速发展，2001年许继集团实现销售收入28.8亿元(含税)、利润2.5亿元，比2000年分别增长34%和9.75%，各项经济技术指标再创历史最好水平，继续保持行业的龙头地位。

许继上ERP希望能解决三个方面的问题：第一方面是希望通过ERP规范业务流程；第二方面是希望信息的收集整理更通畅；第三方面是通过这种形式，使产品成本的计算更准确.

ERP选型时，许继公司接触过包括SAP、Symix、浪潮通软、利玛等国内外ERP厂商。开始许继想用SAP的产品，但是SAP的出价是200万美元：软件费100万美元，实施服务费 100 万美元。而当时许继上 ERP 的预算只有 500 万元人民币。国外 ERP 软件用不起，许继并没有把目光转向国内软件企业。因为在考察了浪潮和利玛等几家国内厂商之后，许继觉得国内软件厂商的设计思路和自己企业开发设计软件已实现的功能相差不大。挑来挑去，许继最终选择了 Symix，一家面向中型企业的美国管理软件厂商。许继当时的产值是 15 亿元，与美国的中小型企业相当，而 Symix 在中小型企业做得不错，价位也比较适中。而且按照一般的做法，签单的时候，一般企业的付款方式是分三笔：5∶3∶2 模式。而 Symix 开出的条件非常优惠：分 7 步付款的方式。双方就这样成交了。

ERP 实施

从 1998 年初签单，到同年 7 月份，许继实施 ERP 的进展都很顺利。包括数据整理、业务流程重组，以及物料清单的建立都很顺利。厂商的售后服务工作也还算到位，基本完成了产品的知识转移。另外，在培养许继自己的二次开发队伍方面也做了一定的工作。如果这样发展下去，或许许继会成为国内成功实施 ERP 企业的典范。然而，计划赶不上变化。

到了 1998 年 8 月份，许继内部为了适应市场变化，开始发生重大的机构调整。原来，许继没有成立企业内部事业部，而是以各个分厂的形式存在。而各个分厂在激烈的市场竞争中，出现了这样的怪现象：许继自己制造的零部件，比如每个螺钉在公司内部的采购价格是 5 分钱，在市场上却 3 分钱就可以拿到。这样必须进行大调整。

大调整的结果是将这些零部件分厂按照模拟法人的模式来进行运作。许继的想法是给这些零部件厂商两到三年的时间，如果还生存不下去，再考虑其他办法。如工人下岗、企业转产、倒闭等。

实施 ERP 在先，公司结构大调整在后。但是许继高层在调整的过程中，更多的是关注企业的生存，企业经营的合理化和利润最大化，显然没有认真考虑结构调整对 ERP 项目的影响。

企业经营结构变了，而当时所用的 ERP 软件流程却已经定死了，Symix 厂商也似乎无能为力，想不出更好的解决方案。于是许继不得不与 Symix 公司友好协商，项目暂停，虽然已经运行了 5 个月，但是继续运行显然已经失去了意义。Symix 的 ERP 只是在许继一些分公司的某一些功能上还在运行。

许继实施 ERP 不成功的根源，有三个主要因素。

第一个因素，许继进行非常大的经营结构调整，关键业务流程重组，在上 ERP 之前应该有明确的计划和认识，或者提前进行，或者同时进行。但关键业务流程重组是应该提前进行，同时进行的只能是部分非关键业务流程的改造。那么如果选择功能更强大的管理软件会不会好一些？也许当时选用 SAP 是个正确的选择。如果软件的适应性比较强，也就不会出现这么大的影响。但是当时选择 SAP，这个时候 SAP 还要 100 万美元，许继又当如何？

第二个因素是厂商。美国人在设计软件的时候，是不会想到中国企业会在短短几个月的时间里出现这么大的变化。任何一个产品都有它的适应性，也有所不擅长的领域，企业发生这么大的变动，肯定超出了软件所能适应的范围。但厂商的责任应该更大的，因为厂商或者顾问咨询公司有责任来帮助企业进行分析业务流程，指出一些不合理性，Symix 在来中国之前并非不知道咨询顾问的作用。

第三个因素是“一把手”的作用不能贯彻始终和有效发挥。企业上 ERP 是“一把手工程”，是考验企业最高领导人意志和魄力的过程。许继的决策层在1998年将花500万元上ERP，决心不可谓不大。可是老总毕竟精力有限，你不可能指望他把所有的时间都用在这一方面。在实施过程中，许继高层的做法是把这个权力移交给信息中心，并要求各部门积极配合，谁不配合谁下岗。然而，即使手中拿着老总的“尚方宝剑”到处挥舞，信息中心依然发现，在执行过程中其他部门仍然没有按照信息中心的整体布局执行。那么为什么不能“杀一儆百”，或者采取其他的强制措施？因为软件流程已经设定了，而这时企业为了适应市场做了一个结构调整，于是出了问题也就分不清责任在哪一方，到底是软件不行，还是人的配合不够，造成流程不顺畅，无法界定责任，惩罚谁？但是联想是在拆分前实施SAP系统的，分为联想和神州数码两个公司，ERP系统也进行了分拆，现在运行得很好。关键的因素还是企业负责人的决心和一把手这个“尚方宝剑”的有效性。

当时许继应该怎么办，一种说法是考虑和更大的ERP供应商沟通咨询，进行诊断，找出一个合适的办法。还有就是与国内有ERP理论的、有技术支撑的软件供应商合作，结合许继信息中心的队伍合作开发。到目前为止，许继依然靠自己开发的程序来支撑运行自己的信息系统。而500万买来的管理软件只是在一个子公司运行，虽然现在不用，但每一年许继依然要支付高昂的软件升级维护费用。许继这几年保持高速发展，但与500万元的冤枉钱无关。

【思考讨论】

1. 许继为什么上ERP？
2. 许继的ERP失败的原因是什么？
3. 你认为实施ERP成功的因素有哪些？

【案例11.2】

某公司生产的电子挂钟非常畅销，生产扩展到意大利、葡萄牙、斯里兰卡、巴西和中国。可是近些年，随着竞争加剧公司开始低成本生产销售，并寻求解决降低公司成本之道。有关资料如下所示：

资料(一)

公司开始试图尝试引入企业资源计划系统ERP，将财务、销售市场和库存一体化，使得公司能够更好地控制和制作可靠的财务报告。公司领导想以实施ERP系统的机遇，使公司有一个良好的机会，进行业务方面的重大改革。该公司通过调查发现：其他公司在ERP系统的实施过程中内部各种资源的消耗明显降低了，各个部门甚至个人业务水平都可以得到很直观的展现。

资料(二)

2000年3月该公司经过公司高层的会晤最终通过，明确引入全新的ERP系统。经过调查、初选、复选、接洽和商务谈判，最终选定了SAP的R/3系统，预算为320万美元，同时聘请了RAE咨询公司作为项目实施顾问。

项目小组由RichardAEisner咨询公司五名工作人员和该公司11位工作人员组成，分成6个小组，2000年7月21日召开项目小组全体成员会议，预计2001年2月项目投入使用。可是实施的结果最终以失败而告终。

首先系统出了问题，其中很多新编程代码从来没有在生产环境中被使用过的；第二，尽管咨询公司的职员对R/3比较有经验，但不熟悉该行业；第三，某些流程难以适应公司的管理环境。

【思考讨论】

1. 请简要的回答公司通过 ERP 系统的实施，可以取得哪些业务方面的改善。

2. 请比较 MRP、闭环 MRP、MRPⅡ和 ERP 系统功能上的差异。

3. 通过以上的内容，请简要分析该公司通过 ERP 系统实施失败的原因。

【案例 11.3】

餐厅信息系统

一家使用计算机点菜的连锁餐厅最近在某市开业，生意格外兴隆。客人到餐厅后，在计算机上进行选菜，计算机就会显示出餐厅所供应的品种。想吃什么菜，在上面轻轻一点，屏幕上就会出现菜的样子、价钱、原材料以及菜中所含蛋白质和各种维生素的含量，供客人根据自己的需求和口味情况选择。顾客点菜并付款后，计算机自动将选菜结果通知厨房进行配菜。计算机的使用，不仅给顾客提供了方便，而且使餐厅环境改观。

现在我们让看看该餐厅的管理信息系统是如何工作的。假定餐厅中整个业务流程设计成这样：所有微机连成一个局域网，在餐厅、厨房、配餐间、收款处、经理室等都有终端。

当顾客来到餐厅时，由服务员携带一台掌上型微机到餐桌前开点菜单，顾客选好后，点菜单的信息被传送到后台服务器上，在该过程中系统会自动分类，根据顾客点的菜的品种，直接将信息送到厨师那里。例如顾客点的凉菜订单会被送到凉菜配餐间的计算机上；酒水饮料会被送到饮料室的计算机上；如果是炒菜就送到厨房的计算机上。如果某菜的原料用完，厨师可以在厨房中通过计算机立即输入反馈信息，从而服务员在顾客订菜时，马上就可以通知他某菜的缺货情况。顾客输入信息后，马上就可看到他订的菜的总价格。通过餐厅的打印机也可以很快得到账单。上面列出所有顾客点的菜名、价格、采购量，系统能对销售额和各种菜的成本进行比较，从而可以进行成本控制。经理也可以看到在一定时期内每道菜的销售情况，算出它们在总销售额中所占的比例。经理可以根据这些信息来调整菜谱。

【思考讨论】

1. 该餐厅存在哪些业务？

2. 该餐厅有哪些信息？

3. 它们是如何与以上业务相关联的？

4. 该餐厅的信息是如何发生？又是如何被加工、转换和被传递的？

实战训练

用 Visio 2007 画业务流程图

1. 实践目的

掌握使用 MS Visio 软件进行组织机构图、业务流程图的绘制。

2. 实践前的准备

(1) 明确系统分析阶段的主要工作内容。

(2) 上网或到图书馆收集 Visio 2007 的相关资料。

(3) 下载 Visio 2007 软件。

3. 实践内容

(1) 了解 MS Visio 软件的功能

MS Visio 是系统分析人员进行流程分析的重要工具,它可以用图解的方式详细展示复杂的业务过程和数据流程。与传统的手工绘制流程图相比,采用 MS Visio 工具可以在很大程度上保证图形的标准化和规范化。此外,运用 MS Visio 工具也能较好地弥补手工绘制流程图时不易修改、不易传递等缺陷。因此,灵活掌握这种工具的使用方法,对增强系统开发人员和业务人员之间的交流,提高系统开发的效率和信息系统的质量都有着重要的帮助。

(2) 了解 MS Visio 软件的几种基本绘图类型及其包含的各种形状的含义

Microsoft Visio 包括许多流程图模板,您可以使用它们来描述特定的业务流程和组织结构,如给出了 Microsoft Visio 各种流程图符,如图 11.14。

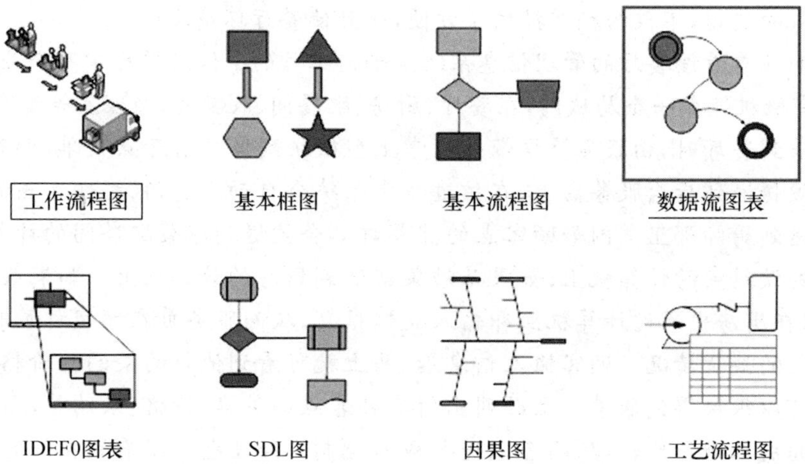

图 11.14　Microsoft Visio 各种流程图

(3) 了解 MS Visio 软件的运行环境,掌握"新建"、"形状"、"指针"、"连接线"、"文本"、"绘图"等常用工具按钮的使用。

(4) 明确绘图页、模板、模具、形状等概念的含义及作用。

(5) 掌握创建图表的方法。

(6) 掌握添加形状、移动形状、调整形状大小的方法。

(7) 掌握向形状添加文本及在空白处添加独立文本的方法。学会设置文本格式的方法。

4. 实践步骤

(1) 打开模板

① 在"文件"菜单上,指向"新建",然后单击"选择绘图类型"。

② 在"选择绘图类型"窗口的"类别"下,单击"流程图"。

③ 在"模板"下,单击"基本流程图"。

(2) 添加形状

① 从“形状”窗口内的“基本流程图形状”模具中，将一个“进程”形状拖到绘图页上。

② 拖动另一个“进程”形状并将它放置在第一个“进程”形状之下。

③ 拖动一个“判定”形状并将它放置在第二个“进程”形状之下。

④ 拖动一个“预先定义的进程”形状并将它放置在“判定”形状的右侧。

⑤ 拖动另一个“进程”形状并将它放置在“判定”形状之下。

⑥ 拖动一个“终结符”形状并将它放置在最后一个“进程”形状之下。

(3) 删除形状

单击图表中的最后一个“进程”形状，然后按 Delete 键。

(4) 查找形状

您可以在其他模具上查找更多的形状。

① 放大和缩小绘图页

要放大图表中的形状，请单击“指针”工具，然后在按下 CTRL 键的同时拖动形状周围的选择矩形。指针将变为一个放大工具，表示您的 Microsoft Office Visio 已可以放大形状。

要缩小图表以查看整个图表外观，请将绘图页在窗口中居中，然后按 CTRL＋W 组合键。

② 移动一个形状

使用“指针”工具，单击“进程(圆形)”形状以选择它。

将“指针”工具放置在“进程(圆形)”形状中心之上。指针下将显示一个四向箭头，表示可以移动此形状。

③ 调整形状的大小

使用“指针”工具，单击“进程(圆形)”形状。

将“指针”工具放置在角选择手柄■上方。指针将变成一个双向箭头↔，表示可以调整该形状的大小。将选择手柄向里拖动可减小。

(5) 添加文本

① 向形状添加文本

单击绘图页上的第一个“进程”形状，然后键入文本。也可以单击“文本”工具**A**，单击形状，然后开始键入。

单击第二个“进程”形状，然后键入 2。

单击“判定”形状，然后键入 3。

单击“预先定义的进程”形状，然后键入 A。

单击“终结符”形状，然后键入 B。

单击绘图页的空白区域或按 ESC 键便可退出文本模式。

② 添加独立文本

单击“文本”工具**A**。

单击页面顶部，然后键入文本。

③ 设置文本格式

要显示文本格式按钮，请右击工具栏，然后单击快捷菜单上的“设置文本格式”。

单击顶部“进程”形状和图表标题上方和左侧的某一处，然后拖动黑色选择矩形，将所有形状包围在其中。

选择矩形内的所有对象都被选取。

要将文本大小增加为 14 磅，请单击“设置文本格式”工具栏上的“增大字号”按钮 A 四次。

(6) 连接形状

① 使用“连接线”工具连接形状

要放大头两个形状，请在按住 CTRL＋SHIFT 组合键的同时拖动选择矩形将目标形状圈进来。

单击“连接线”工具。

将“连接线”工具放置在第一个“进程”形状底部上的连接点上方。

“连接线”工具会使用一个红色框来突出显示连接点，表示可以在该点进行连接。

从第一个形状上的连接点处开始，将“连接线”工具拖到第二个“进程”形状顶部的连接点上。

连接形状时，连接线的端点会变成红色。这是一个重要的视觉提示。如果连接线的某个端点仍为绿色，请使用“指针”工具将该端点连接到形状。如果想要形状保持相连，两个端点都必须为红色。

② 使用模具中的连接线连接形状

从“形状”窗口内的“基本流程图形状”模具中，拖动“直线—曲线连接线”，并调整其位置以便连接线无箭头端的端点与第一个“进程”形状左侧的连接点相连接。

当“直线—曲线连接线”端点变为红色时，说明它已连接到“进程”形状。另一个端点仍为绿色，因为它尚未与某个形状连接。

将“直线—曲线连接线”的另一端(箭头端)拖到“判定”形状左侧的连接点上。

形状相连时，连接线的两个端点都会变成红色。

③ 向连接线添加文本

使用“指针”工具，单击“判定”和“预先定义的进程”形状之间的连接线，然后键入 A。

Microsoft Office Visio 会放大，以便您可以看到键入的文本。

单击“判定”和“终结符”形状之间的连接线，然后键入 B。

(7) 保存图表

完成图表的创建后，可以如同保存在任何 Microsoft Office 系统程序中创建的文件那样来保存图表。图表扩展名为. vsd，模具的扩展名为. vss。

(8) 掌握新建模具的方法。

5. 练习

(1) 利用 MS Visio 软件绘制下面的业务流程图。要求：图形美观，整洁，层次清晰，如图 11. 15 所示。

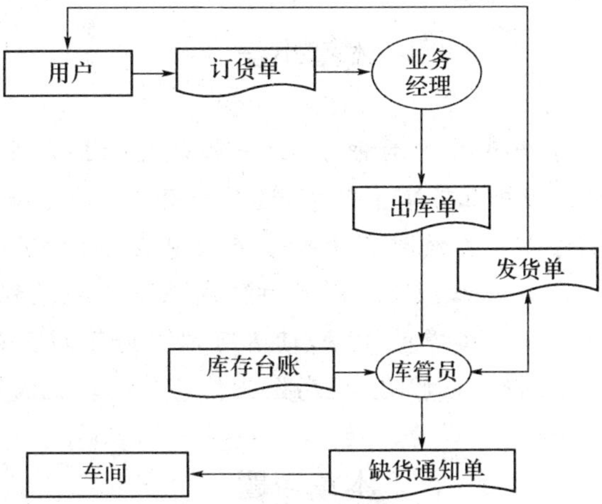

图 11.15　业务流程图

(2) 根据下面的文字叙述，利用 MS Visio 软件绘制业务流程图。

车间填写领料单送给仓库要求领料，库长根据用料计划审批领料单，未批准的退回车间，已经批准的领料单被送到仓库保管员处。仓库保管员查阅库存台账，若有货，则通知车间前来领料，否则将缺货通知采购员采购。

(3) 用 Visio 软件绘制下面的组织结构图，见图 11.16。

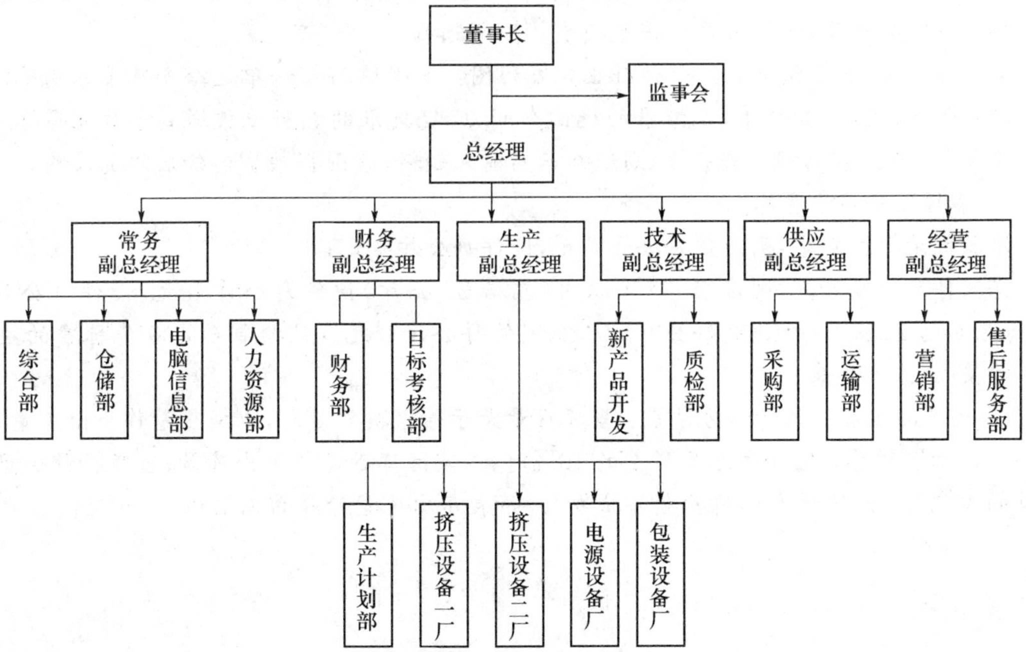

图 11.16　组织结构图

本章小结

本章主要介绍了信息系统实施的两种方法：一种是企业根据业务需求，自行开发或请IT公司专项开发；另一种是根据业务需求分析，选择一套现有的信息系统产品，而本章重点介绍了第二种方法。在实施信息系统过程中要本着信息化咨询、实施准备、蓝图设计、系统建设、上线切换和持续支持几个阶段实施；同时对信息系统实施过程中，对企业的要求和实施成功的标志进行了介绍。通过本章的学习，读者可以更好了解企业在实施信息系统过程中要注意的问题，便于企业信息化的推进，提高企业信息系统实施成功的几率。

本章习题

1. 简述信息系统实施的几个阶段。

2. 请根据以下业务过程画出某物资的销售业务流程图：用户将订货单交某企业的业务经理，业务经理填写出库单交仓库保管员，该保管员查阅库存台账，如果有货，则向用户发货，如果缺货，则通知车间。

3. 请根据以下业务过程画出某物资的订货业务流程图：采购员从仓库收到缺货通知单后，查阅定货合同单，若已经订货，则向供货单位发出催贷请求，否则，填写订货单送供货单位。供货单位发出货物后，立即向采购员发出取货通知。

4. 请根据以下业务流程画出领料业务流程图：车间填写领料单送给仓库要求领料，库长根据用料计划审批领料单，未批准的退回车间，已经批准的领料单被送到仓库保管员处。仓库保管员查阅库存台账，若有货，则通知车间前来领料，否则将缺货通知采购员采购。

5. 某货运站的收费标准如下：

若收件地点在本省，则快件每公斤 6 元，慢件每公斤 4 元；

若收件地点在外省，则在 25 公斤以内(包括 25 公斤)快件每公斤 8 元，慢件每公斤 6 元；如果超过 25 公斤时，快件每公斤 10 元，慢件每公斤 8 元。试绘制确定收费标准的决策树和决策表(或判断表)。

6. 设产品出库量的计算方法是：当库存量大于等于提货量时，以提货量作为出库量；当库存量小于提货量而大于等于提货量的 10%时，以实际库存量作为出库量；当库存量小于提货量的 10%时，出库量为 0(即提货不成功)。请表示出库量计算的决策树。

第 12 章

信息系统案例

12.1 新浪 CRM 实施案例

1. 应用背景

新浪是一家服务于中国大陆及全球华人社群的领先在线媒体及增值资讯娱乐服务提供商。新浪拥有 15 家地区性网站，通过旗下三大业务主线：即提供网络媒体及娱乐服务的新浪网(sina. com)、提供用户付费在线及无线增值服务的新浪热线(sina Online)以及向中小型企业提供增值服务的新浪企业服务(sina. net)，提供包括门户网站、收费邮箱、无线短信、虚拟 ISP、搜索引擎、分类信息、在线游戏、电子商务、网络教学、企业电子解决方案在内的一系列服务。新浪在全球范围内拥有 6 000 万注册用户，各种付费服务的常用用户超过 300 万，是中国大陆及全球华人社群中最受推崇的互联网品牌。

随着公司的不断发展，人员不断增加，新浪管理层以犀利的眼光认识到：客户是关键，做好客户关系要从集团内部销售管理入手，销售管理要实现自动化，现有销售流程要优化；只有这样，才有足够的能力加强与老客户的关系，并开发新的客户，使公司在未来有更高更好的发展。

2. 新浪面临的严峻挑战

新浪原有的客户信息分散在销售人员个人手中，每周每月销售人员要上交所有的销售预报和销售情况表格，再由专门的人员花一个星期将全国各地区的销售报表统一整理，这样当分公司和销售人员增加时，相应的报表工作也随之剧增。

而且，新浪业务流程涉及项目繁多，需要多个部门之间协同作业，层层审批，周期需要压缩。

当销售队伍增加至几百人时，遍及全球的时候，对销售的管理、销售过程的控制俨然是一个亟待解决的问题。

如何提高工作效率，提高快速响应时间，最大化维持良好的客户关系？显然，必须借助信息系统的力量来完善。

3. 跨区域、快速实施的 CRM

新浪集中力量考察了国内外十多家知名 CRM 产品，其中包括 SIEbel、TurboCRM 等。

本着快速实施、跨区域、满足本企业需求的原则，新浪最终选择了 Sales Logix 作为 CRM 战略伙伴。

Sales Logix 提供给新浪一个全国准确、快速的传递数据方案，项目第一期：总共 120 个用户。总部用 Client/Server，通过 LAN 访问系统；分公司通过 Citrix，用 IE 浏览器访问系统。

4. 容易客户化，满足个性化需要的 CRM

作为 Sales Logix 在中国的合作伙伴，天网科技集团成功地完成了新浪 CRM 项目的实施。整个实施过程仅用了两个月，并且，在充分了解新浪业务流程的基础之上，运用 Sales Logix 的 Architect 客户化工具及其他工具，天网用 30 天的时间完成了客户化部分，即新浪合同审批、报表、与财务软件的接口。

5. 简单易学，员工都爱使用

经过为期 2 天的培训，销售人员很快就掌握了联系人、客户与项目管理各个模块的应用；管理人员很方便使用报表，审批功能，从过去繁杂的书面工作中解放出来，真正实现“鼠标一点便知天下”。

6. 集中化管理，统一平台

在此之前，新浪正在使用业务报备系统、财务软件（铂金 Platinum）。通过 Sales Logix 成功地与财务软件、报备系统的接口，在同一个界面，就可以浏览到销售信息、广告预定情况、相关财务信息，让管理人员、销售人员把想要知道的信息尽收眼底，而不用频繁登录多个系统。

7. 优化流程，缩短审批周期

新浪合同业务种类繁多，审批流程涉及部门和人员很多，经过销售部、财务部、法务部等，而且新浪广告部分的业务对时间要求很高。为最大化提高审批效率，缩短响应时间，运用 SalesLogix 强大的工作流功能实现了复杂的审批功能，让各部门快速而有序地协同作业。

8. 实施效益

（1）集中化管理客户，对客户分级分层次进行管理。

（2）销售活动更科学、更具针对性；与客户的关系比以往更为密切。

（3）合同审批高效运转，各部门的团队协同作业发挥到极致，因而大大提高对客户的响应速度，客户从接触、尝试到信任，再到依赖，客户的忠诚度逐级上升。

（4）与财务软件的完美接口，不需要信息的重复录入，使得销售与财务之间信息沟通无限制。

（5）复杂而繁多的报表，方便、快捷得以看到想看的内容。

12.2 无锡万方商贸有限公司 POS 系统

1. 企业背景

无锡万方商贸有限公司，旗下拥有“卡哇伊”和“九派”两大知名连锁商铺品牌，主要经营各种时尚饰品，包括流行饰物、时尚礼品、毛绒玩具、前卫包袋、化妆品等，另外还有各种男女时尚服装品类。在万方的店面里，各种各样的小商品琳琅满目、应有尽有，经营着近两万种不同的品类。客户定位于追求潮流、装扮入时的年轻人，是城市流行的风向标。经过十几年的成熟市场运作，目前，万方年销售收入近 5 千万元，员工 500 多人，在全国各地的连锁店、加盟店超过 50 家。

2. 信息化项目实施前企业面临的问题

经过几年的发展，万方凭借其灵活多变的销售模式，以及不断变换的商品种类，取得了很好的效益，但随之产生的各种问题也给万方的进一步发展带来了巨大的阻力。

连锁、加盟店数量的不断增加，规模的不断扩大，导致万方的配货，库存管理，采购和销售等业务量也极剧增长，经营的产品种类也越来越多。在传统的手工管理下，仓库库存账、配货根本就无法计算。特别是库存，由于产品的经营特点，在业务量快速增长，销售和仓库(库存，配货)无法协调一致的情况下，公司浪费了大量的人力、物力从事简单的重复劳动。

同时，因为万方的经营机制灵活多变，不仅有门店零售，同时又批发给加盟店，这样对销售利润的分析统计更是力不从心。万方管理层清醒地意识到目前的业务量用原来的手工管理是无法完成的，必须借助企业信息管理系统进行辅助管理。

3. 信息化方案简述

零售行业解决方案是专为有零售业务的客户而开发的，它将前台的零售作业与 POS 系统有效结合在一起，方便用户的零售作业和管理流程。方案采用的 POS 系统引进了先进的 B/S 结构，确保前台销售数据与后台管理系统的无缝连接。

万方几十家门店的 POS 机全部联网操作，同时配有实时的数据备份和恢复功能，提高了数据的安全性。当前台的机器断线，和后台服务器失去连接时，可实现前台离线作业及销售数据的暂存功能，暂存数据可方便导出和导入，不会因此而中断前台的销售作业。

前台的 POS 机响应速度只有 3—5 秒，店面中再也看不到排队等着付款的长龙。对于万方的管理更是简单便捷。由于全部实现联网，每售出一件小商品，后台库存中就会相应地减少，当一家门店的某件商品库存少于预定数量，系统就会发出警告，总部就可以自动为这家门店补充商品，完全不用清点、上报、核准等一系列程序。

同时，系统还可以实现多种报表查询，可适时了解和统计商品的销售情况和获利情况，分时段分析和统计商品销售情况，按商品畅销程度统计列表。

这些功能帮助万方的管理人员对企业错综复杂的动态信息进行及时、准确的分析和处理，让他们从纷繁复杂的业务中解脱出来，专注于拓宽资金来源的渠道，使企业在采购管理技术、商品配送技术、信息技术和整体营销技术上迅速提高营运能力，全面增强企业的核心竞争力。

4. 应用效果和经验体会

在使用系统一年多的时间里，万方得到了飞速发展，连锁店从使用前的 6 家，迅速增加到目前的 50 多家。内部管理方面，批发订单的处理时间从一周缩减到两小时，库存盘点误差由 15%至 20%下降到 5%以内，统计数据生成从 3 至 5 天缩减到 5 分钟；同时，可以随时盘点公司的库存，几分钟就可以拿到需要的各种统计报告；前台 3 到 5 秒的收银反应速度，更是大大提高整体效率，实现了年销售额增加 35%、年利润增加 20%的巨大经济效益。总经理杨淙深有体会地说："因为采用了'一库三平台'的部分模块，不管开多少家连锁店，无论这些连锁店开在哪里，我们就如同在一个办公室里工作一样，信息通透，运营集中。"

对于管理层来说可及时掌控各门店的商品销售情况、销售收入、销售利润;系统中的商业智能模块各种分析功能还帮助降低库存,提高资金周转率;使用系统之后,降低了因为员工加班完成工作带来的人工开支。

对于销售来说,当客户下了订单,销售部门转化成销售订单,根据订单仓库人员捡货、出库、发货、然后财务根据出库单进行结算,这样使销售的流程更加规范,效率更高,而且不容易出错。

通过系统中的价格表功能,不同的客户、产品以及不同的区域都可以设定不同的价格信息,系统中的各类统计功能使现在的工作效率大大提高,使得客户的满意度得到大幅度的提高。

12.3 东风汽车公司的整车物流管理系统

东风汽车股份有限公司(以下简称东风汽车)从事东风系列轻型汽车、东风康明斯系列柴油发动机的开发、设计、制造和销售业务。东风汽车是东风汽车公司成立的上市公司,现拥有汽车分公司、柴油发动机分公司、铸造分公司等三家分公司,此外还拥有东风裕隆汽车销售有限公司51%的股权和东风康明斯发动机有限公司50%的股权。

在日常的生产、经营和管理活动中,东风汽车面临的最大挑战是运营管理,这是因为整个管理过程涉及许多因素,主要包括:整车的物流运输生产计划(从生产入库、库存管理、销售出库、运输、经销商到最终客户接车)、生产计划的分解、生产过程中的JIT控制、原材料和半成品的准时供应等。为顾及上述所有因素以及管理好5家子公司的生产运营,东风汽车必须采取科学的解决方案,以使整个公司实现无缝运营。

1. 解决方案

为实现上述目的,东风汽车经过考察比较,最终选用了中软冠群公司的ES/1 Super Logistics系统。ES/1 Super Logistics系统具有端对端企业生产与物流管理的能力,符合东风汽车的管理需求。

2. 整车物流管理

(1) 条形码功能

采用ES/1 Super Logistics系统,东风汽车能通过条形码扫描管理所有车辆,包括车辆入库、移库和出库。车辆经过入库扫描后,系统依据设定的规则,会自动产生并打印入库建议单,司机依据入库建议单指定的库位即可入库,无需人工干预。

入库建议规则保证同一车型、同一颜色的车辆被放在同一排,该建议可根据车长和库位情况计算存放的数量,使仓库空间利用率达到最大。此外还可设定每个库区存放的车型种类,根据设定库位优先级来寻找库位,保证车辆放置井然有序。

根据"先进先出"的原则,系统还自动给出所要出库的车型的出库建议,司机可根据出库建议的库位和底盘号,按顺序领取车钥匙并提车。出库建议可避免不必要的出库倒车操作,保证建议的车辆都可直接被提走。出库时通过扫描出库单条形码和整车的条形码,自动核对收货单位、承运商和所提车辆信息,避免了不必要的人为错误。

(2) 全线追踪功能

采用 ES/1 Super Logistics 系统,东风汽车能够对车辆进行单件管理,并可通过底盘号查询车辆的来源(包括生产批次号码、生产日期、入库日期、发动机号码、发动机厂家、车身型号、车架型号、车厢型号等)和去向(车辆流向的经销商、最终客户姓名、电话等)。

(3) 智能的运输分配和运输跟踪管理

采用 ES/1 Super Logistics 系统,东风汽车可通过预先设定的规则,优化运输路径和车辆编组,并根据承运商的运输情况以及对承运商的考核,对承运商的运费进行平衡,实现了以往手工操作无法实现的功能,既提高了效率,又减少了运输费用,同时也提高了运输分票的科学性,固化了运输分票的规则。具体而言,主要包括:

① 根据运输分票的结果,系统可自动生成运单,避免了重复录入所带来的工作量和可能出现的错误。系统还可根据运输的路线和编组方式自动计算车辆的运输费用,增强了运费计算的准确性和科学性。

② 系统可跟踪每辆车的在途情况,自动计算出车辆运输所限定的到达日期和返回日期,并可对未返回的车辆进行预警,保证在第一时间发现问题并解决问题。

③ 可对承运商的运输情况(按时返回率、经销商验收意见、运输质量等)进行考核,考核结果作为承运商运费平衡的依据。

(4) 库存管理

采用 ES/1 Super Logistics 系统,东风汽车实现了仓库的库位管理,不仅使仓库库存一目了然,而且系统还可自动生成车辆的定期养护计划。系统除了能够监控本地仓库的库存外,还能够监控所有存放在经销商仓库中的库存。

(5) 营销管理

采用 ES/1 Super Logistics 系统,东风汽车解决了异地销售的问题。销售公司可远程开销售提车票并给予确认,仓库本部可直接打印票据,避免了单据的远程传递,提高了工作效率。

ES/1 Super Logistics 系统使所有经销商和直接客户的销售信息在系统中被管理和统计,使企业对市场信息了如指掌,便于管理者做出正确及时的管理决策。

3. 生产物流管理

(1) 条形码管理

采用 ES/1 Super Logistics 系统,东风汽车的生产车间通过条码扫描实现了生产各个环节的条码化管理。通过在生产线上的扣料区粘贴条码以及条码扫描,可对半成品、原材料实现自动扣料,自动生成拉料建议;通过在四大总成上粘贴条码以及条码扫描,可自动维护车辆的相关信息(包括:生产日期、发动机型号、发动机号码、发动机厂家、车身型号、车架型号、车厢型号等),并自动扣减消耗量;通过将工人的工牌号编制条码以及条码扫描,可记录下线车辆涉及的调整司机、终检人员、发交司机的姓名及相应的时间,并可设置允许的滞留时间,对超期的车辆进行预警。

(2) 全线追踪功能

采用 ES/1 Super Logistics 系统,东风汽车能够跟踪生产过程中的每一个环节,可对车辆进行单件管理,并可通过底盘号查询车辆的配置信息、装配信息、四大总成的生产信息、原料的供应信息及车辆的去向信息。其中，配置信息包括发动机号码、发动机厂家、车身型号、车架型号、车厢型号等；装配信息包括批次号码、生产日期、调整信息、终检信息、装箱信息及相应的人员信息等；去向信息包括车辆流向的经销商、最终客户姓名、电话等。

(3) 生产计划管理

采用 ES/1 Super Logistics 系统，东风汽车能够将年度计划分解为月计划、日计划，系统允许随时调整计划，并可进行计划模拟，保证计划的可行性。月计划、日计划可被分解为装配进度计划、产品车入库计划、三大总成等半成品的生产计划、原料供应计划等。系统可根据当前维护的销售订单，自动生成计划，自动安排生产。

(4) 采购管理

ES/1 Super Logistics 系统可根据已确认的生产计划自动生成采购计划，根据采购计划和原料的供应商情况自动生成采购订单，实现了采购与生产的集成。因此，ES/1 Super Logistics 系统使东风汽车既实现了原料的准时供应，又减少了原料库存的积压，降低了库存成本。

(5) JIT 生产模式

东风汽车采用 ES/1 Super Logistics 中最适合汽车行业的 JIT 模式来管理生产作业的进度计划，并通过看板管理，以条码扫描自动扣料的方式确保了生产的准时进行。

4. 效　益

ES/1 Super Logistics 为东风汽车的运营管理提供了科学的解决方案，极大地提高了各部门的工作效率。

储运部门通过对车辆入库进行自动化管理，提高了仓库管理的准确性及效率。信息的高度共享使储运部门能实时获得来自销售、生产部门的信息，从而在车辆出库前能提前进行新车的准备安排，在车辆入库前能提前安排所需的仓库，既减少了工作量，又做到了事前计划、事中控制和事后反馈；系统自动生成的出库建议，保证了出库的先进先出，减少了由于老旧车积压造成的资金损失；运输路线的优化和对承运商的管理，加强了运输管理的控制力度，既降低了运输费用，又加强了对承运商的考核，保证了运输质量。

市场销售部门通过与储运部门的信息集成，可以准确了解车辆的库存情况、近期的生产情况，并按照库存情况协调销售，加强存货量大的车辆的销售力度，最大限度地降低车辆库存，减少库存资金的积压。同时，实现了营销异地开票、本地打印票据的功能，优化了营销流程，提高了工作效率。另外，通过对经销商的管理，可随时了解经销商的库存信息和销售情况。

生产部门形成了以销售制定生产、然后以生产推动销售的大循环，既减少了库存积压，又加快了生产节奏，提高了东风汽车的市场竞争力；生产全过程的条码电子化管理，降低了工人的劳动强度，增强了数据的准确性，同时生产效率也得到大大提高；通过计划驱动采购，实现了采购的及时性，降低了采购成本。

总之，ES/1 Super Logistics 解决方案使东风汽车的整车管理达到国内一流的管理水平，取得了明显的成效，仅仓储费用一项，就使东风汽车每年 400 万的临时仓储费至少节约了 1/3。

来源：http://articles.e-works.net.cn/scm/article112599.htm

12.4 美国××××橡胶有限公司

1. 项目背景

(1) 企业介绍

美国××××橡胶有限公司于 1946 年成立,是国际著名的表面涂漆处理的科技领导者,××××橡胶(杭州)有限公司是美国××××的独资子公司,拥有一流的生产设备和高素质的管理技术人员,公司专业生产优质精密的橡胶零件,广泛应用于汽车、农用机械、家用电器等行业,产品全部销往欧美市场。

(2) 企业特点

××××主要的产品为橡胶零件,通常的产品加工工艺是投料、开炼、混炼、硫化、预成型、成型、修边,具体到不同的产品类型,工艺中略有区别。××××橡胶生产属于流程行业,又兼具离散型企业"多品种,小批量"的生产特点,产品品种多变、批量小,所以企业在物料编码、BOM 编制中会有较大的工作量,同时产品的质量受加工工艺的影响较大。

行业特征:

① 生产模式以面向订单的模式(MTO)为主,计划排程难以保证。

② 同一物料存在多重 BOM 架构,容易混淆出错。

③ 混炼胶是按照配方混合而成,主要成分是胶料、炭黑和硫化剂,其中硫化剂对产品的性能影响非常大;产品品种多,用量少,同一名称有多种规格,很难标准化,且产品有保密要求。

④ 对机台、模具及半成品管理要求严格。

⑤ 生产过程中对水口料的掺料比例的管制很复杂。

⑥ 生产现场管理繁杂。

⑦ 生产过程管控中有批号管理需求。

⑧ 严格的计划排程需求。

(3) ××××橡胶实施前的管理状况

① 由于没有精确的领料数据及车间工时等数据支持,成本核算很粗放,费用分配的依据主要是成品重量。

② 各个部门相关数据重复录入,无法实现数据共享。

③ 只做到了日计划,没有编制主生产计划。

④ 人员素质都比较高,但是没有核心人员去重新优化各个部门流程。

⑤ 车间月末的在制品盘点没有账面数据,无法计算盘盈盘亏数据。

⑥ 公司的管理理念是客户至上,所以客户提的要求他们尽量去满足,如此对生产计划安排造成很多困扰。

(4) ××××橡胶信息系统应用需求

××××橡胶根据企业自身的实际情况对企业信息化提出了相应的管理需求:

① 优化业务流程,通过实施 ERP 契机重新梳理业务流程,先固化再优化。

② 以客户为中心,规范采购、销售、生产环节的管理,提升服务质量。

③ 加强费用的控制，实现费用的跟踪与监督。

④ 建立统一的价格管理控制平台，加强销售价格管理。

⑤ 加强各部门之间的数据共享，加强财务监管力度、提高资源调配能力。

⑥ 建立精确的成本核算体系，以实际成本为主，标准成本为参考。

⑦ 要求能够根据订单号、产品号、胶料号、员工号查询产量、工时、报废、质量、交付等相关信息，能够对这些信息进行分类汇总和运行趋势分析。

2. 实施经验分享

（1）项目准备阶段

① 存在问题

a. 客户虽为美资企业，但是除总经理是美国人外，其他部门经理均为华人，公司的企业文化过于民主，跨部门的事物都需要经过各个部门经理一致同意后才能生效。

b. 企业部分管理人员对 ERP 认识不清，对 ERP 期望过高，认为 ERP 是处理所有管理问题的灵丹妙药。

c. 项目前期沟通过程中客户提了非常多的二次开发需求，给后期的项目实施带来了很高的风险和隐患。

② 解决办法

作为××××橡胶的项目经理，在项目准备过程中，我对项目的前期文档进行了细致的分析，分析了各个部门经理对 ERP 的主体需求后通过各种方式进行了沟通，促成了如下的结果：

a. 确认双方项目经理

由于××××特有的文化模式下，造成了解 ERP 的部门经理都不愿意承担项目经理的角色。所以，基于项目经理必须能够主动承担责任为第一要素，以及有利于项目组和客户老总沟通的考虑，我们推荐了不熟悉 ERP 的财务经理为项目经理，此人选积极主动好学的个性及利用财务的专业能力在后续的项目推动方面和统一意见方面起了至关重要的作用，但是由于财务人员对管理精细化过于执著的个性也为后期上线生产管理系统带来了一定的隐患。

b. 寻求有效的沟通方式去引导客户

针对企业部分管理人员对 ERP 认识不清，我们分两种情况进行了采取了不同的处理方式：

对于对 ERP 有一定认识的人，特别是对方的 IT 经理，我们一直强调 ERP 是通用软件，ERP 只是一套工具，我们金蝶公司原则上不会为客户做软件的二次开发，理由就是后续的升级维护问题，因为金蝶的版本升级不会考虑个别客户的二次开发，所以二次开发可能会造成后续的版本无法升级或者造成升级的成本非常高，通过如上处理，在后期的蓝图设计阶段项目经理基本上没提出过二次开发的需求，而且还尽力强调尽量使用系统现有功能，尤其是 IT 经理屏蔽了客户的一些非关键需求及不合理需求问题，对项目顺利推行起到了很大的作用。

对于不了解 ERP 的人，由于他们对 ERP 期望值太高，且有部分拥有高学历，对自己的判断非常自信，所以很多时候如果当面去沟通，很可能把握不当效果反而不好；但是他们对 ERP 项目的上线又有着举足轻重的作用，又不能不进行管理，对于这部分人员我们就推荐一些 ERP 专业的书籍给他们看，通过外部的这种权威或专家的介绍，使他们自己能通过明白 ERP 并不是万能的。尤其是生产部经理，之前他对 ERP 的自动排产有很高的期望，为避免当面沟通可能造成对软件功能的误解，我专门从网站了找了一篇关于排产的文章，内容是阐述为什么主流 ERP 软件包括 SAP 等都无法做到排产。该文章对排产和 ERP 中的应用做了非常全面及专业的解释。看了这篇文章之后，此后生产经理就再没有要求我们在系统中实现排产，而是致力于手工排程的改善优化。

c. 分解项目经理的压力

建立 ERP 实施看板，公布项目进度及情况，是分解项目经理压力且对其他项目组成员进行约束的非常有效的方式。在这里特别要注意的是项目经理在建立 ERP 实施看板之上，必须已经对企业主要的业务流程与 K/3 系统流程的匹配进行了确认，否则效果可能会适得其反。

③ 经验总结

对于金额比较大的项目，项目经理的选择对于项目的控制是非常重要的，尤其是××××这种企业，公司管理模式过于民主，部门经理上面就是美国总经理，直接和美国总经理沟通语言上存在不便，而且经常一个月在美国，一个月在中国。

其次是在项目前期过程中一定要给客户强化金蝶是通用软件，过多的二次开发对客户是非常不利的理念。再次是特别要注意沟通方式，可以通过各种各样的沟通方式去引导客户，必要的时候，借助外部力量，也是一个非常好的形式。

(2) 蓝图设计阶段

① 存在问题

a. ××××橡胶属于混合型生产企业，前面的加工工艺是典型的流程型生产，但从预成型后就是离散型生产模式了。所以在成品和半成品的编码方案，尤其是 BOM 怎么断阶，就关系到后面车间作业管理能否上线及成本核算的处理模式等问题。

b. 客户项目经理认为可以通过 ERP 上线，一步到位完善并优化企业管理流程，经常出现完全以财务精确核算为目的，而忽略了其他部门实施的难度，给后期生产流程的整理造成了比较大的困扰。

c. 由于橡胶的生产特点，导致即使在按照订单生产的情况下，胶料生产过程中还是会有大部分的尾料出现，这部分尾料是可以按照一定比例掺到其他胶料中，所以造成掺料比例的管制复杂。

对质量追溯的要求比较高，所以项目前期要求必须使用批次管理，但是批次管理在橡胶行业实现又存在很大的难度，所以怎么实现批次管理，管理到什么程度都是关系项目成败的关键问题。

② 解决方法

a. 针对成品、半成品如何编码，及 BOM 如何断阶，成了讨论的重点。由于之前版本无法支撑作业成本，且断阶方式关系到财务成本核算的精细程度，对于财务来说核算出每个工序的成本是他们最希望系统能够实现的，但是要核算出工序成本对我们来说就必须每个工序都编代码，这样做显然是不合实际的。所以在讨论这个问题时，我们一方面必须非常明确哪个点是必须断阶的，比如说预成型和成型。预成型之前的工序使用的计量单位是 kg，但是到了成型阶段使用的计量单位是 PCS，所以我们在这一点上非常明确地告诉客户预成型必须断阶，其他的工序尽量去引导客户走简便的方式，即考虑到使用方便性的问题，又考虑到成本核算的的需要。虽然在编码上大家纠缠了相当长的时间，但是对于我们来说成本核算到什么程度、车间工序移转到什么程度都必须在前期物流上线之前就必须定义好，否则在后期成本和车间上线的时候才去讨论这个问题会对项目造成非常大的风险。如果造成返工去更改 BOM 的级次关系时会造成工作量巨大，且引起不满。

b. 针对财务经理希望管理一步到位的问题，我们一方面抓住财务需要控制的几个节点，一方面灌输流程是需要不断优化的理念，根据客户的实际情况进行现场论证，让原本不熟悉业务的财务经理去现场了解情况，让客户自己体会到其他部门的难处，而主动放弃自己原先的想法。同时对客户的想法不要明确予以反对，而是通过列举其他项目发生类似的处理模式时引发的后果予以开导，最后客户虽然还有点不愿舍弃自己的立场，但是也认同了固化再优化的理念。

c. 对于尾料的处理我们走了不少弯路。在原材料领出生产混炼胶的时候我们走的是倒冲的领料模式，即设立中间仓等半成品入库的时候通过倒冲自动去扣减中间仓的数据，在月末盘点再对中间仓的数据进行调整。尾料的出现主要是在预成型阶段，开始走的是红字的产品入库单模式，前期物流财务上线的时候没有问题，但是成本上线的时候发现产出老是为负，成本不能核算，导致第一次成本上线失败。发现这个问题后，我们立刻开会讨论，由于这个业务不是返工行为，所以必须走领料模式，但是走领料的话使用部门就说变更投料单的工作量太大，所以掺料比例的管制就被提上了议程，通过与技术部门的反复讨论，并规范销售部门销售计划的同时优化生产部门的排产计划，尽量减少尾料的出现，减少投料单的变更，同时在掺料比例的管制上必须事先就做掺料计划，在新任务确认之后就手工维护投料单，减少流程的复杂性，做到事先控制。

d. 要考虑实现质量追溯，就必须全面实现批次管理，在这个问题上我们项目组一直都很慎重，前期没有轻易发表意见。经过反复的调研及论证，发现如果全面使用批次管理后很大可能会导致项目上线的失败。针对这个问题，我们立刻找到客户生产经理进行了深入的沟通，在手工模式下不断模拟流程，以论证在手工模式下是否能实现质量追溯，但是得到的结果是由于尾料的反炼问题，质量跟踪非常难做到，手工模式下都无法处理，更别说上 ERP 去处理了，所以最后我们只对原材料及胶料定义了批次管理，预成型和成品没有启用。

③ 经验总结

对于工序比较多的企业来说，项目经理如何在前期调研的时候迅速捕抓到项目风险，企业主流业务流程和 K/3 流程是否匹配，以及早明确解决方案，对核心业务流程和需求必须及早和客户确认。在培训及流程模拟的时候就必须很有针对性的引导客户，同时对所讨论的结果及时让客户确认，不能走一步算一步，否则项目后期很可能无法验收。其次是顾问必须站在全局的立场考虑问题，对于部分客户的不合理需求可以把客户也带到全局，通过询问的方式引导客户知道自己的逻辑是错误的，或者让客户自己内部去游说，大多数情况下，这样的效果比自己去游说好得多。

还有就是对于双方反复讨论不能确认的关键业务处理模式，宁愿项目延期找出最佳处理方案也不能将就着上线，否则会对后期的项目验收造成很大的影响。

(3) 系统实现阶段

① 存在问题

由于考虑到车间模块的使用，在项目前期处理时就对部分半成品进行了编码，但是由于客户现场是没有对这部分半成品进行出入库管理的，场地上也有所不便，再加上项目经理离职，因而此项目在大约半年的时候内生产模块暂停了实施，造成车间和成本模块计划延期，而其他模块均已成功上线。

② 问题的解决

前期进行了流程测试的问题，个人以为半成品出入库是非常简单的，所以也没跟客户在这一块上做太多的论证，但是生产系统上线一个月后发现半成品仓出入库没有专人负责，造成数据混乱，后来有专人负责后发现数据还是比较混乱，原因是此人没有库存管理经验，之后此半成品仓库划到仓库部门管理，但是由于现场场地问题，还是有很多问题，后来在跟生产经理反复交涉下，再加上客户自身的发展，新增厂房建立了半成品仓库后，此问题才得到妥善的处理。

③ 经验总结

细节决定成败，有时候自己认为一件非常简单的事情到后来却大大延误了实施的进程，这在当初是始料不及的，所以当对客户的流程有重大的变更时，即使认为非常简单也不能掉以轻心，应该反复去论证。如果××××在开始我们捕捉到建立半成品仓库是不容易的事情的话，而在项目开始就筹建半成品仓库，整个项目的进程至少能提前半年完成。

3. K/3 ERP 系统应用效果

通过将近一年的实施，为客户建立了统一的业务处理平台，且基本都满足了客户各个部门的信息需求，具体应用效果如下：

(1) 固化并优化了企业的业务管理模式，定岗定责，极大地强化了企业的基础管理水平。通过 ERP 的流程固化，使公司的销售、采购、生产业务行为标准化、规范化和程序化，时刻处于可控状态。

(2) 实现销售、生产、采购、库存管理、财务等业务的物流、资金流、信息流的统一。提高了公司的整体运作效率；增强了公司内部横向与纵向的信息交流；能随时提供各种准确的财务、销售、生产管理信息以支持快速决策，提高市场竞争能力。

(3) 实现对采购计划、定单下达和执行、物料到货验收、入库、供应商管理等一系列采购流程的监控；使供应商管理纳入规范渠道，在质量、价格、交货期等方面进行有效控制。实现从销售定单处理、物料采购、生产等流程的统一控制，提高对客户的反应速度，缩短交货期，提高客户的满意度。

(4) 大大简化了财务的成本核算工作量，加强财务对业务的控制、监督、分析和考核，有效跟踪应收款回笼情况，建立了完善的标准成本控制体系，通过标准成本和实际成本的差异，不断地去寻找产生原因，以促使各个部门作出，改善，降低成本，从而达到不断优化的目的。

(5) 通过实施 ERP 过程，完成了知识的传递，为客户培养了一批信息化人才，ERP 流程的改善和优化已经完全由客户为主导。

(6) 生产计划的制定更加合理、高效，并具备良好的应变能力，实现了均衡生产，使物流顺畅。

(7) 极大加强了车间的精细化管理。重点体现在制品的管理、工序流程的管理，目前车间所有的报表均是通过 K/3 系统出具。

参考文献

[1] 邵丽萍.管理信息系统(第三版). 北京：中国铁道出版社,2011.
[2] 都日娜.管理信息系统. 北京：中国铁道出版社,2008.
[3] 陈广宇.管理信息系统. 北京：清华大学出版社,2010.
[4] 安忠.管理信息系统. 北京：中国铁道出版社,2009.
[5] 薛华成.管理信息系统. 北京：清华大学出版社,2011.
[6] 夏安邦.中小企业信息化.北京：中国广播电视出版社,2006.
[7] 周毅彪.中小企业信息化优秀案例及优秀解决方案汇编.南京：江苏省经济贸易委员会,江苏省中小企业局,2007.
[8] 周苏.管理信息系统.北京：中国铁道出版社,2010.
[9] http://www.e-works.net.cn
[10] http://www.haohuatech.com.cn
[11] 李晓.信息系统分析与设计.北京：中国水利水电出版社,2010.
[12] http://www.jingoal.com
[13] 刘照军.管理信息系统.北京:北京交通大学出版社,2008.
[14] 王若宾,王恩波.管理信息系统实用教程(第2版).北京:人民邮电出版社,2012.
[15] 刘双红.SQL Server 2005 实用教程.北京:国防科技大学出版社,2011.
[16] 陈承欢.管理信息系统开发案例教程(第2版).北京:人民邮电出版社,2011.